U0112002

大展好書　好書大展
品嘗好書　冠群可期

大展好書　好書大展
品嘗好書　冠群可期

體育教材：6

乒乓球教學與訓練

劉建和　主編

全國體育院校教材委員會　審定

大展出版社有限公司

主　　編：劉建和

編寫人員：武川洪　　岳海鵬

　　　　　唐小林　　李　林

　　　　　程　序　　王海燕

　　　　　朱寶峰　　房　巍

　　　　　杜　佳

前　言

　　乒乓球運動項目是我國優勢競技項目，也是廣大人民群眾所喜愛的健身運動項目之一。在體育院校，乒乓球是體育教育專業、運動訓練專業的重要課程。爲了適應飛速發展的時代需要，應人民體育出版社之邀，我們編寫了這本體育院校專業教材。

　　教材編寫應力求形式與內容的完美統一，而兩者中尤應以內容爲重。在選擇內容的過程中，我們把握了兩個大的方向：其一，體現時代特色，把乒乓球界最先進、最新的研究成果吸納進教材；其二，充分考慮教材內容對培養學生素質和能力、適應社會需要等方面的作用。

　　多年以來，對乒乓球項目的理論研究達到了相當的深度和廣度，湧現出一批世界級的科研成果。作爲集理論認識之精粹的體育院校本科教材，理應及時反映這些成果。同時，隨著社會的發展、公眾健身需求的多元化、教育理念的不斷進步，如何在專項課程教學內容中體現這些變化對教學的要求，是編寫教材首先應考慮的問題。

　　近些年來，乒乓球運動在兩個維度飛速發展：其一，在實踐維度上，技術、戰術水準得到了極大的提高；其二，在理論維度上，對乒乓球運動實踐的理性

認識達到了一個非常高的水準。

從一定意義講，乒乓球運動就是在這兩個維度的交互作用中前進的。如何將對乒乓球運動實踐高水準的理性認識及時地引入到體育院校教材中，是體育院校乒乓球專業教師義不容辭的任務。在引入過程中，須處理好三個關係。

第一，處理好知識的先進性與教材的穩定性的關係。毫無疑問，我們引入的應是最先進、最前沿的知識，應使我們的學生「喝到最新鮮的水」。但由於出版週期等原因，以及理論需要一定時間的檢驗才能補充進教材，故教材總會呈現出相對的穩定性。這種情況和西方國家有明顯差異：彼處往往是第一學期和第二學期使用的同名教材內容卻迥然不同。我國的教材一般使用週期都較長。在此期間，知識也許會向前發展許多，教材內容因此可能會滯後。因此，我們在選擇教材內容時，特別注意「前瞻性」問題，即儘量選擇那些代表著該內容發展方向的或在一定時間不致發生較大變化的知識。

第二，處理好引入內容與原有內容的關係。本教材在編寫過程中，吸納了同類教材中的諸多內容。對此，我們著重強調「整合」的觀點，即用新概念、新理論整合原有概念及原有理論。例如，我們用「乒乓球競技制勝因素」的概念整合了「影響擊球品質的五大因素」的有關內容。

第三，處理好高級技、戰術內容與基本技、戰術內容的關係。體育院校學生的乒乓球技、戰術水準，

絕大部分處於較低水準，有的還屬於初學者。教材內容應充分考慮到這一點。所以，技、戰術教學應以基本內容和基本形式為主。但是，我們還必須讓學生瞭解當今世界乒乓球運動中的高級技、戰術情況。因此，在教材中，用了一定的篇幅，以圖片與文字說明相結合的形式，向學生介紹這方面的情況。從而保證了學生能跟蹤上世界乒乓球運動的前沿發展。

如何在教材內容中大量注入培養專項能力的內容，是我們思考的另一重要問題。加強學生能力培養以適應社會需要，早已不是今日才有之論題。然而這一問題往往集中在教學過程中的教法領域，在專項教材內容中如何體現，卻還值得深入探討。對此，我們做了一些嘗試。

例如，闢出了「對未來乒乓球教學人員的幾點建議」的專章（學生進入社會後無論是在體育專業院、系承擔乒乓球專項課程教學任務，還是在其他學校承擔公共體育課中的乒乓球課程教學任務，都屬於此範疇），對乒乓球教學人員必須具備的知識、能力與素質加以了論述。

再如，我們對體育院校現行所有術科教材進行了分析，發現在技術診斷與糾正方面的專論極少。為此在新編教材中列出「技術診斷、糾正錯誤及考核」專章，重點解決學生在技術教學中「糾錯」能力的培養。

要使學生明瞭：他們走上教學崗位後，面對的絕大部分依然是乒乓球初學者。在教學過程中，大量牽

涉到對錯誤技術動作的糾正即糾錯問題。這是將一般教學理論中的診斷性評價結合乒乓球技術課教學的必由之路，也是培養學生教學能力的關鍵一環。還有，在「乒乓球比賽的組織編排法與裁判法」部分，我們力求在介紹基本內容的基礎上，盡可能多地選擇典型的範例，以加深學生的印象，使學生在今後實際工作中遇到類似情況時，能對解決問題起到參考作用。

本教材由成都體育學院組織編寫。特邀武漢體育學院程式同志撰寫了有關章節。全書框架由劉建和提出並統稿。

在編寫過程中，我們參考了《現代乒乓球技術的研究》《乒乓球——體育院校通用教材》《乒乓球技戰術與訓練》《跟專家練乒乓球》等相關讀物和資料。在此，我們向上述的作者深表謝意。

目　錄

第一章　對未來乒乓球教學人員的幾點建議 ……… 17

第二章　乒乓球教學訓練法 ………………………… 25

　一、預備知識 ………………………………… 25

　　（一）球台 ……………………………… 26

　　（二）擊球範圍 ………………………… 27

　　（三）站位 ……………………………… 27

　　（四）擊球點 …………………………… 28

　　（五）擊球時間 ………………………… 28

　　（六）擊球部位 ………………………… 29

　　（七）觸拍部位 ………………………… 30

　　（八）拍形 ……………………………… 31

　　（九）擊球距離 ………………………… 33

　　（十）擊球線路 ………………………… 33

　　（十一）短球、長球與追身球 ………… 33

　二、乒乓球教學訓練的基本要求 ………… 34

　　（一）乒乓球教學與訓練工作的概念與任務 …… 34

　　（二）乒乓球教學訓練工作的具體要求 ………… 36

　三、乒乓球常用教學訓練法介紹 ………… 49

　　（一）直觀教學法 ……………………… 50

　　（二）語言提示法 ……………………… 53

　　（三）完成指標法 ……………………… 56

（四）練習法 ································· 57

（五）預防和糾正動作錯誤法 ············· 60

（六）多球訓練法 ·························· 62

第三章　乒乓球競技制勝因素及類型打法 ·········· 83

一、乒乓球競技制勝因素 ···················· 83

（一）快 ································· 86

（二）轉 ································· 88

（三）準 ································· 96

（四）狠 ································ 101

（五）變 ································ 103

二、乒乓球各種類型打法的分類 ············· 104

三、各種類型打法的發展簡況及打法特點 ······· 106

（一）快攻類打法 ························ 106

（二）快攻結合弧圈類打法 ················ 108

（三）弧圈球結合快攻類打法 ·············· 111

（四）削球和削攻類打法 ················· 113

四、各種類型打法的主要技術 ··············· 118

（一）快攻類打法的主要技術 ·············· 118

（二）快攻結合弧圈類打法的主要技術 ········ 120

（三）弧圈球結合快攻類打法的主要技術 ······ 122

（四）削球和削攻類打法的主要技術 ·········· 124

五、各類型打法訓練要點 ·················· 126

（一）直拍快攻型打法 ··················· 126

（二）快攻結合弧圈類打法 ··············· 128

（三）弧圈球結合快攻類打法 ·············· 129

（四）削球型打法 ……………………………… 130

第四章　擊球技術 …………………………… 135

一、基本站位 ……………………………………… 136

（一）站位的基本特點與作用 ………………… 136

（二）不同類型打法的運動員的基本站位 …… 136

二、準備姿勢 ……………………………………… 137

三、握拍方法 ……………………………………… 138

（一）握拍方法的特點與作用 ………………… 138

（二）握拍方法的種類及動作要點 …………… 138

四、步法 …………………………………………… 149

（一）步法的基本因素與要求 ………………… 149

（二）步法的種類與動作要點 ………………… 150

五、擊球過程基本結構 …………………………… 159

（一）判斷 ……………………………………… 159

（二）移位 ……………………………………… 160

（三）擊球 ……………………………………… 161

（四）還原 ……………………………………… 168

六、發球技術 ……………………………………… 168

（一）平擊發球 ………………………………… 170

（二）奔球 ……………………………………… 171

（三）正手發轉與不轉 ………………………… 172

（四）反手發轉與不轉球 ……………………… 175

（五）正手發左側上（下）旋球 ……………… 175

（六）反手發右側上（下）旋球 ……………… 176

（七）反手發急下旋球 ………………………… 178

（八）高拋發球 …………………………………… 178
（九）下蹲式發球 181
（十）逆旋轉發球 …………………………………… 183
七、接發球技術 …………………………………… 184
（一）站位的選擇 …………………………………… 185
（二）對來球的判斷 …………………………………… 185
（三）回接各種發球的方法 ………………………… 188
八、推擋球技術 …………………………………… 192
（一）平擋球 …………………………………… 193
（二）快推球 …………………………………… 195
（三）加力推 …………………………………… 195
（四）減力擋 …………………………………… 196
（五）推下旋球 …………………………………… 197
（六）推側旋球 …………………………………… 198
（七）反手快撥 …………………………………… 199
九、攻球技術 ………………………………………… 200
（一）正手快攻 …………………………………… 200
（二）反手快攻 …………………………………… 201
（三）正手快點 …………………………………… 203
（四）反手快點 …………………………………… 204
（五）正手快拉 …………………………………… 204
（六）反手快拉 …………………………………… 205
（七）正（反）手快帶 ………………………… 205
（八）正手突擊 …………………………………… 207
（九）正手扣殺 …………………………………… 207
（十）反手扣殺 …………………………………… 208

（十一）正手中遠台攻球 …………………… 209

（十二）反手中遠台攻球 …………………… 209

（十三）正手放高球 ………………………… 210

（十四）正手殺高球 ………………………… 210

（十五）正手滑板球 ………………………… 211

（十六）側身正手攻球 ……………………… 212

十、搓球技術 ……………………………… 213

（一）慢搓 …………………………………… 213

（二）快搓 …………………………………… 214

（三）搓轉與不轉 …………………………… 216

（四）搓側旋球 ……………………………… 216

（五）搓球擺短 ……………………………… 217

十一、弧圈球技術 ………………………… 218

（一）加轉弧圈球 …………………………… 219

（二）前沖弧圈球 …………………………… 222

（三）正手拉側旋弧圈球 …………………… 223

（四）正手反拉弧圈球 ……………………… 224

（五）正手反撕弧圈球 ……………………… 225

十二、直拍橫打技術 ……………………… 227

（一）直拍反面快撥 ………………………… 228

（二）直拍反面減力擋 ……………………… 231

（三）直拍反面拉弧圈球 …………………… 232

（四）直拍反面挑 …………………………… 232

（五）直拍反面彈打 ………………………… 234

十三、削球技術 …………………………… 234

（一）遠台削球 ……………………………… 235

（二）中台削球 ………………………… 237

（三）削突擊球 ………………………… 237

（四）削追身球 ………………………… 239

（五）削加轉弧圈球 …………………… 240

（六）削前沖弧圈球 …………………… 241

（七）削加轉球與不轉球 ……………… 241

（八）撲接近網短球 …………………… 243

第五章　技術診斷、糾正錯誤及考核 …………… 245

一、技術診斷、糾正錯誤及考核的意義和內容 … 245

二、怎樣糾正學生錯誤動作 …………………… 247

（一）糾正錯誤應注意的事項 ………… 247

（二）糾正錯誤的方式和方法 ………… 247

三、技術診斷和糾正錯誤對照檢查表 ………… 249

（一）握拍法糾正動作的對照檢查表 ………… 249

（二）基本站位和基本姿勢糾正動作的對照

　　　檢查表 …………………………… 250

（三）步法糾正動作的對照檢查表 ………… 251

（四）推擋糾正動作的對照檢查表 ………… 251

（五）攻球糾正動作的對照檢查表 ………… 252

（六）弧圈球糾正動作的對照檢查表 ………… 252

（七）搓球糾正動作的對照檢查表 ………… 253

（八）削球糾正動作的對照檢查表 ………… 253

（九）發球糾正動作的對照檢查表 ………… 254

（十）接發球糾正動作的對照檢查表 ………… 255

（十一）結合技術糾正動作的對照檢查表 …… 255

四、檢查和考核的分類與方法 ……………………… 256
　（一）預先考核（基礎測驗）……………………… 256
　（二）平時檢查 256
　（三）定期考核 ………………………………… 257
　（四）總成績評定 ……………………………… 258
　（五）檢查和考核的方法與要求 ……………… 258
五、基本技術達標考核評分表 …………………… 260
　（一）制定技術指標達標考核評分表的依據 … 260
　（二）各項技術指標的內容與評分參考標準 … 260

第六章　參賽戰術 ……………………………… 269

一、戰術的定義 …………………………………… 269
二、戰術構成 ……………………………………… 270
　（一）戰術觀念 ………………………………… 270
　（二）戰術指導思想 …………………………… 271
　（三）戰術意識 ………………………………… 272
　（四）戰術知識 ………………………………… 275
　（五）戰術行為 ………………………………… 276
三、戰術分類 ……………………………………… 277
　（一）按項目分類 ……………………………… 277
　（二）按戰術攻、防性質分類 ………………… 277
　（三）按技術使用的順序分類 ………………… 278
　（四）按球的物理性質分類 …………………… 280
四、影響乒乓球戰術的因素 …………………… 282
　（一）軍事學與謀略學因素 …………………… 282
　（二）心理與思維科學的因素 ………………… 286

13

目

錄

（三）技能與體能因素 …… 286

五、乒乓球戰術發展趨勢及運用 …… 287

（一）大球戰術趨勢 …… 287

（二）11分制的戰術趨勢 …… 288

（三）無遮擋發球帶來的戰術變化趨勢 …… 289

六、一般情況下的基本戰術方法 …… 290

（一）發球搶攻戰術 …… 290

（二）對攻戰術 …… 294

（三）拉攻戰術 …… 296

（四）搓攻戰術 …… 297

（五）削、攻結合戰術 …… 297

（六）接發球戰術 …… 298

七、特殊情況下的特殊戰術 …… 299

八、怎樣對付各種打法 …… 300

（一）快攻類對付快攻或弧圈類打法的戰術
運用 …… 300

（二）弧圈類打法對快攻打法的主要戰術
運用 …… 301

（三）快攻類、弧圈類對付削攻結合打法
的主要戰術運用 …… 302

（四）削攻結合對付快攻、弧圈類的主要
戰術 …… 303

（五）削攻結合對付削攻結合的主要戰術 …… 304

第七章　乒乓球的雙打 …… 305

一、雙打在乒乓球運動中的地位及特點 …… 305

二、雙打比賽的戰略戰術 ……………………… 306

（一）雙打的配對 …………………………… 307

（二）雙打位置的移動 ……………………… 314

（三）雙打配陣 ……………………………… 316

（四）雙打暗示 ……………………………… 317

（五）不同類型打法的主要戰術 …………… 317

三、雙打的練習方法 …………………………… 324

（一）一人對兩人的定點訓練 ……………… 324

（二）兩人對兩人的定點訓練 ……………… 324

（三）兩人對兩人的不定點訓練 …………… 325

（四）雙打中的多球訓練 …………………… 326

（五）發球和發球搶攻的練習方法 ………… 329

（六）接發球和接發球搶攻的練習方法 …… 329

第八章　乒乓球專項身體訓練 ………………… 331

一、乒乓球運動對練習者身體素質的要求 ……… 331

二、乒乓球專項身體訓練常用方法 ……………… 332

（一）乒乓球速度素質訓練方法 …………… 332

（二）乒乓球力量素質訓練方法 …………… 334

（三）乒乓球耐力素質訓練方法 …………… 335

（四）乒乓球靈敏素質訓練方法 …………… 337

（五）乒乓球柔韌素質訓練方法 …………… 337

第九章　關於參賽選手的心理能力 …………… 339

一、關於乒乓球運動員的動機問題 ……………… 339

（一）乒乓球運動員運動動機的產生及意義 … 339

（二）優秀乒乓球運動員的運動動機情況 …… 341
（三）動機的培養與激發 ………………… 342

二、關於參賽選手的注意力 ……………… 345
（一）注意力集中的重要意義 …………… 347
（二）注意力集中的培養 ………………… 348

三、關於乒乓球運動員心理狀態問題 ……… 349
（一）心理狀態在比賽中的重要性 ……… 349
（二）競賽中心理狀態的特性 …………… 351
（三）比賽期應具備的良好心理狀態 …… 352
（四）賽中不同情況下易見心理狀態 …… 354
（五）調節心理狀態的常用方法 ………… 355

第十章　乒乓球比賽的組織 ………………… 361

一、現行乒乓球比賽規則主要條款及基本演進

過程 ……………………………………… 361
（一）主要條款 ………………………… 361
（二）基本演進過程 …………………… 362

二、如何組織乒乓球競賽 ………………… 364
（一）競賽組織工作的內容 …………… 364
（二）比賽方法 ………………………… 365
（三）競賽的抽籤方法 ………………… 376
（四）競賽秩序的編排方法 …………… 386

附　錄　世界乒乓球運動大事記 ………… 402

主要參考文獻 ……………………………… 409

第一章

對未來乒乓球教學人員的幾點建議

　　我們把擔任乒乓球教學工作的人員稱為乒乓球教學人員。

　　乒乓球教學人員是乒乓球教學活動的組織者，是影響乒乓球教學效果的最重要的因素。

　　根據現代教學論的觀點，乒乓球教學人員應是知識的傳授者、學生的榜樣、集體的領導者、人際關係的藝術家、心理治療工作者、學者和學習者。為了高品質的完成乒乓球教學工作，他們除應有良好的職業道德和敬業精神外，還應有合理的知識結構，包括精深的專業知識和廣博的文化知識及教育科學知識。

　　對未來的乒乓球教學人員，我們給予如下建議。

——對乒乓球運動有全面而深刻的認識

　　首先，要瞭解乒乓球運動的歷史。包括乒乓球運動的起源；國際、國內主要乒乓球組織和賽事；乒乓球運動在發展過程中的若干重大事件，如規則修改、技術創新等情況；國際、國內乒乓球界著名人士等。

其次，要瞭解乒乓球運動的項目特性，即乒乓球區別於其他項目的特徵。包括它對練習者體能（含運動素質、供能系統等）的特殊要求、專項技能特點、專項心理特點等。

認識乒乓球專案特性的意義在於：可幫助樹立正確的練習指導思想，控制練習方向，能有計劃地發展練習者的專項能力，能為科學安排運動負荷提供重要依據。

就以爭取優異運動成績為目的的乒乓球運動訓練而言，瞭解「制勝規律」是十分重要的。所謂制勝規律，是指在競賽規則的限定內，教練員、運動員在競賽中戰勝對手、爭取優異運動成績所必須遵循的客觀規律。我國乒乓球運動在世界上之所以長盛不衰，和乒乓球界對制勝規律的深入研究和把握是分不開的。

乒乓球制勝規律的組成包括兩個方面：其一是制勝因素，即「快、轉、準、狠、變」；其二為制勝因素之間的本質聯繫，即因素之間的互相矛盾、互相促進、互相制約等關係，如「快」與「轉」、「狠」與「準」的矛盾關係等。

再次，要瞭解乒乓球運動的價值。參與乒乓球運動，可達到多種目的，如健身、益智、愉悅心情、競技等。此外，乒乓球運動還有十分廣闊的市場價值。

最後，必須系統掌握乒乓球專業理論知識。包括教學、訓練、參賽、競賽組織與編排理論與方法等。這些知識既是人們對乒乓球認識的結晶，又是對乒乓球發展認識的起點和平台。

從某種角度講，對乒乓球專業理論知識的掌握程度，是

衡量乒乓球教學人員專業素質水準的主要標誌。

——盡可能掌握與乒乓球教學有關的知識

包括運動生理學、運動解剖學、運動生物力學、運動醫學、運動心理學等方面的知識。例如，對乒乓球運動常見損傷及其預防，教學人員應有一定瞭解。同時，對教育學、教學論等基本知識也要有所掌握。

——要善於進行乒乓球教學設計

當我們接受一項教學任務時，應預先進行教學設計。「所謂教學設計，就是依據現代教育理論，應用系統科學理論的觀點和方法，調查、分析教學中的問題和需求，確定目標，建立解決教學問題的策略步驟，教師根據經驗選擇相應的教學活動和資源，評價其結果，對教學活動進行規劃和安排從而使教學效果達到最優化的一種可操作的過程。」（余武主編：教學技術學，中國科學技術大學出版社，2003）

乒乓球教學設計的目的是使乒乓球教學效果更加優化。透過教學設計，教師可以準確地掌握學生學習的初始狀態，採用有效的教學模式，選擇適當的教學方法，從而保證教學活動的正常進行。透過科學的教學設計，教師還能預知學生學習後的大體狀態，便於有效地控制教學過程。

乒乓球教學設計分為課程教學設計和教案設計兩種。前者包括教學大綱、教學進度安排等；後者則是對一個教學單元或一節課的設計，它是乒乓球教師日常教學工作的

重要組成部分。

無論是課程教學設計還是教案設計，均包含以下兩方面內容：

第一，教學內容的設計。即解決「教什麼」的問題。

第二，教學方法的設計。即解決「怎麼教」的問題。

乒乓球教師要根據不同的教學內容，較為熟練地運用各種教學方法和手段，包括傳統的教學、訓練方法和現代的教學、訓練方法，如以電子技術為主的教學媒體（含視覺媒體、聽覺媒體、視聽媒體、綜合媒體、交互媒體等）。

下面，介紹一種常見的教學設計模式（圖1-1）。

從圖1-1中可看出，教學設計基本模式包括7個要素：學習需要分析；教學內容分析；教學對象分析；學習

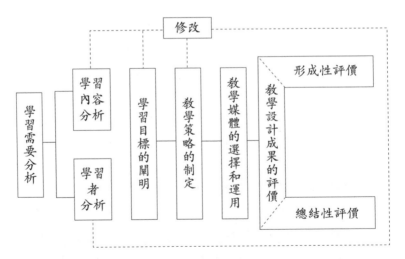

圖1-1　（引自余武主編：教學技術學，中國科學技術大學出版社，2003）

目標的制定；教學過程的組織；教學媒體的選擇和使用；教學評價。

乒乓球教師可根據乒乓球運動的特點，富有針對性地進行教學設計。

——要處理好教學過程中「學習」因素與「訓練」因素的關係

乒乓球教學過程中既有「學習」因素，又有「訓練」因素。學生從「學習」開始步入教學過程，但由於「學習」在很多情況下必須以「身體練習」為基本手段，因而在此時，「訓練」因素也夾雜在其中。

乒乓球屬於技能主導類項目，技術教學與訓練佔有相當重要的地位。技術學習是技術訓練過程的起點和基礎，它將對整個技術訓練過程產生重大影響。即便是在技術達到一定水準後，出現動作錯誤也是在所難免，「糾錯」以後又牽涉到重新學習問題，因而，技術學習存在於技術教學的不同階段。為此，乒乓球教師有必要掌握技術學習的有關理論，如運動技能學等。

——要有較強的糾錯能力

在教學過程中，教師面對大量的對錯誤技術動作的糾正即糾錯問題。這是將教學論中的診斷性評價理論應用於乒乓球技術課教學的一個較為典型的方面。

首先要瞭解技術診斷、糾正及考核的意義，其次要學會分析造成錯誤技術動作的原因，再次要掌握糾錯的方法及注意事項。

——要有很強的動作示範能力

動作示範是直觀教學的最主要的組成部分。對初學者而言，一次正確的示範往往比多次講解更為有效。此外，乒乓球教學人員能否正確示範，直接影響其在學生中的威信。對此，應注意三點：

其一，應處理好技術動作合理的內部機制和正確的外部形態的關係，兩者之間往往相互影響；

其二，教學人員應努力提高自身的運動技術水準；

其三，應把握好示範時機。

——要熟練掌握與學生的交流技巧

交流就是兩人或兩人以上傳遞和接受資訊的過程。一名優秀的乒乓球教學人員，必須善於交流。國際網球聯合會頒佈的《高級教練員手冊》中關於交流的重要性及交流原則與技巧的論述對乒乓球教學人員同樣適用，其要點如下。

關於交流的重要性：

訓練的精髓就是交流，教練員成功的大小，關鍵在於交流的技巧。

關於交流原則：

●要誠實，以提高可信性，以可靠和光明磊落的方式說出你要說的和你所想的。

●要誠實地對待你所掌握的知識。不知為不知。

●要關心人，向學生表示你是關心他們的，多給予他們一些關注、幫助和鼓勵，對他們的憂慮、進步或變化給予關心。

●要言行一致。對任何運動員和在任何時候都要講同一原則，要永不食言。

●不要吹噓你永遠正確。

關於交流技巧：

交流由兩部分組成，內容（說話內容，通常用語言表達）和情感（通常不用語言表達）。

具體而言有以下內容。

●傳遞語言信息。說話，學會說實在話；學會有效地提問題；回饋與獎勵；使用口令或暗語以加強交流；注意語言方式；

●接受資訊。注意有效地聽學生說話，如要專心、力求表現出興趣、請求說明、不要輕易地對說話人發表評價或打斷其說話等。

●非語言交流。非語言交流往往比語言交流更重要、更有效。它主要由體語進行交流，如面部表情、手勢和其他身體動作、體態、身體接觸如擁抱、服裝和外表等。

●處理好不同場合的交流。如與學生發生衝突時；集體交流及個別交談；學生發生不良行為時；練習前、練習中、練習後等。

第一章　對未來乒乓球教學人員的幾點建議

第二章

乒乓球教學訓練法

——岳海鵬

一、預備知識

在學習乒乓球的教學訓練法之前，有必要掌握一些預備知識（主要為常用術語）。所謂術語是一種專門用語。在體育領域中，各個運動項目均有其專門用語——術語。而每一術語在該項運動中都具有嚴格和特定的含義，它正確地反映某一事物（動作或狀態）的本質及其結構特點。乒乓球運動術語是正確說明乒乓球運動的動作技術、戰術、競賽、裁判、器材等方面特徵的專門用語。

正確地運用術語，對於提高教學訓練效果、總結交流經驗、開展運動競賽、促進科學研究工作，以及豐富和發展乒乓球運動理論等方面，均具有重要的意義。

在運動實踐中，專業工作者為了使用方便，常以比較生動、形象的用語來代替表達比較複雜的動作技術術語，如：「擰」「拱」「擠」「撇」「帶」「點」等等。

在運用術語時，總的要求是正確、簡練、易懂。乒乓球運動術語很多，這裏僅就在教學訓練中最常用的術語作

簡略的介紹和必要的說明。

（一）球台（圖 2-1）

台面：球台的上層表面稱為「台面」。台面長 274 公分，寬 152.5 公分，離地面高度 76 公分。

端線：台面兩端長 152.5 公分、寬 2 公分的白線稱為「端線」。

邊線：台面兩側長 274 公分、寬 2 公分的白線稱為「邊線」。

中線：台面正中、與邊線平行的、寬 3 毫米的白線稱為「中線」。

台區：台面被平行於端線的球網分開，劃為兩個大小相等的「台區」。

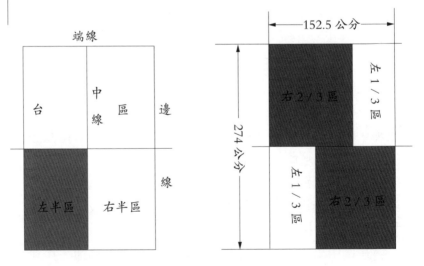

圖 2-1　球台

（二）擊球範圍

半台：中線將每個台區分為左、右兩個「半台」（其左右方位依擊球方而定）。半台又稱「1/2台」。

1/3台：台區左側1/3部分稱為「左1/3台」；台區右側1/3部分稱為「右1/3台」。

2/3台：台區左側2/3部分稱為「左2/3台」；台區右側2/3部分稱為「右2/3台」。

（三）站位

運動員站立的位置叫站位。根據運動員所站立的位置與球台端線之間的距離，可將站位劃分為近台、中台、遠台、中近台和中遠台（圖2-2）。

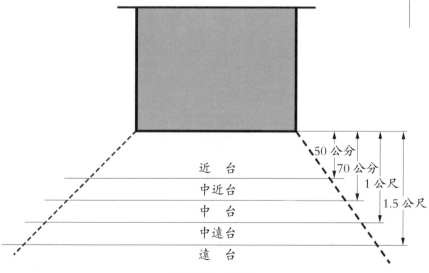

圖2-2　站位

近台：距離端線 50 公分以內的範圍。

中台：距離端線 70～100 公分處。

遠台：距離端線 150 公分以外的範圍。

中近台：介於中台與近台之間。

中遠台：介於中台與遠台之間。

（四）擊球點

擊球點是指擊球時，球拍與球體相接觸那一點的空間位置。擊球點的位置是相對擊球者身體而確定的，主要包含三個方面的內容：

一是擊球點相對身體的前後位置；二是擊球點相對身體的左右位置；三是擊球點相對身體的高低位置。

（五）擊球時間

擊球時間是指擊球時球拍觸球的瞬間，球體在空間所處的時期。來球從著台點反彈跳起至回落到地面的整個過程，可分為上升、高點、下降三個時期（圖 2-3）。

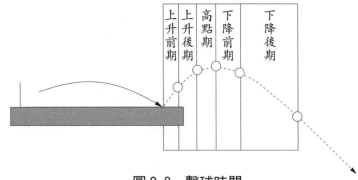

圖 2-3　擊球時間

1. 上升期

來球從台面彈起到接近最高點這段過程稱為「上升期」。上升期又可分為上升前期和上升後期。

上升前期：指來球從台面彈起後上升的最初一段。

上升後期：指球繼續上升至高點期的一段。

2. 高點期

彈起的球處於最高點或接近最高點這段過程稱為「高點期」。

3. 下降期

球從高點期回落至地面這段過程稱為「下降期」，下降又可分為下降前期和下降後期。

下降前期：指球從高點期回落下降的最初一段。

下降後期：指繼續下降至地面的一段。

（六）擊球部位

擊球部位是指觸球瞬間，球拍擊在球體上的位置。

擊球部位的劃分，可以擊球員為準，先將一個球分為4個面，即：前面（很少擊球至此面，只在偶然遇到對方打的回頭球時，擊球者隨球跑過網，才會擊到此面）；後面（最常見的擊球面）；左側面（如側身正手發高拋抖動式發球時，多觸球在此面）；右側面（如正手發奔球時，多觸球在此面）。以上的每一面，又可按鐘錶的一半刻度劃分為 7 個部分（圖 2-4）。

上部：接近 12 的部位
上中部：接近 1 的部位
中上部：接近 2 的部位
中部：接近 3 的部位
中下部，接近 4 的部位
下中部：接近 5 的部位
下部：接近 6 的部位

隨著乒乓球運動的不斷發展，對乒乓球技術的要求亦越來越高、越來越細，因

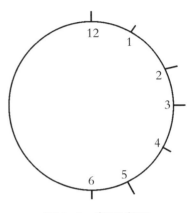

圖 2-4　擊球部位

而與其相應的術語亦應有所發展。如，過去教蓋弧圈球技術時，要求觸球部位為中上部偏上（因為過去劃分擊球部位時，只有下部、中下部、中部、中上部和上部 5 個部位），而現在蓋弧圈的觸球部位我們就可以改為上中部或上部。這樣的劃分更準確，更有利於描述動作。

（七）觸拍部位

觸拍部位是指擊球瞬間，球體觸及在球拍上面的位置。一個球拍可分為拍柄、拍肩和拍身三個部分，拍身又可分為拍面和拍身邊緣。球拍的擊球拍面可劃分為左、右、上、下、中等部位（圖 2-5）。

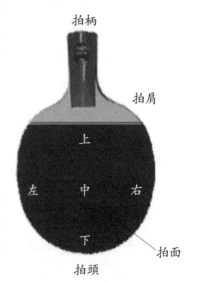

圖 2-5　觸拍部位

（八）拍形

拍形是指擊球時拍面所處的角度和方向。

1. 拍面角度

擊球時，擊球拍面與水平面所形成的夾角（以拍面的下沿與水平面相交）叫「拍面角度」。拍面角度大於 90°時，稱為「後仰」。擊球時的拍面角度（圖 2-6），按其擊球部位的不同可以分為：

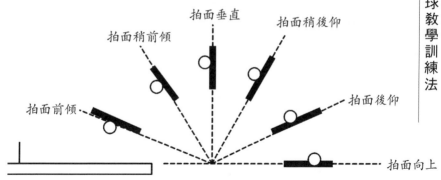

圖 2-6　拍形

拍面向下——擊球的上部
拍面前傾——擊球的上中部
拍面稍前傾——擊球的中上部
拍面垂直——擊球的中部
拍面稍後仰——擊球的中下部
拍面後仰——擊球的下中部
拍面向上——擊球的下部

2. 拍面方向

擊球時,擊球拍面所朝向的方位叫「拍面方向」。拍面方向的確定以擊球者為基準,拍面向左時擊球的右側,拍面向右時擊球的左側。

一般情況下,球拍擊球正後方的情況實際上並不多。在多數情況下,不是偏左,就是偏右。因此,要依靠調節拍面方向來掌握擊球動作。

3. 拍面橫度

指球拍繞前後軸轉動而形成的拍面角度的變化。拍柄與球台端線垂直時為 0°,隨球拍繞前後軸不斷向左轉動而增加其左橫角度。當拍柄與球台端線平行時,為左橫 90°;球拍圍前後軸向右轉至與球台端線平行時,為右橫 90°。平常說的拍形呈半橫狀,即是橫度為 45° 之意(圖 2–7)。

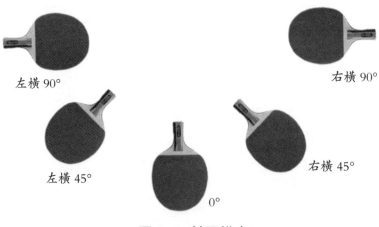

左橫 90°　　　　　　右橫 90°

左橫 45°　　　0°　　　右橫 45°

圖 2–7　拍面橫度

（九）擊球距離

揮拍擊球時，球拍的起始點（即引拍結束時的球拍位置）到擊球點之間的揮拍長度，稱為「擊球距離」（圖 2-8）。

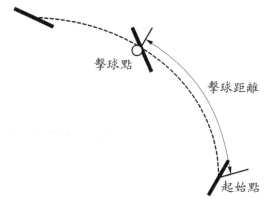

擊球點

擊球距離

起始點

圖 2-8　擊球距離

（十）擊球線路

擊球點與落點之間連線的投影線叫「擊球線路」，在乒乓球台上，有五條基本的擊球線路，即右方斜線、右方直線、左方斜線、左方直線和中路直線（圖 2-9），擊球線路的方位依擊球者而定。

以右手執拍為例：右方斜線、直線即正手斜線、直線；左方斜線、直線即反手斜線、直線。

（十一）短球、長球與追身球（圖 2-10）

短球：落點在近網區內（距球網 40 公分以內），且反

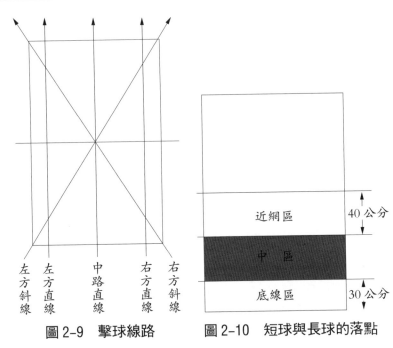

近網區　40公分

中　區

底線區　30公分

圖 2-9　擊球線路　　　圖 2-10　短球與長球的落點

左方斜線　左方直線　中路直線　右方直線　右方斜線

彈跳起後的第二落點不超越端線的球。

　　長球：落點在底線區內（距端線 30 公分以內）的球。

　　追身球：擊向回球者身體位置（主要是胸腹部位，使回球者不能保持適宜的引拍空間）的球。

二、乒乓球教學訓練的基本要求

（一）乒乓球教學與訓練工作的概念與任務

　　乒乓球運動的教學工作是教師根據一定的目的、計畫和學生身心的特點，指導學生掌握乒乓球的理論知識、技

術、技能，增強體質、發展認知能力、培養良好道德和意志品質的教育過程。

乒乓球教學工作的主要任務是：

——初步掌握乒乓球運動的基本理論知識、基本技術、戰術和基本技能。

——發展身體素質、增強學生體質。

——培養良好的思想道德和意志品質。

乒乓球運動的訓練工作是在教練員的指導下，為不斷提高乒乓球運動水準而專門組織的一種訓練過程。

乒乓球訓練工作的主要任務是：

——提高個人打法所需要的技術、戰術水準和乒乓球的理論知識水準。

——發展與提高乒乓球訓練和比賽所需要的心理品質和智力。

——發展提高一般及專項身體素質。

——進行愛國主義思想教育，培養運動員高尚的道德品質和優良作風。

以上四個任務是一個統一體，相互促進。在乒乓球訓練工作中，只能依具體情況有所側重，卻不可有所偏廢。

乒乓球運動的教學與訓練工作既有區別、又有聯繫。教學，是指技術、戰術由不會到會的過程；訓練，是指技術、戰術由會到鞏固、提高並能熟練運用的過程。在整個教學中都需要一定程度的訓練，在整個訓練過程中也必須隨時進行必要的教學，以便更有效地提高與改進。

從某種意義上，教學是訓練工作的開始，訓練又是教學工作的繼續。乒乓球的教學與訓練工作是一個統一的過

程，不可將二者絕對地加以割裂。乒乓球教學與訓練的任務歸納為表 2-1。

表 2-1　乒乓球的教學與訓練工作

內容	主要參與者	目的與任務	過　　程
教學工作	教師（主導）、學生（主體）	1. 掌握乒乓球的基本理論知識、基本技術戰術和基本技能；2. 發展素質；3. 思想教育	專門的教育與教學過程
訓練工作	教練員、運動員（雙主體）	1. 提高專項水準；2. 發展心理品質；3. 提高身體素質；4. 愛國主義思想教育	專門的訓練過程

（二）乒乓球教學訓練工作的具體要求

1. 發展學生的自覺積極性

在乒乓球教學中要啟發學生明確學習的目的，調動學習主動性，培養獨立思考能力和創造精神，引導學生融會貫通地理解和掌握教學內容，並能在實踐中加以運用。

發展學生的自覺積極性應注意以下幾點：

第一、提高學生對學習目的性的認識，端正學習態度。

第二、正確確定學生應達到的教學要求。所提出的要求應是完成教學任務必不可少的，是學生經過努力可以達到的。

第三、激發學生學、練的願望和興趣。

為了激發和保持學生學、練的願望和興趣，應使教學活動具有啟發性、知識性、變異性、遊戲競爭性和鼓動

性。

第四、合理組織教學活動。

應根據教學內容、學生特點、季節氣候和場地設備條件等的實際情況，使教學活動常有變換，防止千篇一律。同時，還應使教學過程張弛相兼、各有側重，既嚴肅緊張又生動活潑。

2. 注重直觀性教學

直觀性是指在乒乓球教學中利用學生的感覺器官和已有經驗，獲得生動的表象，並結合積極思維、反覆練習，以掌握乒乓球的知識、技術、技能，培養學生的觀察能力和發展他們的思維能力。

在乒乓球教學工作中，儘量利用學生的各種器官感知動作形象，使其形成清晰的表象，以利達到初步掌握乒乓球理論、技術和戰術的目的。

運用教學活動的直觀性應注意以下幾點：

第一、明確直觀目的，正確運用直觀方式。

第二、廣泛運用各種直觀方式。

第三、聯繫學生經驗，運用語言直觀。

第四、使生動的直觀與積極思維和實踐相結合。

例如，在提高正手攻球技術的練習中，教師應啟發和幫助學生找到自己正手攻球技術存在的問題，分析產生問題的原因，選擇適合自己特點的練習手段等。練習結束後，還要啟發學生想一想，練得如何？有什麼體會？還存在什麼問題？下次怎麼練等等。這對於學生理解並掌握動作，發展運動員的智力，提高他們分析問題和解決問題的

能力，提高學習效果是具有十分重要作用的。

3. 教學訓練應注意從實際出發

教學訓練的任務、內容、組織教學和運動負荷的確定與安排，都要符合學生年齡、性別、身心發展的特點和其乒乓球知識、技術、體能水準以及教學條件、地區氣候等實際情況，為學生所能接受，便於教學工作的進行。

教學訓練中從實際出發應注意以下幾點：

第一、全面瞭解有關乒乓球教學的情況。

瞭解情況是做好工作的首要條件，也是教學中貫徹並運用從實際出發原則的前提。教學中須瞭解的有關情況很多，歸納起來主要是：學生身體健康狀況，體能發展水準，乒乓球運動基礎，接受能力，對乒乓球的認識，興趣、愛好，思想、品德、意志、紀律、作風以及學習、生活情況，教學的場地、器材、環境和季節氣候等。

第二、一般要求與區別對待相結合。

一般要求是指乒乓球教學大綱中規定的要求，是經過學生努力，多數學生可以達到的要求。區別對待是指對有顯著差異情況的學生提出的不同要求。

4. 教學訓練中應注意鞏固和提高

在乒乓球教學訓練工作中學生對理論知識、技術、技能的掌握，以及品德作風的長進，都要及時地得到鞏固，並在鞏固的基礎上不斷提高。

乒乓球技術、技能的掌握是大腦皮層建立動力定型的結果，不及時強化就會消退；不斷強化才能得到鞏固與提

高。學生能否牢固地掌握和提高已學到的理論知識、技術、技能，並在實踐中運用，是衡量教學效果的重要標誌之一。

教學訓練中運用鞏固和提高原則應注意以下幾點：

第一、使學生的認識正確、清晰，注重理解。

透過教學使學生正確、清晰地瞭解動作技術、技能的概念，完成的方法和要領，以及有關的理論知識，並注重理解。理解不僅使認識正確、深入，並且可使學習效果的鞏固更為持久。

第二、堅持反覆練習和經常復習。

反覆練習和經常復習是達到理解、鞏固的基本條件和方法。首先，復習要及時，要在未遺忘之前進行，才能取得事半功倍的效果。對動作反覆練習不僅能加深對動作技術的理解和鞏固，同時對動作技術的改進和提高也有重要的意義，這又為進一步學習和提高奠定一定的基礎。其次，復習要經常，要有必要的練習次數和時間，才能使大腦皮層中建立的暫時神經聯繫得以鞏固和定型。再次，在反覆練習中應逐步提高要求。如對動作技術不斷完善的要求，運動負荷的增大，教法和練習條件的變換等，都可成為促進鞏固、提高的積極因素。

反覆不是簡單的機械重複。如學習技術動作，開始要求掌握動作輪廓、動作路線，而後漸漸過渡到對技術細節的要求；開始打過去球就行，而後漸漸提出對擊球品質的要求。

第三、採用各種方法，不斷重複，達到鞏固提高的目的，如提問、測驗（筆試、口試）、測試擊球板數、計命

中率、比賽、討論、請人輔導或給人輔導等。

第四、加強學生對鞏固、提高教學效果的認識。

應加強學生對鞏固、提高教學效果和經常學練的必要性的認識，主動地經常學練，積極地完成鞏固、提高的要求。否則，利於鞏固、提高的各種方式、方法，都難以發揮其應有的作用。

5. 理論與實際相互結合

在乒乓球教學中，應充分發揮理論知識對技術、技能學習的指導作用；而在學習與掌握技術、技能時又應不斷加深對理論的理解。

具體貫徹理論與實際相結合應注意以下幾點：

第一、全面分析教材內容、合理安排教學進度，以利於理論和實際的相互促進。既發揮了理論對技術教學的指導作用，又可在技術教學中加深對理論的理解。

第二、在理論教學中，注意聯繫技術教學中的實際，在技術教學中，充分運用所學理論進行講解、示範和分析。

第三、在運用直觀性原則進行技術教學時，應特別注意與理論思維相結合。

6. 循序漸進與突出重點相互結合

在乒乓球教學訓練過程中，運動員的一切知識、技能、技術的獲得和身體素質的發展，都有它一定的規律性和順序性。教練員要使運動員較快地掌握動作技術和提高身體素質，就必須遵循由淺入深、由易到難、由簡至繁、

由低到高、由主及次循序漸進的原則。

根據學習、鞏固、提高，再學習、再鞏固、再提高的方式進行訓練，才能使運動員打好紮實的基礎，穩步前進。然而，技術、戰術和身體素質的提高也如同其他事物的發展規律一樣，是不可能絕對平衡的，加之運動員的接受能力、技術水準、體質基礎等方面常常各不相同，因此，教練員在訓練過程中，一方面要注意有計劃、有系統、有步驟、循序漸進地去組織訓練，另一方面也要注意在不同時期、不同階段和不同情況下，能夠抓住關鍵，突出重點，才能更有效地提高訓練品質。

在乒乓球教學訓練中，應注意以下幾點：

第一、在訓練內容、方法、步驟、運動負荷、練習難度的安排上，必須遵循循序漸進的原則。例如，在技術、戰術訓練內容的安排上，應從定點到不定點，從單線到復線，從有規律到無規律，從單個技術到結合技術，從結合技術到戰術套路，從單個戰術到綜合戰術等。

第二、在學習和掌握新的技術和戰術時，對完成動作的品質要逐步提出要求，一開始要求不要提得過高、過全、過急，否則容易使運動員在練習時無所適從。

第三、無論是技術、戰術訓練，身體訓練或心理訓練，同樣要本著學習、鞏固、提高，再學習、再鞏固、再提高這一事物發展的規律來進行。任何一項訓練內容，都要講求實效，不要走過場，要注意防止那種不顧效果，片面追求練習內容「堂堂新」「課課換」的形式主義做法。

第四、在遵循循序漸進原則安排訓練內容時，必須突出重點，而在重點內容的訓練中，又要注意貫徹循序漸進

的原則。

突出重點的方法大致有：

第一、一個運動員或一個運動隊，其技戰術的提高、身體素質與心理素質的發展是不可能絕對平衡的，在一個訓練週期中，各階段的訓練任務是不同的，運動員之間由於技術基礎、素質水準和接受能力的差異，阻礙其技術水準提高的主要因素也是各不相同的。因此，在訓練中，應當根據各個訓練階段的任務，找出影響各個隊員技術水準提高的主要矛盾，作為重點內容來進行訓練。

第二、重點一定要具體、明確。例如，當身體素質阻礙了技術的提高成為主要矛盾時，身體素質就成了訓練的重點。但還必須進一步分析矛盾的主要方面，到底是一般身體素質，還是專項身體素質。而在一般或專項素質中，又包含著力量、速度、耐力、靈敏、反應等具體內容，還必須進一步明確其中的重點。又如，當確定以提高技術品質為訓練重點時，還應進一步明確在速度、力量，旋轉、落點等決定技術品質的諸要素中，以哪一項或哪幾項為重點。

第三、除明確各階段的訓練內容外，每次課也應當有重點。

第四、突出重點，必須以解決問題為目標。也就是說，重點內容的訓練，必須實現預期的目標，要確見成效，不要半途而廢。

7. 全面技術訓練與特長技術訓練相互結合

乒乓球運動是一項對抗性很強的個人競賽項目，類型打法多樣，工具性能各異，個人特點不同，球速快，旋

轉、落點變化複雜多樣。乒乓球運動的技術正朝著更加積極主動，特長突出，技術全面，無明顯漏洞的方向發展。運動員如果缺乏比較全面的技術和高度的運動技巧，要想在比賽中戰勝對手，取得優異的運動成績是很困難的。因此，在訓練中教練員必須有計劃、有步驟地使運動員掌握比較全面的技術，同時，根據運動員各自不同的打法和特點，逐步建立其技術特長。只有這樣，運動員在比賽中才有可能靈活地運用戰術，並以自己的特長去力爭主動和勝利。

運動技術水準的高低，除了取決於掌握具體技術的數量和品質外，還將取決於各具體技術的組合方式。這在高水準的運動員中表現得尤為突出。也就是說，技術的全面性是運動競賽的有力保障。如果技術上出現缺陷，給對手以可乘之機，就會被對手抓住並進行攻擊。

另一方面，如果只是技術全面，而沒有自己的技術特長，在現代運動競賽中想要取勝也是相當困難的。所謂特長技術，是指運動所掌握的技術「群」中那些對其獲取優異運動成績有決定意義的，使用概率和得分概率相對較大的技術。特長技術即人們通常所說的「絕招」，運動員有了自己的「絕招」，並以此為中心，結合其他技術，構成獨特的技術系統，成為在比賽中的制勝法寶。

當今世界乒壇已進入整體實力對抗的新階段，它要求乒乓球運動員必須在發球、發球搶攻段、接發球段和相持段等都具備相當的實力，哪一方面有缺陷都難以攀登高峰。

全面技術訓練要達到的要求：

第一、技術上沒有明顯的漏洞，沒有致命的弱點。擅長進攻，同時也具有一定的防禦能力；正手技術好，反手

技術也掌握；既能拉削球，也能打弧圈；既擅長攻斜線，也會打直線。總之，特長技術能得分，一般技術能相持，特短技術能作過渡。

第二、能適應和對付各種不同類型打法。

第三、能適應和對付各種不同性能球拍。

特長技術的訓練與個人技術風格的培養是緊密地聯繫在一起的。沒有特長技術，就不可能有鮮明的個人技術風格。沒有鮮明、突出的個人技術風格的運動員，是很難攀登世界乒乓球技術高峰的。特長技術的訓練，大致有如下一些方法：

第一、根據運動員個人打法特點，從發球、攻、推、拉、搓、削等方面去確定和培養特長技術。

第二、根據運動員個人戰術運用的特點，從發球搶攻、攻直線、攻追身、攻大角度斜線等方面去確定和培養自己的特長技術和線路。

第三、根據運動員使用的球拍性能去確定和培養特長技術。如用長膠球拍擊打轉與不轉，削擋結合，搓拱並用等。

第四、根據運動員的身體素質特點去確定和培養特長技術。如力量素質好的運動員，可以從加力推、攻、拉、削上去培養特長技術，而速度、靈敏素質好的運動員，則可以從落點變化上去培養其特長技術。

第五、特長技術訓練要與運動員個人技術風格相一致。例如，以「兇狠」為個人技術風格的運動員，應從擊球力量上去突出技術特長，而以「快變」為個人技術風格的運動員，則應從擊球速度和落點變化上去突出個人技術特長。

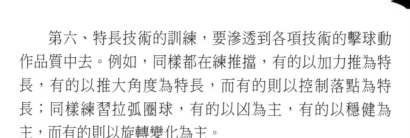

第六、特長技術的訓練，要滲透到各項技術的擊球動作品質中去。例如，同樣都在練推擋，有的以加力推為特長，有的以推大角度為特長，而有的則以控制落點為特長；同樣練習拉弧圈球，有的以凶為主，有的以穩健為主，而有的則以旋轉變化為主。

總之，特長技術訓練是培養和發揮運動員各自不同的運動才能的根本所在，必須防止那種不顧運動員個人特點的「一鍋煮」的訓練方法。

8. 教學訓練中安排好合理的運動負荷

運動負荷是指身體練習給予人體的生理負荷和心理負荷。

安排好合理運動負荷應注意以下幾點：
第一、要正確處理量和強度的關係。
第二、要善於運用負荷的表面資料和內部資料。
第三、要使負荷與休息合理交替。

9. 進行不間斷的系統訓練

乒乓球運動員取得優異成績，一般需 8～10 年時間的訓練，訓練的過長間歇或停頓會導致身體機能的退化。這種消退現象不僅表現在體能上，而且還包括對技術和戰術的掌握和運用上。因為由訓練所獲得的技術和戰術能力，其實質是神經系統的暫時性聯繫，訓練中斷就會使這種神經聯繫減弱、條件反射消退、動力定型被破壞。

另外，就乒乓球專項所需要的身體素質、技術、戰術等都有特殊的結構程式和內部聯繫，只有系統地、有步驟

地訓練，才能取得效果。

進行不間斷的系統訓練時，應注意以下三個問題：

第一、貫徹多年、全年系統的訓練，注意各週期之間的有機聯繫。

第二、注意訓練內容、手段和負荷的內在聯繫。

第三、負荷的增加，只有漸進才能持續。

10. 身體訓練與專項訓練相互結合

雖然乒乓球運動本身具有身體訓練的價值，可以增強健康和發展某些身體素質，但乒乓球運動對身體的平衡發展，是有一定的局限性的。

加之乒乓球運動的特點是反應要快，身手要敏捷，在較長時間的比賽中還要有很好的速度耐力和靈敏耐力，這就不能僅僅依靠乒乓球技術訓練本身去解決，而要採取多種多樣的身體訓練手段，才能使運動員身體的各個部分、各個器官和系統，以及各種身體素質得到全面、均衡、協調的發展，為提高運動技術水準打好基礎。因此，在訓練中教練員必須重視加強對運動員的身體訓練，並把身體訓練和專項訓練緊密地結合起來，這對於促進運動員運動技術水準的不斷提高，是具有重要意義的。

11. 訓練與比賽相互結合

比賽不僅是訓練的目的，而且也是訓練的依據，所以，訓練必須從比賽的實際需要出發。從另一角度講，比賽亦是訓練的一種特殊形式，許多技術、戰術和心理等方面的問題，只有透過比賽才能得以鞏固和提高。

在處理訓練和比賽的關係上，存在著兩種值得注意的傾向：一種是只埋頭訓練，不安排或很少安排必要的比賽，賽練脫節，另一種傾向是，不分階段，不顧週期訓練的特點，不瞭解競技狀態形成的規律，安排過多過密的比賽，甚至以比賽代替訓練。上述兩種傾向，都無助於運動技術水準提高。

在乒乓球運動訓練中，以訓練為目的，為訓練服務的比賽，大致有下列幾種：

第一、技術比賽。這種比賽以鞏固技術和提高技術品質為主要目的。包括單個技術和結合技術的比賽。如發球和接發球比賽，可規定次數或局數，計算其得分率。

第二、單個戰術比賽。這種比賽以提高單個戰術運用的品質為主要目的。如發球搶攻比賽，可在規定的次數或局數中，計算其得分率。

第三、綜合練習比賽。這種比賽以提高比賽意識和戰術運用能力為主要目的。這種比賽，既可在訓練課中安排一定的時間，採用「打擂台」「爭上游」等各種形式進行，也可定期舉行隊內的循環賽、淘汰賽、團體賽等。

第四、針對性比賽。這種比賽以提高運動員某一方面的能力為主要目的。小至針對某一技術的比賽，如攻對拉、拉對削的比賽；大至針對某一打法的比賽，如快攻打法對弧圈打法，削球打法對弧圈打法等。同時還可組織針對某一戰術運用或針對運動員在比賽中不同心理表現的關鍵比分的比賽，領先球的比賽，落後球的比賽，輪換發球法的比賽等。

第五、適應性比賽。這種比賽以提高運動員對重大比

賽的場地、觀眾，裁判、氣候、時差以及特定的主要對手等客觀條件的適應能力為主要目的。其方法可採用各種模擬比賽、公開賽、邀請賽、訪問比賽等。

在安排和運用上述各種比賽時，應注意下列幾點：

第一、比賽的目的必須明確、具體，態度必須嚴肅認真，形式盡可能逼真，方法要講求效果。

第二、比賽必須在運動員已經掌握一定的技、戰術的基礎上才能安排，以免破壞運動員剛剛形成的正確動作技術的動力定型而造成不良的後果。

第三、比賽的時間和次數一般不宜安排過長過多，以免造成運動員精神上和體力上過度緊張和疲勞。

第四、計分方法和比賽要求，既要考慮到效果，又要兼顧到運動員的興趣。

第五、比賽對手的安排，一方面要考慮到訓練的需要，另方面也要考慮到對手的技術水準。不同水準的對手進行比賽時，可以根據需要，在比賽要求和計分方法上作出不同的規定，以利於加強訓練效果。

12. 注意培養運動員的技術風格

在乒乓球的技、戰術訓練中，必須抓準、抓狠、抓好技術風格的培養這一重要環節。這是我國乒乓球隊所以能在近 30 年的時間裏一直處於世界領先地位的成功經驗之一。有人把技術風格比喻為運動員的技術靈魂，足見其作用之大。

培養什麼樣的技術風格，將直接關係到運動員的發展方向和可能達到的水準。事實證明，一個缺乏鮮明技術風

格的選手，要攀登世界乒壇的高峰是不可能的。

教練員在培養運動員的技術風格時，應注意如下幾個問題：

第一、既要根據世界乒乓球技術發展的趨勢，不斷豐富各種不同打法的技術風格；又要特別注意運動員的具體特點，培養其各自不同的獨特風格。如我國傳統的快攻打法，在 60 年代提出的技術風格是「快、準、狠、變」。70年代後，我們又根據世界乒乓球運動「積極主動、特長突出、技術比較全面、戰術變化多樣」的發展方向，在原基礎上增加了一個「轉」字。但具體到某個快攻選手身上，還必須依據個人的心理、身體素質和技術等不同特點有所側重，有人以兇狠為主，有人以多變見長，還有人更突出快速，從而形成了個人獨特的技術風格。

第二、教練員應同運動員充分交換對技術風格的看法，認真聽取運動員的意見。

第三、技術風格確定後，應在訓練和比賽中嚴格貫徹，不要輕易改變。

第四、堅持技術風格，絕不等於固步自封、一成不變。相反，我們必須密切注視世界乒乓球技術發展的新動向，而對原來的技術風格不斷有所發展和創新。

三、乒乓球常用教學訓練法介紹

教學訓練法是指在教學訓練過程中完成教學訓練任務的途徑和手段。教學訓練方法的選擇與運用是否切合實際和有效，對完成教學訓練任務、提高教學品質有重要意

義。

（一）直觀教學法

在教學中，借助視覺、聽覺、肌肉本體感覺等感覺器官來感知動作是一種經常運用的教學方法，它有助於學生瞭解動作形象、結構、要領、完成方法以及時間和空間的關係。

在乒乓課的教學中常用的直觀教學法，主要有動作示範、戰術示範和電視錄影等電化教學示範。

1.動作示範

動作示範目前仍然是教學中教授基本技術的重要教學手段。它是以教師具體動作為範例，建立學生對動作形象、結構、要領和方法的正確概念，示範動作是否成功和準確將直接影響教學效果。動作示範有完整示範，也有根據動作結構和教學要求進行的分節示範。

完整示範：主要目的是建立學生對這一動作的完整技術概念，如進行正手近台攻球動作示範時，教師要對站位、步法、身體姿勢、揮拍動作、擊球時間以及腰、髖等部位與手臂動作的協調配合等技術環節都要充分展示在學生眼前，要提示學生觀察教師的整體動作，使之形成正手近台攻球的正確形象。

分解示範：目的是讓學生明瞭和掌握動作的細微技術，教師的完整示範，學生只能形成動作概念和引起學習興趣，但不可能全部瞭解動作技術的細微之處，也就不能進行有效地練習，教師必須要根據動作結構和教學要求，進

行對某個動作分解示範並組織練習，才能最終掌握動作的完整技術。還是以教授正手近台攻球為例：教師可把這一動作分割成握拍角度，前臂動作，擊球時間，身體姿勢，腰、髖、腳的協調配合動作等，依據教學要求重點進行層次分明的示範和練習，就可達這一示範的預期效果。

2. 戰術示範

當教學進行到一定深度，學生基本掌握了正手近台攻球、反手搓球、發球、反手推擋等基本技術後，則應適時安排戰術練習的教學內容。雖然學生還不具備進行某一戰術的足夠技術能力，但注意對其戰術意識培養，也是乒乓球教學中一個重要方面。實踐證明，進行戰術練習，對提高學生學習動作的興趣和進一步提高動作的規範，向較高難度動作學習的慾望都有促進作用。

在教學中適用的戰術練習有發球搶攻、接發球搶攻、推攻、搓攻等。推擋側身攻斜線或直線有一定難度，教師可根據情況介紹。

戰術示範的方法：在進行某一戰術練習時，教師可與班上技術較好的學生進行戰術練習，或者教師找兩名技術較好的學生進行，其他學生進行觀摩，教師要把戰術運用的技術要求、打法和應變措施講解清楚，充分利用講解、示範、邊講解邊示範的方法，使學生瞭解戰術的運用和意圖。

3. 比賽示範

在一年的教學結束前，在課內組織不同形式的比賽，

以檢查教學效果和學生掌握學習內容的實際水準，這已成為教學中常用的一種方法。比賽示範的目的，是讓學生瞭解比賽規則、確定基本打法的目標、在實戰中的戰術運用、找出自己的差距和不足等。

方法：與戰術示範相同，教師與技術較好的學生進行比賽示範，其他學生進行觀摩，在比賽中，任何一方戰術運用成功、漂亮得分、運用得當的應變措施和能力等，教師都應暫停，進行講解，達到比賽示範的目的。

4. 助力與阻力

借助外力（如教師）的幫助或對抗力的阻礙，使學生通過觸覺和肌肉的本體感覺，直接體會動作的要領和方法，多在初學或糾正錯誤動作或體會某一動作細節時運用。

5. 條件誘導

利用附加裝置引導技術動作的方向、幅度和用力方法。如：適當升降網高，調整學生擊球弧線的高度；在對方球台上放置一物品，提高學生擊球的準確性。

6. 電影和電視錄影

電影和電視錄影等現代化的直觀教學手段越來越多地被採用，其最大特點是生動形象、感染力強，能引起學生的學習興趣，有助於明確動作進程，根據需要可放慢速度或停頓進行深入的分析和研究。

運用現代化的電化教學介紹乒乓球的技術特點，是一

個很好的教學輔助方法，而且隨著科學的進步及條件的改善，這種直觀方法肯定是教學方法發展的主要趨向。

進行示範動作或其他內容的示範，包括電視錄影的播放都要做到：

第一、目的明確。教師的示範要明確所要解決的問題，要根據教學任務、步驟和學生的情況決定示範什麼，怎樣示範，還要注意按計劃掌握示範時間，不能隨意延長時間，影響學生的練習。

第二、注意示範的位置和方向。根據乒乓球運動的技術特點及教學重點和要求，教師的示範動作，一定要考慮到讓學生從任何角度和麵都能看清楚，所以教師要不斷調整示範位置以及正面、側面、背面等示範方法的變換，以求達到示範的最大效果。

第三、示範動作要規範。教師的示範動作力求做到準確、熟練、輕快、優美，要留給學生具有動作典範的印象。也可利用錄影作為教師輔助示範。

（二）語言提示法

正確生動地運用語言，在教學中有著重大作用和意義是不言而喻的，也是在教學每個環節中不可缺少和不能代替的重要方法。

由於課的特點，運用語言必須限定時間，有些話要起到畫龍點睛的作用。在乒乓球教學中常用的語言形式有：講解、口令和指示、口頭評定成績以及使學生掌握和運用「默念」與「自我暗示」等。

1. 講解法

講解法是乒乓球教學工作中一種運用語言法的最普遍的形式。即教師用語言向學生說明教學的任務、內容、要求、動作名稱、動作要領等進行教學的一種方法。它在理論教學、思想教育和技術教學中都起著重要的作用。

具體運用時，應注意以下幾點：

第一、目的明確、有的放矢。根據教學任務和學生的實際情況，有針對性、有區別地進行講解，注意客觀效果。在理論課或專門分析、講解技術動作時，可以較詳細地講；但在練習課上（特別是學生練習情緒很高，打得正上勁時）應儘量少講。

第二、內容正確、表達清楚。語言是人們表達和交流思想的工具，要使其真正發揮作用，第一要求我們頭腦中的思想或概念要正確，第二還要善於表達。乒乓球教學中，在教學內容正確、具有科學性的同時，還必須注意選用最能夠把頭腦中的概念表達清楚的語言。否則詞不達意，往往會引起學生的誤會或形成錯誤的概念。這不僅需要在語言上下工夫，而且還應虛心，認真地調查研究學生現有的知識、經驗和理解程度。

第三、講解要充分準備，語言精練扼要和確切，重點突出，層次分明，口齒清楚，語氣穩重而親切，表達要生動、幽默，力求以最短時間收到最大的講解效果。

2. 口令和指示

這是在教學中，教師以命令方式進行的一種語言方

式，是有效指揮學生活動的一種方法。

　　一般指在進行準備活動、組織練習或在練習動作時進行要點提示，如：「上步」「不要抬肘」等。

3. 口頭評定

　　在教學中教師的簡單口頭評定，往往能起到鼓舞士氣、加強自信心、提高學習興趣的意外教學效果。在乒乓課教學中，學生經常為掌握動作進行練習而不得要領時，表現出急躁甚至困惑，教師在這時對其動作某一點加以肯定，只簡單說出「好的」就會扭轉暫時的低落情緒，同時也要指出動作中存在的缺點和糾正方法。

　　也可用這種方法，對學生在課堂的表現提出口頭表揚或批評，這對安定課堂秩序、建立良好的教學環境、提高教學品質都能起到較好的作用和效果。

4.「默念」和「自我暗示」

　　在學習和練習動作中，培養並養成「默念」及「自我暗示」的習慣，對掌握技術要點及糾正錯誤動作都有積極促進作用。因為語言與肌肉活動感覺有一定聯繫，無聲語言不僅能在頭腦中表達動作過程，而且在一定程度上表達動作的形象。

　　「默念」是在做動作前默想整個動作過程或動作的某些要點，以便在練習中努力完成動作過程。

　　「自我暗示」是在練習中暗自默念或小聲提示在動作中某些不足和習慣性的動作錯誤，如「不要翻腕」「慢啦」「用力」等等。

5. 閱讀書面材料

現代教學不一定都要老師講，很多時候可以請學生看書面材料。這不僅可使學生獲得知識，而且還能培養學生的自學能力。另外，教師還經常以書面形式對學生進行教育和指導。如批改訓練日記等。

在這裏，文字被看作是書面的語言。

（三）完成指標法

現在一般訓練都是以時間為界限的。如右方斜線對攻10分鐘。完成指標法是以完成規定指標為界限的。如右方斜線對攻，以累計對攻500板為限。

具體方法為：

1. 雙方共同完成指標法

需雙方共同努力來完成指標的練習。如上述的正手對攻累計500板。

2. 單方完成指標法

要求一方完成規定指標的練習。如搓中突擊命中50板的練習。

指標訓練法的作用：及時得到定量的回饋，刺激性強，利於調動運動員訓練的積極性。

指標訓練法的注意事項：所定指標經過努力應可達到為好，切忌指標過高或過低。

（四）練習法

在教學中，大部分時間是學生進行練習，由實際體驗掌握動作要領和教學內容。

乒乓球教學中分不擊球的徒手動作練習（又可分手法、步法及二者的結合練習）與擊球練習。擊球練習，又可分為不上台（如墊球、對牆打、打吊球等）與上台的擊球練習。上台的擊球練習，又可分為單球與多球練習。

1. 模擬練習和輔助性練習

乒乓課教學，教師講解示範完動作要領後，讓學生不上台，或站在球台的擊球位置但不擊球，握拍進行動作模擬練習，這一練習要保持經常性，每次課都抽出一定時間進行練習，教師要規定練習次數或時間，如要求必須完成100次或以時間規定為一組，完成三組。在進行練習時，教師隨時提示動作的某些錯誤，到隊伍中進行個別糾正，必要時再次講解、示範，教師也可帶領學生一起做。

這一練習方法的意圖是讓學生建立正確動作概念，清楚感覺易犯的動作錯誤並進行糾正，同時養成學生對糾正錯誤動作的「自我暗示」習慣。

進行模擬練習，要時時提醒學生，在意念上要有球的位置和運動，也就是讓學生在想像中有攻球的意識，在動作中感受和假定打球的時間和力量，這樣才能使模擬練習起到事半功倍的作用。只有模擬動作完全正確，上台擊球動作才可能正確，但往往模擬動作練習時，動作基本正確，上台擊球就會「舊病復發」，這就須反覆地、不厭其

煩地練習才會逐步改進。有條件的可在鏡前做動作練習，這樣效果會更好些。

在教學中常用的輔助性練習有：對牆揮拍進行正手或反手攻球動作練習和擊吊球等，這些都是用來加強手感、糾正動作、體會動作的練習方法。

2.打一板球和自拋自打的練習方法

乒乓球的技術要求是提高連續攻球能力，但學生往往怕攻不到台內，造成思想負擔和顧慮，對形成正確技術產生不利影響。因此，設法使學生進行練習時不要怕打出台外或不過網，採用打一板球或自拋自打的練習方法較為適當。如進行正手近台攻球教學時，兩人一台進行練習，互給對方高度長短適中的正手位球，只打一板，交替進行，不僅能使之放開動作也有時間讓學生思考和自我糾正錯誤動作。

如果有條件，讓學生用較多的球（50 個左右為宜）進行自拋自打的正手攻球練習。但教師要注意糾正錯誤動作。

3.一推一攻，對推、對攻練習法

教學進行到一定深度，大多數學生都能基本正確地掌握反手推擋、正手攻球等基本技術，此時就要提高連續打球的能力。

（1）對推練習

二人反手對推斜線，這是乒乓球技術練習最基本方法。在每次課練習時，教師除技術指導和糾正錯誤動作

外，還應提出量和質的要求，使學生每次練習中都能感受到有新的體會和收穫。在發球練習中也可採用對發形式練習或一發一接交替進行。

（2）一推一攻練習

二人交換進行正手攻球（近台）和反手推擋練習，教師要講明練習目的，使之互相配合，共同提高連續打球能力，不能「一板打死」，以中等力量，力爭多打來回，從中體會動作。

（3）對攻

是指二人正手斜線攻球練習，這一練習要求配合默契，因為提高了速度，也就加大了難度，教師要特別注意動作變形，並要求在對攻練習中，體會節奏感和擊球的時間以及步法移動。

4. 巡視教學法

所謂巡視，就是教師在學生進行練習時，到每個台上或有計劃地到幾張台上，進行技術指導和瞭解學生掌握情況及存在問題。必要時教師可在每張台上與每個學生進行練習，如進行正手攻球練習時，教師可把力量、高度適中的球送到對方正手位，讓學生很舒服地把球打回。

教師的陪練能大大激發學生的學習熱情，會很有效地提高教學效果。但教師要掌握與學生的練習時間，不能過長，掌握在每個學生3分鐘為宜，同時進行技術指導，個別對待。教師在進行個別指導或在某一張台與學生練習時，也要兼顧其他台的練習情況，嚴格按照教學內容進行練習，不能放任自流。

（五）預防和糾正動作錯誤法

預防和糾正動作錯誤法是指，教師為了防止和糾正學生在練習中出現的動作錯誤所採用的方法。乒乓球教學訓練中，學生在掌握動作時，出現錯誤是正常現象，教師應正確對待並有意識地加以預防和糾正。教學訓練中預防和糾正動作錯誤，不僅是正確掌握乒乓球基本知識和動作技術的需要，並且是有效地鍛鍊身體，避免運動損傷的重要條件。如果讓錯誤動作形成動力定型後才去糾正，就可能要付出比學會相應的動作更多的時間和精力，因此，必須及時地對動作錯誤進行預防和糾正。

預防和糾正動作錯誤時，應首先分析產生錯誤的原因，然後，針對錯誤的主要原因，選用適合的方法予以預防和糾正。

1. 產生錯誤的原因

動作錯誤產生的原因是多種多樣的，常見的、直接的主要原因一般有以下五個方面：

（1）學生對學習的目的性不明確，積極性不高，缺乏完成動作的信心，或怕難、怕苦、怕傷等。在這些情況下，都可能出現做動作不認真，敷衍了事，這樣自然會把動作做錯。

（2）學生對所學動作技術的概念模糊不清，對完成動作的順序、要領和要求不明，或受舊技能的干擾。

（3）教學要求過高，或學生的能力（體質條件、素質水準、技能基礎等）較差，難以達到教學要求。學生在疲

勞情況下進行學練，也是導致產生動作錯誤的重要原因之一。

（4）組織教法不當，教學安排不利於學生完成學練要求。如：輔助練習選用及安排不當；講解不系統、不明確，動作示範太快或安排學生觀看的位置不當，未觀看明白；以及教師講解、示範等的指導失誤。這些都可能導致動作錯誤的產生。

2. 根據產生動作錯誤的主要原因，分別採用相應的方法進行預防和糾正

（1）加強學練目的性的教育，激發學、練動機和熱情，提高學、練的自覺積極性，消除畏難情緒，樹立完成動作的信心，培養吃苦耐勞、勇敢頑強、不畏艱險的意志品質。

（2）提高運用語言法和直觀法的水準，特別是提高動作示範與講解的品質，使學生建立正確的動作概念，明確完成動作的順序、要領和要求，要善於運用各種誘導性、轉移性練習，來預防與糾正因受舊技能干擾所產生的錯誤。

（3）正確確定教學任務和要求，並使學生經過努力能夠達到。要加強學生的身體鍛鍊，發展身體素質，提高運動能力。合理安排運動負荷，注意學生疲勞程度。

（4）加強備課，全面細緻地瞭解學生，認真鑽研教材教法，合理安排教學過程，切合實際地運用各種教法。根據教材特點和動作錯誤性質，可採用限制練習法、誘導練習法、自我暗示法和消退法等進行糾正。

（六）多球訓練法

1. 多球訓練的作用

多球訓練方法產生於 1964 年。為提高我國的運動訓練水準，更好地貫徹「從難、從嚴、從實戰出發」的訓練方針，周恩來總理邀請當時世界錦標賽女排冠軍日本隊的教練大松博文來華對中國女排進行示範訓練。臨場觀摩的原國家乒乓球隊教練李仁蘇，見大松博文在訓練時站在一輛裝著一大筐排球的四輪車上，居高臨下地不斷將球一個一個地連續向隊員們扣去，聯想起「應該將此法借鑒到乒乓球訓練中來」。第二天他用尼龍絲網兜裝著 24 個紅雙喜乒乓球對隊員試練。他用左手取球後拋起，再用右手持拍將球一個一個地向對方球台的左方、右方打過去，要求隊員將球一一還擊回來。排球的「多球訓練」由此移植到乒乓球項目。由於其新奇和獨特的作用，很快普及全國、乃至世界各國，並沿用至今。後由北京體育大學王家正教授整理為較系統的多球訓練方法。

多球訓練，指將數十個、數百個乒乓球放在一個筐（或盆）內，根據不同的練習內容與要求連續不斷取球，並採取不同的供球方式將球擊至練習者的台面，從而達到提高練習品質的目的。

多球訓練方法，可採用完全是「人工」操作的供球方法；也可使用「發球機」機械式全自動控制的供球方法；或自製「木架」式多球器由人工供球的方法。

多球訓練不僅節省了撿球時間，更重要的是加大了單

位時間內練習的強度和密度。

此外，兩人單球對練時，完成幾個單個技術組合成的結合性技術比較困難；而多球訓練不過多受練習者回球品質影響，又可滿足練習者選擇的各種練習所需的有針對性供球，在擊球的步法移動範圍、練習難度方面比兩人對練效果好。同時，因其練習的強度和密度較大，還有助於提高運動員的專項耐力與專項力量素質，易於磨練運動員克服困難、頑強拼搏的意志，以及吃苦耐勞的精神。

採用多球訓練與多球單練相結合的方法，可提高執拍手對接近實戰情況下控制球拍和球的能力及擊球的準確性起著良好的促進作用。中國乒乓球隊四十年之所以能夠保持常盛不衰，其中多球訓練是重要的手段之一。

2. 多球訓練的方法

（1）一人多球練習法

指一個人使用一筐（或盆）球自己練習各種單個技術動作的方式，用於初學者建立正確的擊球動作結構，或提高前三板技術的發球技術品質。

練習方法：

●自己取球，採用自拋自打一板球練習

練習者可採用快攻球、拉球、推擋、快撥、搓球、削球、快點等擊球動作，提高單個（項）技術基本功。

●連續發各種不同性能球練習

練習者可採用正手或反手、高拋或低拋動作發球，建立正確的發球技術動力定型；或將球發至對方台面固定區域，提高發球的準確性與落點變化能力（圖2-11）。

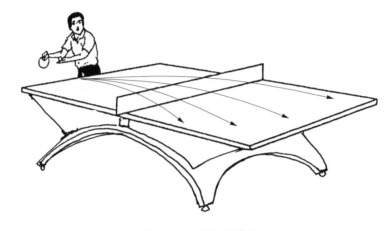

圖 2-11　發球練習

（2）兩人多球練習法

指兩個人使用一筐（或盆）球練習單個（項）技術或兩個以上單個（項）技術組合的結合性技術動作的方式。可分為一個人供球、一個人練習；或者兩個人同時進行練習。這是多球訓練中最普遍、最常用的方法。有助於練習者提高各種基本技術的品質，提高步法移動速度和揮拍擺動速度。

練習方法：

●單個技術動作定點練習

練習者根據練習的內容，供球者採用攻（或拉）球、推擋或搓球手法固定一種旋轉的球，供到對方台面固定的區域，練習者採用某種技術動作還擊。既可糾正練習者錯誤動作，也可加大練習的密度，提高練習的效果。

例一：正手快攻練習（圖 2-12）。

供球者一般站在球台左側或左角，用正手或側身正手快抽連續供至對方固定區域。供球的力量大小和速度快慢

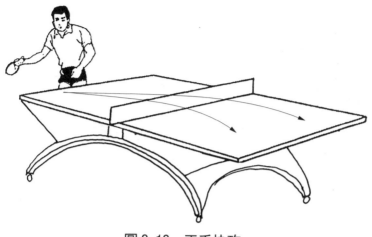

圖 2-12　正手快攻

應基本一致。

　　練習者連續原地正手快攻，其落點可先不定點，隨著技術水準提高，可限制擊球落點。

　　例二：拉（或打）弧圈球練習（圖 2-13、圖 2-14）。

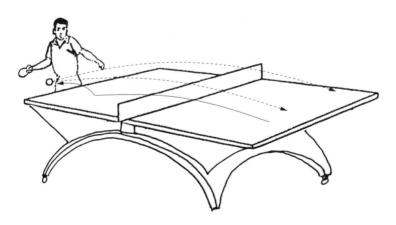

圖 2-13　正手拉弧圈球

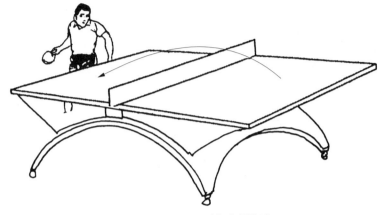

圖 2-14　正手打弧圈球

　　供球者用正手或側身正手連續供上旋（或下旋）球至對方固定區域，旋轉強度力求基本相同；逐漸增強球的旋轉和加快速度。

　　練習者連續原地拉（或打）弧圈球，擊球落點先不限制；待基本動作定型後，再限制回球區域，提高準確性和擊球品質。如在其對面的球台台面上，用粉筆和線繩彈動方法標出回球區域；或用球拍、破乒乓球、拍套等做目標，要求練習者力求擊中目標。

　　例三：正手扣殺球練習（圖2-15）。

　　供球者用正手連續供上旋半高球，使球具有一般旋轉和中等力量，落點稍長在端線附近。

　　練習者原地用力扣殺半高球。

　　●單個技術動作不定點練習

　　供球者不固定供球的旋轉性能及供球的落點。

　　練習者採用某種擊球技術動作如推（或快撥）、拉、

圖 2-15　正手扣殺球

攻、搓、削、點等在腳步移動中進行還擊。回球落點由無限制至限制。

　　例一：正手 1／2 台或 2／3 台，全台跑動攻上旋球練習（圖 2-16）。

圖 2-16　全台跑動攻上旋球

供球者用攻球手法，連續向對方球台左右兩個半區供球，兩落點距離約占球台寬 152.5 公分的 1／2 區域、2／3 區域或全台寬區域。

練習者在判斷移動中採用正手攻、正手拉或反手攻、反手拉等單個動作還擊。回球落點由無限制至限制。

例二：正手跑動拉下旋球練習（圖 2-17）。

供球者用正手搓或正手削球手法，連續向對方球台左右兩個半區供球，供球角度逐漸加大。

練習者在判斷移動中，連續用拉抽（或拉攻）、拉弧圈球動作還擊。回球落點由不限制至限制，移動距離逐漸加大。供球的旋轉由弱至強，加大回擊的難度。

圖 2-17　正手跑動拉下旋球

例三：正手殺高球練習。

供球者將球筐（或盆）挪至球台端線 2 公尺以外，用

放高球的手法向對方球台連續放高球。

練習者在判斷移動中，連續用殺高球動作還擊。擊球時間先擊來球下降期，熟練後可擊來球高點期或上升期，掌握殺高球的不同時間。供球的高度可逐漸增加。

供球的旋轉可由一般上旋增加側上旋，強度由弱至強。練習者回球的落點由無限制至限制。

●結合技術動作定點練習

練習者採用兩個或兩個以上單項技術動作進行還擊的多球練習。供球者可採用單個動作手法供球，也可採用兩個以上動作手法供球；供球的落點須先固定，使練習者做有規律的還擊。

例一：左推右攻或正反手兩面攻練習（圖2-18）。

供球者用攻球的手法，連續向練習者球台台面左右兩個半區供球；供球速度由慢到快，供球的角度逐漸加大。

圖2-18　左推右攻或正反手兩面攻

　　練習者採用左推右攻或正、反手兩面攻動作還擊。回球落點由無限制至限制。隨供球速度的加快，不斷提高左右揮拍的擺動速度。

　　例二：正反手削球練習（圖2–19）。

　　供球者以攻球手法，連續向對方球台台面左右兩大角供球。

　　練習者在判斷移動中採用正反手削球動作還擊。在掌握削球技術動作基礎上，隨對方供球力量和上旋強度的增加，練習削接突擊球的能力。

圖2–19　正反手削球

　　例三：正手削接長短球練習（圖2–20）。

　　供球者先以較大力量攻球，使球呈長球；待練習者削球回擊後再伺機供近網短球。

　　練習者後退採用正（或反）手削接長球，再快速判斷移動上步接近網短球。提高前後移動步法速度和反應判斷

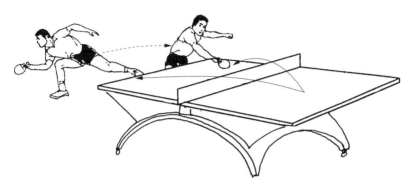

圖2-20　正手削接長短球

能力。

　　例四：正手拉扣結合練習（圖2-21）。

　　供球者以搓、削球與攻球手法供一下旋球和一上旋球至對方某一固定區域或左右兩角。

　　練習者採用拉下旋球、扣殺上旋球動作，進行拉扣結合技術練習。提高調節拍形角度、擊球時間、發力方向的

圖2-21　正手拉扣結合練習

能力。由有規律的拉一板、扣殺一板至無規律的拉中扣殺；回球落點由無限制至限制。

例五：推擋側身撲正手練習（圖2-22）。

供球者用攻球手法，先向練習者台面左角供球（供兩個球），再向其右角正手拉供一個球。角度由小逐漸加大。

練習者採用反手推擋（或快撥）、側身正手攻球後撲正手攻球。待熟練後，再結合反手攻，迅速還原成原準備姿勢。

此練習也可反手攻後側身正手攻結合撲正手再反手攻還原。

圖2-22　推擋側身撲正手

例六：搓中突擊結合扣殺練習（圖2-23）。

供球者以搓或削球手法供下旋球，再伺機供上旋球。

練習者採用正手（或反手）突擊動作還擊，再連續扣殺上旋球。

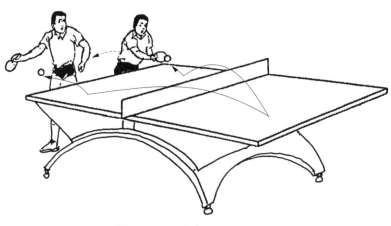

圖 2-23　搓中突擊結合扣殺

　　例七：削中反攻練習（圖 2-24）。

　　供球者以攻球手法連續供底線長球，落點固定一點或左、中、右三點。

　　練習者在連續削球中伺機結合攻球反擊。回球落點由

圖 2-24　削中反攻

無限制至限制。提高削球由防守轉進攻的相持能力。

●結合技術動作不定點練習

例一：適應不同性能球拍練習

供球者使用不同性能的球拍供球。

練習者根據練習內容與要求，採用不同技術動作還擊。提高對不同性能球拍的適應能力。

例二：擴大移動範圍練習

在練習者的一側，放置兩個半張球台，使球台寬度增大（圖 2-25）。

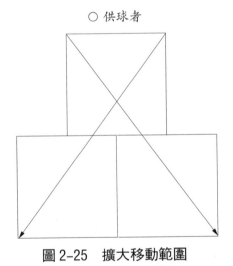

○ 供球者

圖 2-25　擴大移動範圍

供球者以攻球或削球手法向擴大的球台左右兩角供球，逐漸增加兩落點間的距離。落點不固定。

練習者採用正手攻、正手拉、正反手削球等動作還擊。提高判斷和腳步移動範圍。

例三：發球與發球搶攻練習

練習者用多球練習發球，要求接發球方有目的回接，練習者伺機搶攻。

計 20 個或 30 個球為一組的命中率。

例四：接發球與接發球搶攻練習。

供球者用各種發球技術動作發球，發球落點由定點至不定點，旋轉性能由固定至不固定。

練習者接發球後伺機搶攻。

計 20 個或 30 個球為一組的命中率。

例五：削球或搓球壓低擊球弧線練習（圖 2-26）。

在球網上方固定一根高 15～20 公分橫線。

供球者用削球或搓球手法連續供球。

練習者以正手（或反手）削球動作連續進行削擊，使球在空中運行時，從網與線繩之間越過，削球的落點由定點至不定點；或兩人連續對搓，要求練習者還擊的球必須

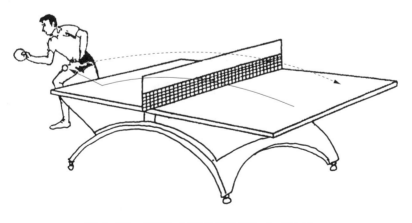

圖 2-26　削球或搓球壓低擊球弧線練習

從網與線繩之間穿過。

記錄一個球連續從網繩之間穿過的板數；或 50～100 個球為一組從網繩之間穿過的命中率。

例六：提高判斷能力的綜合練習

供球者採用各種擊球動作，供不同旋轉、速度、力量和落點的球。例如：

連續供 3～4 個上旋球，突然供 1 個下旋球或不轉球；

連續供 3～4 個下旋球，突然供 1 個上旋球或不轉球；

連續供不同旋轉性質與旋轉強度的球。

練習者根據來球不同性質，回擊突然變化的球或某種旋轉性質的球。

計 50 個、100 個球為一組的命中率。

（3）三人多球練習法

指一人供球、兩人練習的三個人使用一筐（或盆）多球的方式；或兩人供球、一人練習多球的方式。有助於練習雙打或難度稍大的結合技術及前 3～5 板球訓練。

練習方法：

● 雙打走位練習

供球者一人，以攻或削球手法供球，使球的落點能調動練習者腳步移動為宜，逐漸加大移動範圍（圖 2-27）。

練習者兩人，交替在判斷移動中進行還擊。回擊落點可攻對方台面一角或交叉攻兩角。

50 個球一組，每次練習 2～3 組。

● 一拉一打（或削）弧圈球練習

供球者一人，以攻或削球手法供球，球的落點由固定至不固定。

圖 2-27　雙打走位練習

　　練習者兩人，一人拉弧圈球至對方台面一點，另一人在球台另一端練習打弧圈球（或削弧圈球）。

●正手打回頭球練習

　　供球者一人，用攻球手法供不同性能不同落點球。

　　練習者兩人，一人採用不同攻球技術動作進行還擊，一練習者採用正手攻球打回頭。

●接發球或接發球搶攻練習

　　供球者兩人，分別站在球台兩側，交替發各種不同旋轉、速度、力量、落點的球。

　　練習者一人，進行接發球或接發球搶攻練習。

　　計 20 個球為一組的命中率，每人 2～3 組進行輪換。

●一人對兩人的雙打練習

　　供球者採用多球單練方法，從筐（或盆）中取球，在球台一端從發球開始，與對方兩人對練。

　　練習者兩人，輪流交替合法還擊。提高雙打移動速度

和戰術配合。每方輪流發 5 分球。

計一局球的比分或一場球的比賽勝負。

●殺高球放高球練習

供球者一個，放半高球或高球至對方台面固定區域，練習者熟練後，再放不定點球。

練習者兩人，分別站球台兩端。一人練習殺高球，另一人練習放高球。要求逐漸增加殺高球的力量和落點變化與放高球的高度。

計 15～20 個球為一組的命中率，2～3 組後進行輪換。

3. 供球技術和器材設備

（1）供球技術

乒乓球教練員在訓練工作中一般是由觀察或是講解、示範來對運動員進行技術指導，親身參加訓練的機會不多，而多球練習的出現，在這方面有了很大改進，對教練員也提出了新的要求。

首先教練員要親身參加訓練，還要掌握各種不同的供球技術，並具備充沛的體力，要能連續供較長時間和相當多的球。據統計，3 人一組多球練習，每人 15 分鐘，則教練員在 45 分鐘內要連續供球 2200 多次。教練員如果缺乏供球的鍛鍊，到後來會由於供球不準而影響訓練品質。

多球練習的供球技術是多種多樣的，它隨練習內容的不同而有變化，有時要求直接用攻球打過去。教練員在安排隊員分組時，可以考慮用攻和用搓供球，將直接供球和落台後供球的練習組成一組，以便調節單一的供球動作，從而能夠得到交替休息。否則有時會由於局部肌肉群疲勞

造成供球不準、失誤增多、速度不快而降低練習效果。

　　教練員在供球時還要善於掌握供球力量和速度的節奏性。為了盡可能結合比賽情況，教練員應根據隊員回球的動作和力量，恰當地供好下一次球。

　　例如隊員練習側身後撲攻，則教練員在供側身一板球以後，下一個球供的角度要稍大，力量要稍重，並根據隊員的能力所及，恰當地牽制住隊員，使其必須移動後才能撲打到球。在練習削中反攻時，當隊員反攻後，教練員下一板的供球速度要稍快，力量要重些，以近似對方打回頭的動作去供球。

　　總之，在供球時教練員要儘量符合實戰情況，並善於掌握供球力量和速度的節奏性。

　　（2）器材設備

　　進行多球訓練時，器材設備完善與否對保證不間斷地供球有較大影響。實踐證明，多球訓練對器材設備方面也提出了新的需求。

　　●球的數量

　　多球訓練首先應有足夠數量的球，一般要能保證供球3～5分鐘，估計120～150個球比較合適。為了節約可將破球修補一下，在多球訓練中使用。

　　●球盒

　　盒的大小以能容下一百多個球為宜，不要過大過深，稍淺一些便於拿放。

　　●擋球架

　　多球練習如果不解決擋球問題，勢必出現上百個乒乓球到處亂跳的現象，要想再集中起來很費時間，因此需要

有擋球的設備。

為了便於臨時裝卸和移動方便，可以用一根立柱，上面釘一橫木做成的架子，高約 2 公尺、長 1.5～2 公尺。使用時可臨時在上面掛網或布幕，在網或布幕下放球盒，使擋住的球落在盒內，這樣可提高訓練效果。

●推球器

利用一個 V 字型的推板，前端開口大，後端小，將球推入板內後，即可把球集中起來。

●乒乓球發球機

乒乓球發球機是連續發射乒乓球的一種自動發射裝置，它是進行多球訓練的一種新式訓練器材。練習時，將乒乓球發球機放在球台一端或任意一側，練習者在球台另一端，將發射出來的球連續還擊回去。使用它有助於迅速掌握乒乓球各項基本技術和單個戰術，提高訓練效果，並可增強專項身體素質。

實踐證明，在練習對手技術水準較低、打出的球旋轉強度較差、回球品質不高的情況下，借助於乒乓球發射器來提高技術水準，是會取得顯著訓練效果的。

但是，從另一方面來看，由於發球機終歸還不能完全符合乒乓球快速多變的競賽條件，所以採用發射器進行訓練，其效果也有其一定的局限性。因此，在使用乒乓球發射器進行訓練時，要注意安排好訓練內容，恰當掌握各項技術的練習比例，以及合理安排運動量等問題。

（3）注意事項

●對任何事物都應當運用辯證的觀點去分析。乒乓球多球訓練雖然優點很多，但是也有其不足之處。

首先在練習中它超越了發球、接發球和第三板搶攻這一階段，而直接進入雙方對打的技術練習階段。但是發球、接發球和搶攻是比賽中爭奪非常激烈的一個主要階段，如果技術訓練與發球階段結合不上，比賽時技術就很難發揮出來。

另外，練習時運動員能夠掌握供球人來球路線和落點變化的規律性，從而減少了對判斷來球的要求，因此對培養運動員判斷能力和隨機應變能力受到一定影響。

多球訓練時，供球人位置和擊球方位固定，運動員擊球時可以不太考慮每一板球的相互聯繫和製造機會問題，也可以不太講究回擊對方空檔的問題，因而技術練習不能結合實戰情況來變化，對培養運動員戰術意識所起的作用也就不大。此外，多球訓練還必須注意擊球動作的正確性，如果不顧準確而盲目擊球，練得越多，效果越差。

●多球訓練對發展專項身體素質是有幫助的，但是在練習中易使運動員產生局部疲勞，如注意不夠，會由於局部負擔量過重而造成損傷，因此要注意調節練習內容。

●多球訓練的強度大，對內臟器官的影響很大，運動員必須具有較好的身體全面發展水準，才能負擔起這種大強度的訓練，對於訓練水準較低的運動員，不宜過多應用，即使運用也必須注意時間不宜太長，組數不宜太多，並注意間歇休息。

總之，多球訓練是增大練習強度和密度、改進技術和提高專項身體素質的好方法，但是在運用多球訓練時，還必須結合其他練習來彌補其不足之處，而不能只用多球訓練來代替其他所有練習。

思考題

1. 什麼叫站位？站位可以劃分為哪些區域？
2. 什麼叫擊球點？主要包含哪三個方面的內容？
3. 什麼叫擊球時間？可分為哪幾個時期？
4. 乒乓球教學、訓練工作的任務是什麼？
5. 請簡述乒乓球教學訓練工作的具體要求。
6. 請介紹乒乓球幾種常用教學訓練法。

第三章

乒乓球競技制勝因素及類型打法

——劉建和、岳海鵬、杜佳

一、乒乓球競技制勝因素

乒乓球運動是我國的傳統優勢項目，在世界乒壇保持長盛不衰。這種成功的實踐過程與中國對乒乓球項目的制勝因素、制勝規律的正確認識過程緊密相聯。

在比賽對抗中，雙方運動員的制約，最終是由擊出球的弧線、速度、旋轉、力量、落點這五個物理要素來實現的。運動員的技術、戰術、運動素質、心理和智力能力，在比賽中最終要從擊出球的時間、空間特徵表現出來。由對乒乓球競技特點的這些認識和長期實踐的摸索，我國乒乓球界總結出乒乓球競技的制勝因素為：快、轉、準、狠、變（圖3-1）。現代乒乓球運動的發展，從特定含義

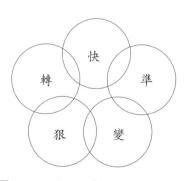

圖3-1　乒乓球競技的制勝因素

上講，就是一個如何提高制勝因素的單個水準及它們之間組合水準的過程。換言之，乒乓球運動發展的本質特點，是受其制勝因素制約的。中國乒乓球運動五十餘年的實踐，證明了這一認識的正確性。

中國乒乓球界對上述五大制勝因素的認識過程具有如下特點：

●認識比較及時

中國隊基本能把握住乒乓球運動的發展趨勢。由對世界乒壇的歷史和現狀的分析，能較為準確地預測將來。對於世界乒壇出現的新動向，能較為迅速地作出反應，及時地認識到其中帶有規律性的東西，從而提出行之有效的對策。例如，在 1961 年 26 屆世乒賽前，明確提出了「在技術全面的基礎上，以快準狠和變化多樣的打法，力爭主動、力爭勝利」的指導思想。經過一段時間的完善，在 28 屆世乒賽前更為明確地提出了我國快攻的技術風格為「快、準、狠、變」，削球的技術風格為「守得穩、削得低、旋轉變化好，兩面攻得準」。這在弧圈型打法還沒成型，旋轉因素的威力還沒被人們充分發現和利用的 60 年代中期，這種認識可以說是達到了一個高峰；1971 年 31 屆世乒賽之後，將對乒乓球的重要制勝因素——旋轉的認識，推向了一個新的高度，從而有效地指導了 70 年代我國對付主要對手歐洲弧圈的訓練和比賽實踐。

●認識比較系統

我國乒乓界關於制勝因素的理論著述之豐富，也是世界各國所不及的。這標誌著認識的系統性方面，前者高於後者。

在中國乒乓球隊參加 25～28 屆世乒賽的技術總結中，都把這個問題列為最主要的內容；在《現代乒乓球技術的研究》一書中，對制勝因素進行了大量的闡述；人民體育出版社還出版了《乒乓球的旋轉》等專著；有關人員 1987 年首次對旋轉球進行了定量研究，對國家乒乓球隊主要技術的轉速進行了定量分析。

●目的比較明確

即這種認識具有鮮明的目的，要成為訓練和比賽的指南。因此，基於前述認識，中國隊在制定各種技術打法的指導思想時，明確地把速度、準確、兇狠、變化、旋轉等要求放在極其重要的位置上，如 60～70 年代總結完成的中國傳統直拍快攻的制勝因素是「快、準、狠、變、轉」，以及隨後陸續總結出的直拍反膠快攻打法和橫拍快弧打法的「快、轉、準、狠、變」，橫、直拍削攻打法的「轉、穩、低、攻、變」；橫直拍弧圈結合快攻打法的「轉、快、準、狠、變」等等。

中國乒壇人士認識到，乒乓球比賽中運動員的技術、戰術和身體、心理、智力等的對抗，必須最終通過擊出球的性狀表現出來。技術、戰術是表面的活動形式，而擊出球的運動速度，球的旋轉程度，球的力量與變化性，球的運動方向、路線、落點等，才是競爭對抗的內在實質。

這種認識進一步揭示了乒乓球競技的內在規律，從而把乒乓球競技歸納提煉到一個可定量測量和分析比較的科學體系之中，如表 3–1。

制勝因素是在五個物理的競技要素的經驗基礎上抽象成的概念，是對事物的本質認識。這五個制勝因素的每一

表 3-1　乒乓球項目的制勝因素及球的特性

制勝因素	球的特性
快	速度
轉	旋轉
準	弧線
	落點
狠	力量
變	適應與反適應

個字都是一個相對獨立的概念，都有豐富的內涵，都充滿了技術與智慧的成分。

（一）快

乒乓球速度最基本也是最主要的含義是球速。「球速」具有使對手任何合理的技術動作遭到一時破壞的「殺傷力」。競賽的一方若能深刻明瞭這一點並在比賽實踐中充分發揮出速度的威力，就可能成為速度的獲益者而取勝。

乒乓球的擊球速度通常用合法還擊（擊球者用符合規定的手段回擊來球，將球擊過球網並命中對方台區的完整過程，稱為「合法還擊」）所耗費的時間來表示。合法還擊所耗費的時間越短，則表明擊球速度越快，反之則慢。

1.合法還擊所耗費的時間

●還擊來球所需的時間

這段時間是從對方將球擊到己方台上落台的一瞬間

（B）算起，至運動員在回球時球拍觸球的一瞬間（A）為止（圖3-2）。擊球時間越早，擊球所需的時間越短，反之則長。

●球體飛行時間

這段時間是從球體離拍的一瞬間（A）算起，至球落到對方台面的一瞬間（C）為止（見圖3-2）。球在空中飛行的時間長短，與球的飛行速度和飛行弧線有著密切關係。加快球體的飛行速度和縮短球體的飛行弧線，都有助於提高擊球速度。

從理論上來分析，要加快擊球的速度，一方面是盡可能縮短合法還擊所耗費的時間，另一方面是盡可能縮短球在空中飛行的時間，這將是最理想的。但在實踐過程中，由於運動員的打法各有不同，加上在擊球時所站位置離台的遠近也不一樣，所以在擊球時常會呈現出各種不同的節奏速度。當前，在乒乓球競賽中利用各種不同的節奏速度去破壞對方已經習慣了的擊球動作，已成為戰術運用的重要手段之一。

評定或比較擊球的速度，必須把還擊來球所需的時間和擊球後球在空中飛行的時間合併在一起計算，才能確切地反映出擊球的實際速度。

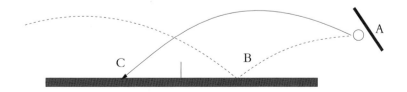

圖3-2

2. 提高擊球速度的方法

●站位靠近球台，在來球上升期擊球。這不僅能夠縮短擊球所需時間，而且可以縮短回球的飛行弧線，同時還有助於借用來球反彈力加快回球的飛行速度。

●還擊時，充分發揮擊球力量，並盡可能使力的作用線接近球心，以加快回球的飛行速度。

●在許可範圍內，儘量壓低弧線高度，減小打出距離，使回球的飛行弧線得以縮短。

●不斷提高反應速度和位移速度，使之與擊球速度緊密配合。

另外，乒乓球運動的「快」還有更豐富、更辯證的含義，如反應快、移動快、適應快、快中有慢、快慢結合等。

（二）轉

如果將乒乓球與同一項群的羽毛球、網球、排球相比較，就會發現乒乓球的旋轉種類更為繁多，變化更為複雜。旋轉極其強烈的球（尤其是弧圈球），同樣具有極大的「殺傷力」。性質迥異的旋轉球往往造成對方判斷失誤，從而直接失分或陷入被動。

在現代乒乓球技術和戰術中，旋轉是競技制勝的核心因素，在乒壇起著舉足輕重的作用。20世紀初膠皮拍的出現，稱為乒乓球運動的第一次技術革命；50年代海綿膠拍出現，增強了球的速度與旋轉，稱為第二次技術革命；70年代初，弧圈球技術及其新打法，稱為第三次技術革命。由發、攻、推、搓、拉、削球旋轉變化或在製造旋轉的同

時注重速度的變化，如拉加轉和前沖弧圈球、拉真假弧圈球、削轉與不轉球、搓轉與不轉球等。因此，並不是越轉越好，而是旋轉變化越大越好。同時，動作外形越相似越容易發揮旋轉變化的作用。但是，必須明確加轉是基礎、是前提，沒有加轉，不轉就會失去意義。

乒乓球運動中，旋轉的變化十分複雜，運用極為廣泛。從事乒乓球教學和訓練工作，必須掌握旋轉方面的基本知識。

1.產生旋轉的原因

擊球時，如果力的作用線（F）通過球心（O），球只做平動而不產生旋轉；如果力的作用線偏離球心，與球心保持一定的垂直距離（即力臂 L），作用力便分解為法向（$F_{法}$）和切向（$F_{切}$）兩個分力，前者為撞擊力，使球產生平動，後者為摩擦力，使球產生轉動（圖 3-3）。因此，力的作用線不通過球心是乒乓球產生旋轉的基本原因。

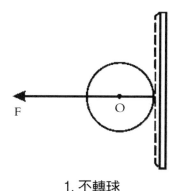

1. 不轉球

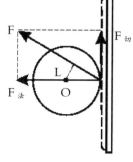

2. 旋轉球

圖 3-3

結合乒乓球運動的特點，作用力的大小與擊球時的手臂揮拍加速度有關，加速度越快，擊球力量也越大，在此基礎上，「切球薄」得恰當則可增加球的旋轉強度。「切球薄」與「摩擦球皮」「蹭球」是同樣道理。

2. 基本的旋轉軸及其旋轉

乒乓球本身是一個無固定轉軸的物體，但當球旋轉時便會自然呈現出一條通過球心的旋轉軸來。擊球時，由於擊球部位和用力方向的不同，可以使球產生多種多樣的旋轉，形成各式各類的旋轉軸。但是，無論球的旋轉怎樣繁多，轉軸如何複雜，它始終是圍繞著三條基本轉軸及六種基本旋轉而變化。

●**左右軸（橫軸）**

通過球心與擊球線路相垂直的軸。從擊球者方位看，球繞此軸順時針旋轉為上旋球，逆時針旋轉為下旋球（圖3-4）。

●**上下軸（豎軸）**

通過球心與台面相垂直的軸。從擊球者方位看，球繞此軸順時針旋轉為左側旋球，逆時針旋轉為右側旋球（圖3-5）。

●**前後軸（縱軸）**

通過球心和擊球線路相平行的軸。從擊球者方位看，球繞此軸按順時針方向旋轉為順旋球，按逆時針方向旋轉為逆旋球（圖3-6）。

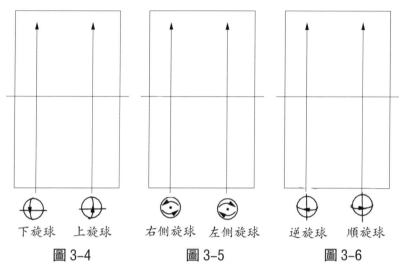

| 下旋球 | 上旋球 | 右側旋球 | 左側旋球 | 逆旋球 | 順旋球 |

圖 3-4　　　　　　　圖 3-5　　　　　　　圖 3-6

3. 各種旋轉球的特性

　　球的旋轉性質不同，其飛行弧線、著台和觸拍後的反彈情況都各有不同。

　　●上、下旋球

　　球旋轉時，帶著球體周圍的空氣一起轉動，形成一個環流。當球呈上旋狀向前飛行時，球體上沿的氣流因與迎面氣流的方向相反，其流速減慢；球體下沿的氣流因與迎面氣流的方向相同，其流速加快。遵循流體力學中流速越慢、壓強越大，流速越快、壓強越小的原理，球體上沿的空氣壓強大，下沿的空氣壓強小，空氣給球體一個下壓力（圖 3-7）。因此，上旋球與不轉球相比較，其弧高要低，打出距離要短（圖 3-8），且上旋越強越明顯。

　　當球呈下旋狀向前飛行時，其情況正好與上旋球相反。球體下沿的空氣壓強大，上沿的空氣壓強小，空氣給

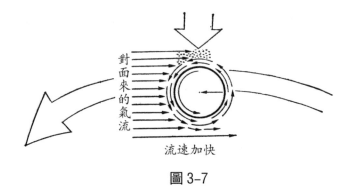

圖 3-7

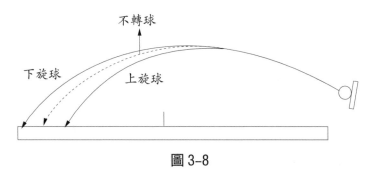

圖 3-8

球體一個升舉力。與不轉球相比較，下旋球的弧高要高，打出距離（擊球指弧線起止點）要長（圖3-8），且下旋越強越明顯。

　　上旋球的旋轉方向和前進中的車輪轉向相同，球著台時給台面一個向後的摩擦力，台面給球體一個大小相等、方向相反（向前）的摩擦反作用力，從而使球的反彈角度減小，前進速度加快（圖3-9），具有較強的前衝力，且上旋越強越明顯。

　　下旋球剛好與上旋球相反，像個倒轉的車輪。球著台

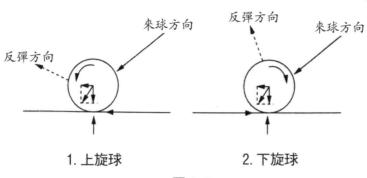

1. 上旋球　　　　　2. 下旋球

圖 3-9

時給台面一個向前的摩擦力，台面給球體一個大小相等、方向相反（向後）的摩擦反作用力，從而使球的反彈角度增大，前進速度減慢（圖 3-9），具有較弱的前衝力。下旋越強越明顯，以至出現回跳現象。

　　上旋球觸及平擋拍面時，給拍面一個向下的摩擦力，拍面給球體一個向上的摩擦反作用力，從而使球向上方反彈（圖 3-10）。下旋球恰好與此相反，球觸拍後向下方反彈（圖 3-10）。

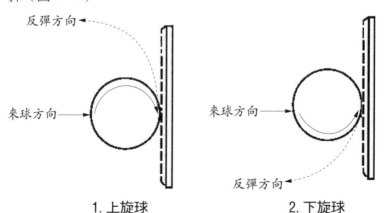

1. 上旋球　　　　　2. 下旋球

圖 3-10

●左、右側旋球

　　球呈左側旋狀向前飛行時，左側的空氣壓力比右側大，球的飛行弧線略為向右偏拐；球觸拍時給拍面一個向右的摩擦力，拍面給球體一個向左的摩擦反作用力，因而球向左方反彈十分明顯（圖3-11）。右側旋球的情況與左側旋球類似但方向相反，其飛行弧線略微向左偏拐；球觸拍後向右方反彈十分明顯（圖3-11）。

　　左、右側旋球著台後的反彈方向變化不大。

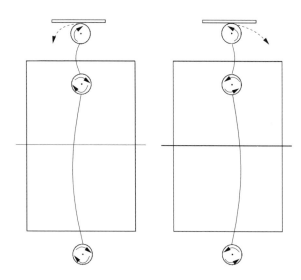

1. 左側旋球　　　2. 右側旋球

圖 3-11

●順、逆旋球

　　球呈順、逆旋狀向前飛行時，由於球體周圍氣流受迎面氣流的影響大致相同，其飛行弧線基本上不發生變化。

　　順、逆旋球著台後拐彎現象十分明顯。順旋球著台

時，給台面一個向右的摩擦力，台面給球體一個向左的摩擦反作用力，從而使球向左側拐彎（圖 3-12）。逆旋球與此相反，著台後向右側拐彎（圖 3-12）。由於落台後向兩側拐彎，判斷不好容易「打空」。因此，在球跳起到最高點拐彎即將結束時打，或者球一彈起還未完全發揮性能時打，千萬不要在拐彎中擊球。

順、逆旋球觸拍後的反彈方向變化也不明顯。

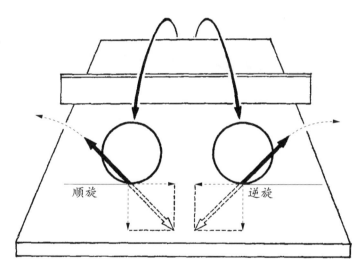

順旋　逆旋

圖 3-12

各種旋轉球特性歸納見表 3-2。

在乒乓球比賽和練習中，純粹的不轉球和典型的基本旋轉球是極其少見的，絕大多數的球都是繞三條基本旋轉軸的偏斜軸而轉動的混合旋轉球（混旋球）。混旋球的性能取決於該球所含有的旋轉成分。

表 3-2　各種旋轉球的特性

旋轉軸類別	左右軸		上下軸		前後軸	
旋轉名稱	上旋	下旋	左側旋	右側旋	順旋	逆旋
空中飛行情況	弧線彎曲度大	弧線彎曲度小	向右拐彎曲度大	向左拐彎曲度大	拐彎不明顯	拐彎不明顯
落台後彈起情況	向前衝	前進力弱	變化不大	變化不大	右拐明顯	左拐明顯
平擋後情況	向上飛	向下跑	向左飛	向右飛	不明顯	不明顯

3.增強球的旋轉方法

●擊球時球拍給球的作用力遠離球心，保持較長的力臂，即球拍給球的側方用力應大於正面用力。

●加大揮拍擊球時切、搓、削、拉、蹭球時的作用力。上述技術動作符合使作用力遠離球心和摩擦球的原理。

●摩擦球時，必須加快擺速，並把力量集中擊到球上。

●適當利用對方來球的速度，合理借用來球的旋轉。

●利用向內的擺動弧線摩擦擊球，可以使球拍與球之間的摩擦時間增長，有利加大球的旋轉。

●增加球拍覆蓋物的摩擦係數，如使用反膠則比正膠「咬」得住球。

●充分發揮前臂和手腕的快速收縮作用。

（三）準

中國隊較早地認識到了「準確」的重要性。任何技

術、戰術離開了準確，都毫無價值，今天我們所說的準確，實際上已經包括了「穩健」。「穩」是「準」的低級階段，但「準」必須建立在「穩」的基礎上。相對於「穩」而言，「準」更富於主動性和戰術意味。

準，要求擊球弧線適中、落點到位。

擊球弧線是指乒乓球被擊出後的飛行軌跡，它由弧高和打出距離構成。

當兩個運動員在乒乓球台上進行練習或比賽時，如果我們仔細地觀察一下乒乓球來回飛行的情況，那就不難發現：球以近乎直線的軌跡越網落到對方台上的情況比較少，而以弧形的軌跡越網落到對方台上的情況比較多。

原因是只有在來球落點離網比較近而且彈跳得又比較高的情況下，擊出近乎直線飛行的球，其準確性有保證（圖3-13）；如果在來球落點離網比較遠而且彈跳得又比較低的情況下，要使球回得準確，那就必須製造適宜的飛行弧線，才能避免碰網或出界（圖3-14）。而練習或比賽中出現第一種情況的機會很少。

弧線也就是球離開球拍落到對方台面的飛行軌跡 AB（圖3-15），擊球的弧線包括弧高和打出距離兩個部分。

圖 3-13

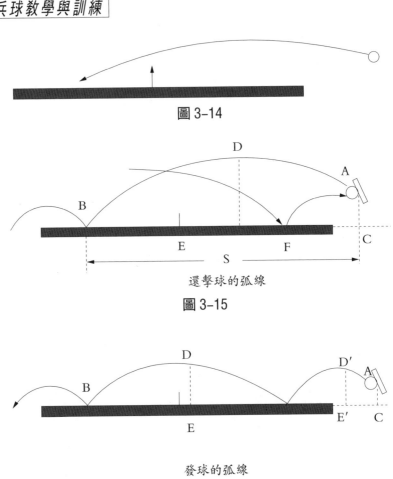

圖 3-14

還擊球的弧線

圖 3-15

發球的弧線

圖 3-16

其中發球的弧線比較特殊（圖 3-16），我們主要討論還擊球的弧線。

A 是拍觸球時的擊球點；

B 是將球打到對方台面的落點；

弧高：指弧線最高點至台面的垂直距離，DE 和 D′E′

就是弧高。

打出距離：指弧線起止點（即擊球點 A 與落點 B）之間的水準距離，B、C 兩點間的距離 S 是打出距離。

1. 如何提高和壓低弧線的曲度及增長與縮短打出距離

製造不同的弧線曲度，主要根據三個條件：一是拍形角度，二是擊球部位，三是發力方向。

拍形角度後仰越大（指擊球拍面與台面的夾角成鈍角），擊球部位應降低；反之，拍形越前傾（擊球拍面與台面夾角成銳角），擊球部位應升高。球打出距離相同條件下，發力方向越向上，所產生的球的弧線曲度則越大；若發力方向向前或前下方，球的弧線曲度則減小。

擊球時以摩擦球為主，減小向前打擊力量，可以縮短打出距離。

擊球時力量通過球心，向前打擊力量越大，摩擦越少，打出距離就越長。

總之，打出距離的長短主要與擊球力量成正比。擊球力量大，打出距離越遠；擊球力量小，打出距離越近。

2. 打不同距離、不同高度的球對弧線的要求

如圖 3–17 所示：

●打離網近而低的球，要適當提高弧線的曲度，縮短打出距離。

●打離網遠而低的球，也要適當提高弧線的曲度，同時增加打出球的距離。

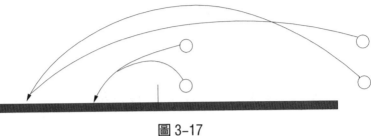

圖 3-17

●打離網近而高的球，對弧線要求不大，只是打出的距離不宜過長。

●打離網遠而高的球，要適當提高弧線曲度，打出距離要長。

3. 打不同旋轉的球對弧線的要求

●打上旋球要壓低（即減小）弧線的曲度，縮短打出距離，才能產生合適的弧線。壓低曲度的程度應視來球的旋轉程度，上旋越強，越要壓低弧線的曲度，以免球觸拍後向上反彈出界或出高球。

●打下旋球與打上旋球相反，應適當提高弧線的曲度才能產生合適的弧線。下旋越強，提高弧線曲度就應越大，以免球觸拍後向下反彈而下網。

●還擊左（右）側旋球時，來球旋轉越強，越要注意相應地向左（右）調整拍面方向，避免回球從右（左）側邊線出界。

4. 不同擊球時間對弧線的要求

如圖 3-18 所示：

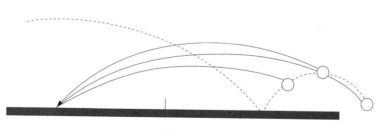

圖 3-18

●在上升期擊球，因球有較強的反彈力，故製造弧線曲度不宜過大，打出距離要短。

●高點期擊球，因擊球點接近網高或稍高於網，所以有一定的弧線曲度即可，但應注意縮短打出距離。

●下降期擊球。因擊球點低於網高，必須注意加大弧線曲度，適當增長打出球的距離。

（四）狠

「狠」主要體現在擊球力量上。20 世紀 90 年代以後乒乓球技術發展趨勢越來越向兇狠、積極主動進攻的方向發展。

尤其是歐洲的選手，在比賽中敢於搏殺、打法兇狠，例如法國選手蓋亭、比利時選手塞弗等歐洲的一流選手，在比賽中奮力拼搏，兇狠潑辣、速戰速決，欲求一板打死對方，充分體現了「狠」這一代表力量的制勝因素。

1. 力量的力學原理

力量＝質量×加速度（$F=ma$）。力量的大小，取決於擊球質量的大小和加速度的快慢。增加物體質量或提高物

體運動的加速度，都可使擊球的力量得到加強。

結合乒乓球運動的特點，運動員的體重、球和球拍的品質相對是比較固定的。因此，擊球力量的大小，主要是由手臂揮拍的擊球幅度、身體其他部位的配合和它們的加速度大小來決定的。

力量是產生加速度的基礎。揮拍時加速度越大，擊球的力量也越大，球速也越快。若擊球時給球的作用力通過球心，則力量越大。

2. 增強擊球力量的方法

●擊球前身體略向前移，使擊球點與身體的距離稍遠一些，保持球拍與來球有一定的揮拍距離，以利於加大擊球加速度，增大擊球的力量。

●擊球前手臂肌肉要充分放鬆，適當向後引拍，使手臂一部分肌肉得到拉長。這樣才利於在擊球一瞬間使肌肉迅速收縮，加快揮拍手臂的擺速。

●擊球時結合腳、腿部蹬地力量，同時轉體、重心前移、揮臂擊球等，全身各部分有關肌肉協調配合，並將它們的力量集中在擊球一瞬間，這樣既增加了物體給予球的質量，又配合提高了揮臂動作的加速度。

●在不影響左右擺速的情況下，適當增加球拍的重量和彈性，利於增加擊球力量。

●經常進行各種力量素質的輔助練習（以專項爆發力練習為主），使擊球力量不斷加強。

●在訓練中，少打借力球，多打發力球；並可透過中遠台對攻、打多球（半高球發力攻）等方法，訓練發力意識。

（五）變

　　今天我們說的「變」，已經包含兩個方面的內容：主動變化與隨機應變。

　　「變」是戰術運用成功的基礎。「隨機應變」基於運動員臨場高度的預見性。運動員豐富的比賽經驗是預見成功的關鍵，同樣，準確的觀察判斷是隨機應變的基礎。交鋒中運動員戰術意圖變化就是圍繞著預見性和隨機性展開的。在這種前提下要求運動員的技術更加全面，戰術更加豐富。

　　若僅憑單一意圖的戰術運用極易被對手察覺，很難奏效；只有準備行動時戰術意圖的虛實真假之「變」，才能創造有利時機，達到攻其不備、出奇制勝的目的。因此，在整個行動過程中，「變」始終是戰術運用能否成功的關鍵。

　　為了取得優異的運動成績，參賽者必須在規則允許下，盡可能在各方面制約對手，充分發揮本人的長處，讓對手不適應，同時又不能讓對手制約自己，使自己感到不適應。這種適應與反適應就是戰術運用的基礎、「變」的本質。

　　近年來，由於新的技術和新的工具不斷發展和創造，使得乒乓球的內容、類型和打法越來越多，戰術的變化也越來越複雜，這就使適應能力的強弱，成為比賽時重要制勝因素之一。

　　乒乓球的「快、轉、準、狠、變」構成了乒乓球的制勝因素「群」，這個「群」中的各因素並非單獨存在，在這個因素群裏的各因素之間，必然存在著一定的關係和組合方式，如「快」與「狠」、「快」與「轉」、「快」與

「準」、「快」與「變」、「狠」與「準」、「狠」與「變」、「準」與「變」等。必須處理好這些關係，才可望在對抗中取得優異成績。

二、乒乓球各種類型打法的分類

根據弧線、速度、旋轉、力量及落點等制勝因素的制約和各項技術的組合，乒乓球目前可劃分為五大類型 11 種打法（表 3-3）。據不完全統計，目前乒乓球技術共有發球、接發球、攻球、推擋、弧圈、削球、搓球等 8 類 80 餘項技術。類型、打法、技術的層次關係如圖 3-19。對於眾多的乒乓球技術，運動員沒有必要也不可能全部掌握，可用幾種具有制勝威力的主要技術為主體與其他技術配套、組合，形成適合自身特點的打法；不同的打法因其具有相同或相似的戰術、風格融合而形成一定的類型。

區分打法的主要根據是技術特點、戰術方法以及從屬於二者的工具性能；區分類型的主要標誌是戰術特點或戰

表 3-3 五大類型 11 種打法

類　　型	打　　法	
快　攻	1. 近台左推右攻	2. 兩面近台快攻
	3. 兩面攻結合推擋	
快攻結合弧圈	1. 快攻結合弧圈	
弧　圈	1. 單面拉弧圈	2. 兩面拉或沖弧圈
	3. 弧圈結合快攻	
削　球	1. 逼角反攻	2. 轉與不轉削球
削　攻	1. 削攻結合	2. 削攻結合推、倒拍

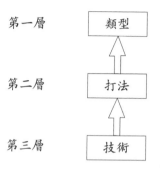

第一層　　類型

第二層　　打法

第三層　　技術

圖 3-19　技術、打法、類型的層次關係

術方法，如以速度為主以快打慢、以近制遠的快攻類，以旋轉為主以轉制快、以轉破轉的弧圈類等等；區分打法的主要標誌是技術特點或技術方法，那些在比賽中使用率和得分率最高的技術，決定著打法特點，如近台兩面攻、左推右攻等等。

●快攻類

有近台左推右攻、兩面近台快攻及兩面攻結合推擋三種打法。

●快攻結合弧圈類

有快攻結合弧圈一種打法。

●弧圈類

有單面拉弧圈、兩面拉或沖弧圈及弧圈結合快攻三種。

●削球類

有逼角反攻和轉與不轉削球兩種。

●削攻類

有削攻結合，削攻結合推、倒拍兩種。

三、各種類型打法的發展簡況及打法特點

（一）快攻類打法

1. 發展簡況

　　快攻打法是我國傳統打法之一，已有五十多年的歷史。但這類打法的迅速發展和提高，以及技術風格的形成，則是新中國成立以後的事。從 1959 年第 25 屆世乒賽容國團奪得男單冠軍（即新中國第一個世界冠軍）開始，至 1971 年第 31 屆世乒賽，中國隊同時與歐洲和日本列強抗衡，以近台快速進攻與技術全面居於世界乒壇先進行列。

　　我國直拍以攻為主的運動員在掌握了海綿拍以後，站位從中遠台發展到近台，出現了快點、快攻、突擊、扣殺等新技術，其打法類型有左推右攻和正、反手兩面攻，並成為60 年代世界乒乓球先進技術之一。具有站位近、判斷快、動作小、擊球速度快、變化多的特點，並能攻打各種來球。

　　經過第 27 屆世乒賽以後的探索和試驗，特別是經過中國隊 1970 年訪問歐洲以後的研究和總結，直板快攻打法有了較快的發展和提高。在第 32 屆世乒賽上，中國運動員郗恩庭採用直板反膠快攻結合弧圈打法，先後戰勝各國多名優秀選手，奪得男子單打世界冠軍，這也是中國直板反膠打法的運動員第一次登上世界乒壇頂峰。其後，中國又湧現出了許多此種打法的優秀運動員，如郭躍華、曹燕華、

齊寶香等。

80 年代後期，由於歐洲強烈弧圈球打法的迅速崛起，歐洲選手的威脅越來越大，直至 1989 年多特蒙德第 40 屆世乒賽，以陳龍燦、江嘉良領銜的中國隊 0：5 慘敗給瑞典隊，關於直拍打法「狼來了」的預言終於變為現實。此後，直拍快攻打法遭到了廣泛質疑，橫拍打法開始在國家隊裏佔據上風。直拍由於反手位的弱點一度被打入冷宮。

從某種意義上說，劉國梁以及他的直拍橫打是中國傳統直拍打法的「救星」。儘管直拍橫打並不完善，但至少給直拍對抗橫拍的前景帶來了一線光明。橫打在相持以及台內球突擊的作用日趨顯著，加上直拍固有的手腕靈活、線路變化多等優點，使人們對直拍打法的發展增強了信心。隨著馬琳、閆森、馮喆、王皓等直拍選手的脫穎而出，經過反手技術革新的傳統打法又煥發了青春。

實踐證明，只有在打法的訓練指導思想、技戰術組合、打法風格等方面要有所創新和發展，才能適應世界乒乓球運動的發展潮流。

2. 技術特點

（1）站位離台近（40～50 公分）：目的在於縮短球在空中運行的距離，以爭取時間。

（2）擊球上升期：藉以縮短對方回球的準備時間，迫使對方措手不及。

（3）動作幅度較小：在較小的幅度內發揮強有力的進攻，以使動作快速，重心穩定，回復原位及時。為此要強調發揮前臂及手腕的作用。

（4）步法移動活：為適應上述特點，要求反應判斷敏捷，步法靈活，及時到位，不能手快腳慢。

（5）突擊進攻多：為了爭取主動而採取突然襲擊和連續進攻的次數多，密度大，以迫使對方連續防禦而難於反擊。

（6）出其不意、攻其不備：要求進攻時突然性要強，出乎對手的意料，使其猝不及防。為此，還必須發現對方弱點快，改變戰術快，如聲東擊西、快中有慢、慢中有快、突然進攻等等。

快攻類中兩種打法的主要特點：

——左推右攻：以近台的正手攻球作為進攻的主要手段，以反手推擋作為助攻和防禦的手段。當還擊對方發過來或搓過來的左半台的球時，由於推擋對付下旋或混旋的球有一定困難，多採用側身正手搶攻或拉攻來爭取主動。當左半台出現機會時，常用側身發力進攻。

——近台兩面攻：以正反手兩面進攻作為得分的主要手段。當還擊對方發、搓或攻過來的左半台的球時，多採用反手攻球來還擊。

（二）快攻結合弧圈類打法

1. 發展簡況

快攻結合弧圈類打法出現於第 26 屆世界乒乓球錦標賽以後。

1961 年在北京舉行的第 26 屆世乒賽上，當時中國的近台快攻和日本的弧圈球，都表現了鮮明的特點和強大的

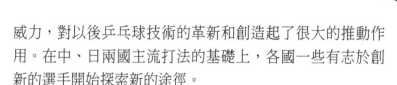

威力，對以後乒乓球技術的革新和創造起了很大的推動作用。在中、日兩國主流打法的基礎上，各國一些有志於創新的選手開始探索新的途徑。

26 屆以後，中國就有些選手在快攻打法的基礎上，使用反膠和正膠學習拉弧圈球，並把快攻和弧圈結合起來加以運用，形成了以快攻為主、弧圈為輔的打法。我國選手李莉、李赫男就是快攻結合弧圈打法的初期代表。她們都曾經作為中國隊的代表，參加了第 27、28 屆世乒賽。當時這種打法雖處於萌芽時期，但已引起人們普遍的關注。

到了 60 年代的中、後期，歐洲許多人開始棄守為攻，在探索和創新的打法過程中，根據橫拍攻球的特點，把中國快攻和日本弧圈的優點很好地結合起來，從而創造了以近台兩面攻為主結合弧圈的新型打法。這種打法以瑞典選手本格森為代表，他在第 31 屆世乒賽中，分別戰勝了日本、中國及其他國家的選手，獲得了男子單打冠軍的優異成績。目前這類打法已在歐洲普遍風行起來。

中國快攻結合弧圈打法，經過第 27 屆世乒賽以後的探索和試驗，特別是經過中國隊 1970 年訪問歐洲以後的研究和總結，有了較快的發展和提高。

在第 31 屆世界乒乓球錦標賽中，當中國快攻打法未能搶攻在前時，使用了搶先拉弧圈球的辦法，用以減少對手拉弧圈的機會或減弱對手拉弧圈的旋轉，迫使對手和我打快攻，以發揮傳統快攻的特長，取得了良好的成績。

到了第 32 屆世界乒乓球錦標賽，中國選手繼續採用這種先拉上旋球的辦法仍然見效，郗恩庭用反貼快攻結合弧圈的打法，先後戰勝了捷克斯洛伐克、南斯拉夫及瑞典等

國選手，獲得了男子單打冠軍。

馬文革從快攻起步，吸取歐洲兩面拉弧圈球的優點，形成了具有中國特色的橫拍快攻打法，具有「快、轉、全」的特點。上手快、出手快、球速快；拉弧圈球的爆衝力強等，在主動、相持或被動時以轉起到破壞和控制對手進攻的作用。他曾多次獲得世界盃賽及世錦賽的冠軍。

王濤採用的是橫拍快攻結合弧圈打法。正手反膠、反手生膠，其反手彈擊打法速度之快令對手難以招架，他的正手搶拉弧圈球、反帶弧圈球技術也達到爐火純青的高度。他是第 43 屆、第 44 屆世乒賽男團冠軍隊主將。在 1995 年 11 月 10 日國際乒聯公佈的世界優秀乒乓球運動員排名中，王濤列世界排名第一。

鄧亞萍採用的也是橫拍快攻結合弧圈打法。正手反膠、反手長膠，以「狠、準、快」的技術風格和頑強拼搏作風著稱。鄧亞萍共為中國乒壇獲得 18 個世界冠軍。是乒壇歷史上獲得乒乓球世界冠軍「大滿貫」的女選手。

2. 技術特點

快攻結合弧圈的打法是以速度為主，旋轉為輔，把速度和旋轉很好地結合起來，能快則快，不能快時以旋轉控制為爭取主動創造條件。

這類打法的技術特點主要是：近台打快攻時有速度；正手拉弧圈球尤其是拉前沖弧圈球時，既有強烈的旋轉又有較快的速度；反手以快撥為主。正手快攻和拉弧圈球相結合，快攻是主要的得分手段，主動時運用弧圈球為進攻開路，拉出機會球後進行扣殺，轉為進攻；被動時退至中

台，以弧圈球來相持過渡，伺機反攻。

實戰中，這類打法能時而快攻、時而拉弧圈球，能近台快抽、快撥和搶沖，也能離台拉弧圈做相持或過渡，形成了能攻能防的比較先進和全面的打法。

（三）弧圈球結合快攻類打法

1. 發展簡況

弧圈球技術是於 20 世紀 60 年代初問世。

日本選手為了對付中國快攻打法和歐洲削球打法，研究和創造了一種新技術——弧圈球，並在 1960 年 6 月第一次使用這種技術迎戰匈南聯隊而獲得了成功。1961 年在北京舉行的第 26 屆世乒賽，日本選手荻村、星野等採用弧圈球打法來對付中國和其他各國選手。由於弧圈球具有上旋強、衝力大的特點，使歐洲許多削球打法的選手防守比較困難，因而獲得了很好的成績。在對付中國快攻選手時，雖然有一定的威脅，但由於它還處於初期的發展階段，技術比較簡單，戰術不夠成熟，所以沒有取得顯著效果。然而它的出現，已經引起了普遍的重視。

在第 26 屆世乒賽以後，中國有些運動員開始學習拉弧圈球的技術，結合中國原有的快速進攻和反手推擋的特點，逐步形成了具有中國特色——出手快、線路活、旋轉多變的弧圈打法。

在第 27 屆世乒賽中，中國弧圈球打法的選手余長春在和世界各國選手比賽中，即取得了較好的成績，進入了單打比賽的前 8 名。此後，中國還培養出一些拉弧圈球的選

手。目前弧圈球已經成為中國重要打法之一。

孔令輝是這種打法的突出代表，他是橫拍兩面反膠弧圈球結合快攻打法，其技術全面、打法穩健、心理素質穩定，綜合技術實力較強，打球的節奏感和控制球能力好，打法穩中帶凶，多次取得優異成績，是繼劉國梁之後中國第二個奪得「大滿貫」的男選手。

在第 26 屆世界比賽以後，歐洲以及其他地區的運動員，也開始學習和研究弧圈球技術，目前歐洲選手中有相當多的人運用這種打法。他們經過多年的實踐和總結，把弧圈球打法從速度慢、旋轉變化不大、單面拉的初級階段，發展到速度快、旋轉強、正反手都能拉的高級階段，使其顯示出更大的威力。這種打法目前的代表人物有：

瑞典的瓦爾德內爾、比利時的塞弗、克羅地亞的普里莫拉茨、白俄羅斯的薩姆索洛夫等。

2. 技術特點

弧圈球結合快攻類打法的主要特點是站位中近台，正、反手兩面拉，以正手拉為主，有一定快攻能力，以弧圈球為主要得分手段，用前沖弧圈球代替扣殺。與攻球相比較，弧圈球有較多的擊球時機。

由於發力攻球時一般在來球反彈的最高點擊球命中率才較高，因此有一個準確把握住最高點時機的問題，如果把握不住這一瞬間而在上升期或下降期擊球，一是難度大，二是失誤多。而弧圈球則可以在高點期搶拉前沖弧圈球，在下降期拉加轉弧圈球，拉出的弧圈球既有較快的速度，又有強烈的旋轉。採用以轉制快和以轉破轉，利用上

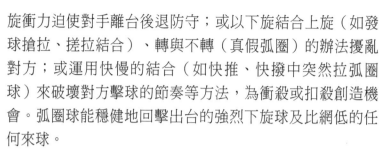

旋衝力迫使對手離台後退防守；或以下旋結合上旋（如發球搶拉、搓拉結合）、轉與不轉（真假弧圈）的辦法擾亂對方；或運用快慢的結合（如快推、快撥中突然拉弧圈球）來破壞對方擊球的節奏等方法，為衝殺或扣殺創造機會。弧圈球能穩健地回擊出台的強烈下旋球及比網低的任何來球。

在低球不好突擊或強烈下旋球突擊難度較大且容易失誤的情況下，由於弧圈球上旋強，能獲得較高的命中率。

弧圈結合快攻類打法正、反手兩面都能拉加轉與前沖弧圈球，側身正手搶拉、搶沖使用率高。孔令輝式的中國弧圈打法穩中見凶，以快為主，快中見狠，快狠結合；瓦爾德內爾式的瑞典弧圈球打法全面均衡、狠快兼備、穩中帶凶；而羅斯科普夫的歐洲式則以狠為主、狠中見快、狠快結合，各具特色，形成不同流派。

中國式保持了前三板特長，相持球、攻防轉換強於歐洲，反手能為正手創造更多機會；歐洲式凶狠有餘，韌性不足，雖兩面能夠多種落點使用「爆沖」弧圈球，但起伏較大；瑞典式則是全能型，技術全面，拉、打、撥、彈打等配合運用較好。

（四）削球和削攻類打法

1. 發展簡況

削球類打法是歐洲橫拍的傳統打法之一。它的形成和發展，較之快攻打法和其他打法還要早些。

20 世紀 30 年代初期，歐洲已從木拍向膠皮拍過渡。

由於工具的改進，使得拍對球的摩擦力有了增強，促進了削球技術的提高。在球台較窄、球網較高的有利條件下，削球打法很快地在歐洲各國發展起來。如 1931 年取得世界男子單打冠軍的匈牙利選手沙巴多斯，就是一個以削為主的好手。

早期的削球打法是防守穩固、不易失誤，但缺乏攻擊能力，得分也難。導致了在比賽中經常出現長時間的「馬拉松」式的對磨戰，妨礙了乒乓球技術的發展。削球的盛行增強了乒乓球旋轉因素的重要地位，豐富了乒乓球運動的內涵。但是，比賽時間的冗長和單調的防守打法給比賽觀賞性帶來一些弊端。

1937 年國際乒乓球聯合會對球台的寬度、球網的高度作了適當的修改（即目前的標準），並規定了比賽的時間，這些都利於促進攻球技術的提高，並逐步出現了一些攻守結合以攻為主的打法。

第二次世界大戰以後，削球打法在技術上又有了新的提高，在 40 年代後期的幾屆世界比賽中，削球打法成為歐洲的主流打法。

進入 60 年代以後，在亞洲直拍及弧圈球技術強大攻勢衝擊下，歐洲橫拍削球打法受到嚴重考驗，是克服困難堅持下去、還是棄守為攻另走新路，成為當時歐洲選手面臨的課題。

在此期間，一批各具特色的中國直、橫拍削球選手，卻相繼出現在世界乒壇。張燮林魔術師般削球結合反攻的打法，王志良的轉與不轉削球結合反攻的打法，林慧卿、鄭敏之的中、近台逼角結合反攻的打法等，在第 27、28 屆

世界乒乓球錦標賽中都取得了出色的成績並引起了國際乒乓球界的震驚，對許多以削為主打法的運動員起了一定的鼓舞作用。

張燮林採用的長膠削球打法，因旋轉性能與短齒膠皮性能差異，回擊球的性能與一般膠皮拍不同：搓過來的球應屬於下旋，可用此拍搓的球不轉甚至是上旋，對手用拍一碰就出高球；推擋的球應屬不轉，用此拍推的球卻略帶下旋，一碰則下網；此外削出的球飄忽不定使對手難以琢磨、判斷和適應。從而創新了直拍「長膠」削中反攻新打法。

在第 26 屆世乒賽單打比賽中頭一次亮相，便削倒了日本隊主將星野和三木。作為「秘密武器」參加第 27 屆世乒賽，為中國男隊蟬聯男團冠軍立下汗馬功勞。團體獲勝的同時，與創新了用相似手法削出轉與不轉球在旋轉變化上有突破的橫拍（兩面反膠海綿）削球手王志良合作，獲得此屆世乒賽男雙冠軍。

在第 28 屆世乒賽後，愛動腦筋的王志良大膽把自己反手的反貼膠皮換上張燮林使用的那種長膠，這樣正、反兩面的膠皮性能（正手為反膠、反手為長膠）不同，削出的球轉與不轉差距更大，結合轉動拍面接發球造成對方失誤。他又進一步在發球上創新，將球拍兩面覆蓋物的顏色力求相同，發球時球拍置於桌面下進行「倒拍」後再發。一會兒用反膠，一會兒用長膠；發出的球時而轉，時而不轉，造成對手判斷錯誤。

並且試著在發球瞬間，用跺腳發出響聲來掩蓋拍觸球時的響聲，使對手難以根據聲音辨別使用的是哪一種覆蓋物發

出的球（當時規則無限制跺腳的規定）。在 1966 年 12 月中國隊訪問瑞典和羅馬尼亞的比賽中，取得了僅負一場的戰績。後來王志良將此種創新打法傳授給了原橫拍快攻打法的梁戈亮，使其在 70 年代乒壇一舉成名。

進入 90 年代後，削球向削攻的方向發展得更為明顯。丁松是橫握球拍的削球手，他正手貼反膠、反手貼正膠，削中帶攻，有很強的攻擊力，有「攻中削」型和「攻削緊逼」型打法之稱。

在第 3 屆世界盃團體賽中與隊友合作獲男子團體冠軍。1995 年第一次參加世乒賽的丁松，在第 43 屆團體決賽中出任中國第三單打，以 2：0 輕取當時排名世界第 9 位的瑞典隊卡爾松，為奪得斯韋思林杯立下戰功，並被本屆世乒賽組委會評為最佳男運動員。

2. 技術特點

削球技術的特點概括起來有兩點：第一是穩健性，第二是積極性。

削球的穩健性主要表現在站位離台比較遠，較多地在來球的下降期擊球。這樣就使得自己有比較充裕的準備時間；同時由於來球的速度、旋轉在下降期已減弱，因而也就比較容易回擊。

削球的積極性主要表現在旋轉變化和落點變化上，運用加轉與不轉的削球結合左、右、長、短的落點變化，常會使對方難以攻擊，造成被動或失誤。

在弧圈球沒有出現之前，人們注意發揮削球的穩健性方面多於積極性方面。那時採用穩守打法的比較多，攻勢

較弱，旋轉變化也較少。自從弧圈球打法出現以後，單純的穩削已顯得越來越被動，只有在加強削球下旋的基礎上去搞旋轉變化和落點變化，才能在比賽中獲得更多的主動，這實際上把削球的積極性方面提到了一個新的高度。為了達到這個目的，提高削球技術品質就具有十分重要的意義。

而削攻類打法技術特點是以削球與攻球為主體技術。正、反手削球是運用轉與不轉的旋轉變化，正手是拉弧圈、攻球、搶拉反攻，而發球、搓球則運用「倒拍」。削攻打法向兇狠、快慢節奏變化的方向發展。削球的旋轉、線路變化與適時反攻，繼而連續進攻，開闊了削球技術創新的思路，使削中反攻更加兇狠。

削攻類打法在中台削球中反拉弧圈，在一定程度上解決了攻、削脫節難題，並改變在削、搓中只能搶攻下旋而不能搶攻上旋的狀況，這是削、攻結合打法新的突破。

四、各種類型打法的主要技術

（一）快攻類打法的主要技術

1. 直拍左推右攻打法的技術

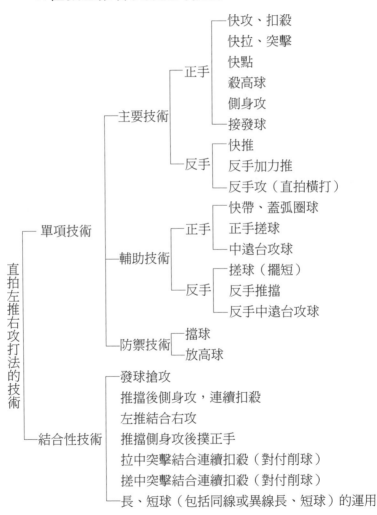

直拍左推右攻打法的技術

單項技術
　主要技術
　　正手
　　　快攻、扣殺
　　　快拉、突擊
　　　快點
　　　殺高球
　　　側身攻
　　　接發球
　　反手
　　　快推
　　　反手加力推
　　　反手攻（直拍橫打）
　輔助技術
　　正手
　　　快帶、蓋弧圈球
　　　正手搓球
　　　中遠台攻球
　　反手
　　　搓球（擺短）
　　　反手推擋
　　　反手中遠台攻球
　防禦技術
　　擋球
　　放高球

結合性技術
　發球搶攻
　推擋後側身攻，連續扣殺
　左推結合右攻
　推擋側身攻後撲正手
　拉中突擊結合連續扣殺（對付削球）
　搓中突擊結合連續扣殺（對付削球）
　長、短球（包括同線或異線長、短球）的運用

2. 直拍兩面攻打法的技術

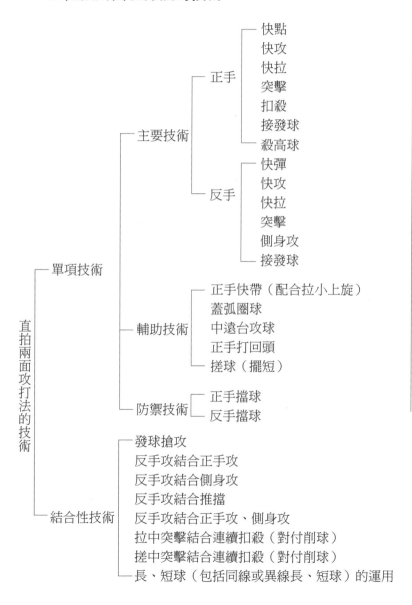

直拍兩面攻打法的技術

- 單項技術
  - 主要技術
    - 正手
      - 快點
      - 快攻
      - 快拉
      - 突擊
      - 扣殺
      - 接發球
      - 殺高球
    - 反手
      - 快彈
      - 快攻
      - 快拉
      - 突擊
      - 側身攻
      - 接發球
  - 輔助技術
    - 正手快帶（配合拉小上旋）
    - 蓋弧圈球
    - 中遠台攻球
    - 正手打回頭
    - 搓球（擺短）
  - 防禦技術
    - 正手擋球
    - 反手擋球
- 結合性技術
  - 發球搶攻
  - 反手攻結合正手攻
  - 反手攻結合側身攻
  - 反手攻結合推擋
  - 反手攻結合正手攻、側身攻
  - 拉中突擊結合連續扣殺（對付削球）
  - 搓中突擊結合連續扣殺（對付削球）
  - 長、短球（包括同線或異線長、短球）的運用

（二）快攻結合弧圈類打法的主要技術

1. 直拍快攻結合弧圈球打法的技術

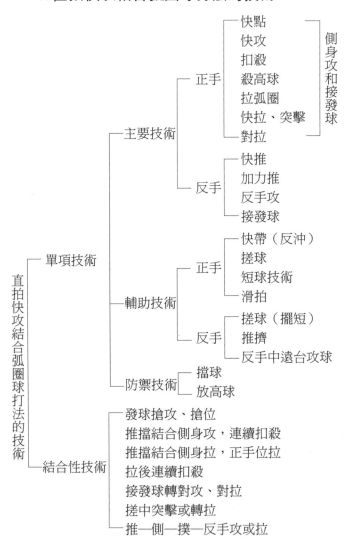

直拍快攻結合弧圈球打法的技術
- 單項技術
  - 主要技術
    - 正手
      - 快點
      - 快攻
      - 扣殺
      - 殺高球
      - 拉弧圈
      - 快拉、突擊
      - 對拉
      - } 側身攻和接發球
    - 反手
      - 快推
      - 加力推
      - 反手攻
      - 接發球
  - 輔助技術
    - 正手
      - 快帶（反沖）
      - 搓球
      - 短球技術
      - 滑拍
    - 反手
      - 搓球（擺短）
      - 推擠
      - 反手中遠台攻球
  - 防禦技術
    - 擋球
    - 放高球
- 結合性技術
  - 發球搶攻、搶位
  - 推擋結合側身攻，連續扣殺
  - 推擋結合側身拉，正手位拉
  - 拉後連續扣殺
  - 接發球轉對攻、對拉
  - 搓中突擊或轉拉
  - 推—側—撲—反手攻或拉

2. 橫拍快攻結合弧圈球打法的技術

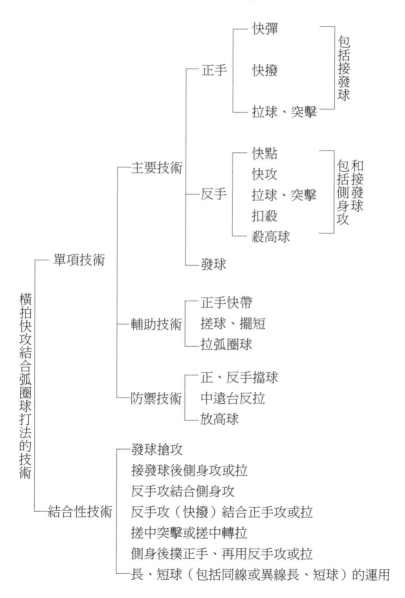

橫拍快攻結合弧圈球打法的技術

- 單項技術
  - 主要技術
    - 正手
      - 快彈
      - 快撥
      - 拉球、突擊
      - （包括接發球）
    - 反手
      - 快點
      - 快攻
      - 拉球、突擊
      - 扣殺
      - 殺高球
      - （包括側身攻和接發球）
    - 發球
  - 輔助技術
    - 正手快帶
    - 搓球、擺短
    - 拉弧圈球
  - 防禦技術
    - 正、反手擋球
    - 中遠台反拉
    - 放高球
- 結合性技術
  - 發球搶攻
  - 接發球後側身攻或拉
  - 反手攻結合側身攻
  - 反手攻（快撥）結合正手攻或拉
  - 搓中突擊或搓中轉拉
  - 側身後撲正手、再用反手攻或拉
  - 長、短球（包括同線或異線長、短球）的運用

（三）弧圈球結合快攻類打法的主要技術

1. 直拍弧圈球結合快攻打法的技術

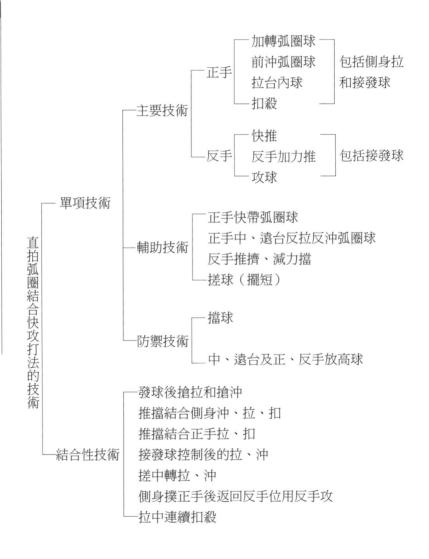

直拍弧圈結合快攻打法的技術

單項技術
　主要技術
　　正手
　　　加轉弧圈球
　　　前沖弧圈球
　　　拉台內球
　　　扣殺
　　　　包括側身拉和接發球
　　反手
　　　快推
　　　反手加力推
　　　攻球
　　　　包括接發球
　輔助技術
　　正手快帶弧圈球
　　正手中、遠台反拉反沖弧圈球
　　反手推擠、減力擋
　　搓球（擺短）
　防禦技術
　　擋球
　　中、遠台及正、反手放高球

結合性技術
　發球後搶拉和搶沖
　推擋結合側身沖、拉、扣
　推擋結合正手拉、扣
　接發球控制後的拉、沖
　搓中轉拉、沖
　側身撲正手後返回反手位用反手攻
　拉中連續扣殺

2. 橫拍弧圈球結合快攻打法的技術

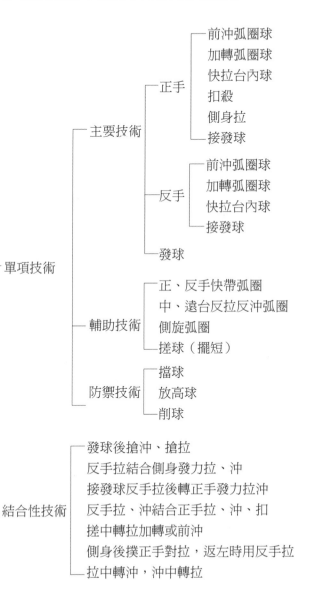

橫拍弧圈球結合快攻打法的技術
- 單項技術
  - 主要技術
    - 正手
      - 前沖弧圈球
      - 加轉弧圈球
      - 快拉台內球
      - 扣殺
      - 側身拉
      - 接發球
    - 反手
      - 前沖弧圈球
      - 加轉弧圈球
      - 快拉台內球
      - 接發球
    - 發球
  - 輔助技術
    - 正、反手快帶弧圈
    - 中、遠台反拉反沖弧圈
    - 側旋弧圈
    - 搓球（擺短）
  - 防禦技術
    - 擋球
    - 放高球
    - 削球
- 結合性技術
  - 發球後搶沖、搶拉
  - 反手拉結合側身發力拉、沖
  - 接發球反手拉後轉正手發力拉沖
  - 反手拉、沖結合正手拉、沖、扣
  - 搓中轉拉加轉或前沖
  - 側身後撲正手對拉，返左時用反手拉
  - 拉中轉沖，沖中轉拉

（四）削球和削攻類打法的主要技術

1. 直（橫）拍削中反攻打法的技術

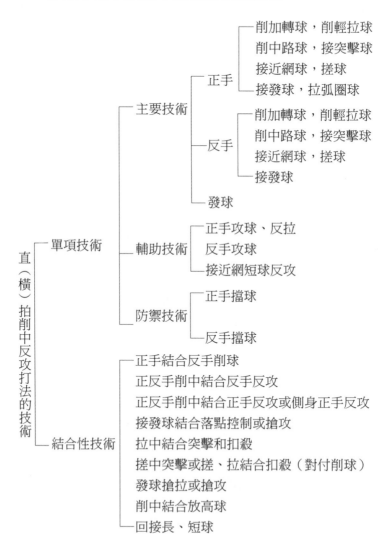

直（橫）拍削中反攻打法的技術

- 單項技術
  - 主要技術
    - 正手
      - 削加轉球，削輕拉球
      - 削中路球，接突擊球
      - 接近網球，搓球
      - 接發球，拉弧圈球
    - 反手
      - 削加轉球，削輕拉球
      - 削中路球，接突擊球
      - 接近網球，搓球
      - 接發球
    - 發球
  - 輔助技術
    - 正手攻球、反拉
    - 反手攻球
    - 接近網短球反攻
  - 防禦技術
    - 正手擋球
    - 反手擋球
- 結合性技術
  - 正手結合反手削球
  - 正反手削中結合反手反攻
  - 正反手削中結合正手反攻或側身正手反攻
  - 接發球結合落點控制或搶攻
  - 拉中結合突擊和扣殺
  - 搓中突擊或搓、拉結合扣殺（對付削球）
  - 發球搶拉或搶攻
  - 削中結合放高球
  - 回接長、短球

2. 橫拍攻削結合打法的技術

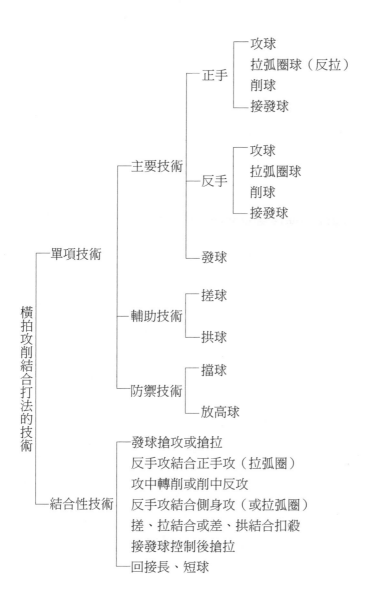

橫拍攻削結合打法的技術
- 單項技術
  - 主要技術
    - 正手
      - 攻球
      - 拉弧圈球（反拉）
      - 削球
      - 接發球
    - 反手
      - 攻球
      - 拉弧圈球
      - 削球
      - 接發球
    - 發球
  - 輔助技術
    - 搓球
    - 拱球
  - 防禦技術
    - 擋球
    - 放高球
- 結合性技術
  - 發球搶攻或搶拉
  - 反手攻結合正手攻（拉弧圈）
  - 攻中轉削或削中反攻
  - 反手攻結合側身攻（或拉弧圈）
  - 搓、拉結合或差、拱結合扣殺
  - 接發球控制後搶拉
  - 回接長、短球

五、各類型打法訓練要點

（一）直拍快攻型打法

1. 訓練指導思想

積極主動、以快為主、搶先上手、先發制人是直拍快攻型打法的指導思想。「快、準、狠、變、轉」是直拍快攻型打法的技術風格。

2. 訓練中要注意的環節

（1）加強主動意識訓練

應利用一切可以利用的機會，搶先上手、快速進攻，充分發揮直拍快攻打法的威力。為此，加強主動意識的培養，是直拍快攻打法訓練中至關重要的環節。

（2）保持和提高發球搶攻的優勢

發球搶攻是中國運動員的看家寶，是中國的直拍快攻打法的特長技術之一。要保持和提高直拍快攻打法發球搶攻的優勢，首先要提高發球的品質，直拍選手發球時應將速度、旋轉和落點有機地結合起來，還可以球拍的正反面發球，給對方一種新異刺激，以增加對方接球的難度。在發球搶攻上要既能搶攻下旋，又能搶攻上旋（包括弧圈球），在搶攻的線路上要講究落點變化或打大角度，同時在發球搶攻後還應具有連續進攻的意識與能力。

（3）提高低球突擊的能力

低球突擊起板搶攻是直拍快攻打法的又一特色，具有速度快、突然性強的特點，對付歐洲選手威脅大，但近幾年此項進攻技術已近失傳，「以拉代打」的傾向嚴重，是直拍快攻打法攻擊力下降的重要原因。

因此，恢復和提高對付下旋球的低球突擊能力，樹立只搓一板就要進攻的思想，是現代直拍快攻打法訓練中的一項不容忽視的重要問題。

對付下旋，訓練的重點是加強低球突擊，克服只拉不打的現象，應堅持「低拉高打，轉拉不轉打」「位置不合適拉、合適打的原則」。

（4）提高正手連續進攻的殺傷力

正手攻球技術是進攻類打法運動員在比賽中爭取主動、克敵制勝的重要手段，突出正手進攻，是當今世界乒壇的發展趨勢。直拍快攻打法要發揮正手攻球技術的威力，要注意做到以下幾點：

●擊球動作合理

包括注意利用身體重心，根據來球的旋轉性能調節拍形擊球，根據不同來球採用不同的回擊方法等。

●重視步法訓練

步法是實現積極主動意識，發揮正手進攻威力的最有效的手段。步法快捷，能及時到位，能搶好擊球點，有助於擊球準確，有利於發力擊球，能保持正確擊球姿勢。步法不到位，動作就會變形。

●強化連續進攻的意識與能力

當前世界上的優秀乒乓球選手大多有較好的相持和防

禦能力，一板球就置對方於死地是不易做到的，直拍快攻選手一定要有連續進攻的意識與能力。

（5）提高對付弧圈球的能力

（6）加強反手位的進攻與防禦能力

直拍快攻打法要必須解決好反手位的技術問題。直拍快攻打法的反手要掌握推擋和反手攻兩種技術，兩者間可有所側重。

●加強反手推擋的實力和變化

反手推擋技術是具有中國特色的技術，具有快速、有力、多變的特點，推擋技術應在繼承的基礎上有所發展。

●必須掌握反手攻球

當前中國直拍選手在與歐洲弧圈型選手對陣時，吃虧總是在反手，對方有拉、沖、打，而我方只有單一的推擋，難以側身搶攻，要想改變這種「獨角龍」的被動局面，必須掌握反手攻球技術。

●學會反手背面擊球技術

直拍背面進攻技術的創新，無疑為彌補直拍快攻打法反手位漏洞，豐富和發展直拍進攻型打法創造了有利條件。

（二）快攻結合弧圈類打法

培養快攻結合弧圈球打法的選手，必須先從快攻方面狠下工夫，基本上成為較出色的快攻手時，再結合拉弧圈球。這樣，運動員既具備過硬的快攻技術，又有一定品質的弧圈球，才能實現以快為主、以轉為輔的打法。

在訓練中，思想上必須明確，拉弧圈是為快攻開路

的，若掌握不好，將可能出現越拉越多，而且過分追求拉得轉的現象，致使快攻成分越來越少，從而逐漸變成弧圈類打法了。

在技術訓練中，解決好拉、扣結合是存在的主要問題，應重點抓好。同時，對攻打和推擋弧圈球的主要技術，也應加強訓練。

（三）弧圈球結合快攻類打法

第一，培養這類打法大多是先打下一定的快攻基礎後，再練拉弧圈球的技術，逐漸轉入以拉、沖為主結合扣殺的訓練。這樣能較快地培養出轉、快結合，凶中帶穩的運動員。

為了提高運動員擊球的速度，最好先進行一段時間的快攻訓練，然後再學拉弧圈球。但若是培養弧圈球打法為主而不結合快攻的，則可從開始就練弧圈球。

第二，在培養弧圈球結合快攻這類打法時，除了要認真抓好正手拉弧圈球速度快、前三板搶拉能力強的特點外，直拍在反手推擋基礎上還必須掌握一定的反手攻球技術。

第三，直拍弧圈球結合快攻打法，正手拉弧圈球是突出的優點，但由於反手的實力大都比較弱，因此，常常要不停地做大幅度的移動，用正手單面拉弧圈球，在難度上比橫拍拉弧圈球要大得多，並且容易被對方調動而出現漏洞，這是必須下苦工夫解決的重要問題。

解決的辦法一是加強向後、左、右方向的步法訓練，用敏捷的步法來適當彌補反手的不足；二是加強反手加力

推的訓練；三是掌握一板中台反手攻球的技術。

第四，必須熟練掌握拉後扣殺的技術。

第五，必須練好凶、穩結合和有旋轉、節奏變化的拉球技術。

第六，必須具備一定的防禦能力，不能有明顯的漏洞。

（四）削球型打法

1. 提高對付弧圈球的能力

削球型打法在中國具有悠久的歷史，也曾多次在世界大賽中為中國爭得榮譽。由於當今弧圈球技術迅速發展，使削球型打法遇到了許多困難。因此，提高削球手對付弧圈球的能力，擺脫弧圈球的控制是當務之急。提高對付弧圈球的能力要做到以下幾點：

●提高削接弧圈球的穩健性

在削接弧圈球時，根據來球的旋轉，及時調節擊球時間、揮拍速度及動作幅度，是提高削球穩健性非常重要的環節。

●提高削接弧圈球的兇狠性

現代削球型打法除了做到削接弧圈球要穩以外，還應做到削過去的球弧線既低、旋轉變化又強，並且要提高積極削球的意識。這樣既能為自己擺脫被動，爭取主動，找到有利的時機，又能抑制對方拉出高品質的弧圈球。

但從目前來看，大多數削球還未真正擺脫弧圈球的控制，普遍存在的問題是：削球弧線偏高，被對方衝殺，頻於招架，難以取勝。因此，提高削接弧圈球的兇狠性，是

削球手過弧圈關的重要環節。

2. 加強削攻結合能力

削攻技術的密切結合及連續進攻能力，是削攻打法兩項很重要的基本功，也是當前世界乒壇發展潮流對削球打法提出的新要求，現代削球打法訓練要重視解決削與攻緊密結合，提高隨機削與攻的變化能力，要改變那種「削球只能在出現機會後才能攻一板以定乾坤的落後觀念。

從戰術運用來看，攻球不僅是削球的得分手段，而且還有干擾作用，削中反攻，旋轉和速度都發生變化，可以干擾對方的判斷及擊球節奏，因此在削中伺機反攻戰術固然可行，但在沒有機會的情況下，施行「搶攻」也是現代乒乓球技術對削球手提出的更高要求，削球為攻球創造機會，攻球為削球提供方便，相輔相成。

在訓練中應從以下幾個方面提高主動進攻能力和攻削結合能力。

●加強前三板積極主動的意識和能力

現代乒乓球技術的發展要求削球型選手與快攻型、弧圈型選手一樣，重視前三板技術的主動進攻意識和能力，改變以往那種只重視削球技術的提高，忽視前三板技術的現象。削攻型選手要充分利用發球來發動進攻，不光是敢於搶攻、搶拉對方回擊過來的下旋球，而且要敢於搶攻對方拉過來的上旋球。採取全方位的上手進攻，即使第一、二板未能「攻死」對方，還可退到中遠台削出各種多變的旋轉球與對方相持。

在接發球方面也應加強主動上手的意識與能力。不能

總是以搓球回接，還要採取點、拉、撥、挑、沖、打等技術，即使不能直接得分，也要達到打亂對方發球搶攻節奏的目的。

中國優秀攻削型打法選手丁松在第43屆世乒賽中，發搶得分率達84％，使用率達到了34％，接發搶得分率達到50％，使用率達27％，超過了一般攻球手的水準。爭取前三板的主動，全方位的上手進攻，賦予削球打法更高層次的攻球意義，是當代削攻打法發展的新潮流。

●加強削中反攻及連續進攻的意識和能力

現代削攻打法除了由削球做旋轉變化、抑制對方進攻並能直接得分外，還要由削球的旋轉變化，積極為進攻創造得分手段，加強削中反攻的意識，不但能近台反攻，還要會中台削中反拉，甚至可以連續對拉幾板。

削攻技術的密切結合及連續進攻的能力，是當前乒壇發展潮流對削攻選手提出的新要求，在訓練中要加大攻削結合的訓練比例，提高隨機削和攻的變化能力，只有這樣，在比賽中才能做到攻削自如。

●加強左半台的進攻能力

中國削球選手的進攻主要靠正手，左半台的進攻是薄弱環節，一是側身少，二是反手不會攻或者不敢攻，尤其是女選手，退到中台更沒有反手攻球，常被對方將過渡球送到反手位，再伺機盯兩角，顯得很被動，培養現代削攻選手，應正反手都會攻，會拉弧圈球，還能大膽側身攻，這樣才能適合當前世界乒壇技術發展的要求。

思考題

1. 乒乓球競技的制勝因素有哪些？

2. 如何提高擊球速度？

3. 如何增強擊球的力量？

4. 請簡述球體產生旋轉的原因。

5. 請分析上、下旋飛行弧線、著台和觸拍後的反彈情況。

6. 落點和弧線如何結合才能保證擊球的準確性？

第三章 乒乓球競技制勝因素及類型打法

第三章　乒乓球競技制勝因素及類型打法

第四章

擊 球 技 術

——武川洪

　　乒乓球屬技能主導類執拍隔網對抗項目，在乒乓球競技中，技術因素佔據著不可替代的主導地位。中國乒乓球隊在訓練指導思想上把「特長突出、技術全面」列為核心，在總體上這是全隊的技術訓練的指導思想，在個體上這是個人的技術規格要求。

　　抓好技術全面，是為了適應世界乒壇技術的普遍提高；適應對抗的日益激烈；適應攻防矛盾的頻繁轉換；適應主動、被動的經常交替；適應制約與反制約的需要。

　　實踐證明，技術是戰術的基礎，戰術是由各項技術組成的。技術的好壞決定戰術的品質，要具有全面廣泛的適應能力則有賴於技術的全面，同時也有利於個人獨特風格的形成。因此，必須十分重視技術的品質，要下大工夫打好技術基礎，使主要技術達到準確熟練的要求，才能在激烈的對抗中贏得勝利。

一、基本站位

（一）站位的基本特點與作用

　　站位是指運動員與球台之間所處的位置。不同類型打法的選手，其基本站位的範圍大小也不相同。比賽中運動員站位是否合理，對其技、戰術水準的發揮有直接影響。站位正確有利於保持合理穩定的擊球姿勢和向任何一個方向快速移動的能力。

　　站位的範圍是指運動員離球台端線的遠近距離。

近台：運動員離球台 40～50 公分的範圍；

中近台：運動員離球台 50～70 公分的範圍；

中遠台：運動員離球台 70～100 公分的範圍；

遠台：運動員離球台 100 公分以外。

（二）不同類型打法的運動員的基本站位

　　乒乓球的打法類型較多，而且運動員各自的身高、技術特點也不一樣，因此基本站位也各不相同。

　　1. 左推右攻打法的基本站位在近台，球台端線偏左 1/3 處。

　　2. 直拍兩面攻打法的基本站位在近台，球台端線中間略偏左處。

　　3. 弧圈球打法的基本站位在中近台，直拍單面拉弧圈球打法在離球台端線偏左 1/3 處？橫拍兩面拉打法則稍偏中間位置；快攻結合弧圈打法與球台的距離介於近台快攻

打法與弧圈球打法之間。

4. 橫拍攻削結合型打法的基本站位在中遠台。

5. 削中結合進攻型打法的基本站位在遠台。

二、準備姿勢

準備姿勢是指擊球員準備擊球時身體各部位的姿勢。運動員在每一次擊球之前，均應當使身體保持合理正確的基本姿勢，有利於腿腳蹬地用力和腰、軀幹各部位的協調配合與迅速起動。

準備姿勢的動作要點：

兩腳平行站立，略比肩寬，身體稍右側，面向球台。兩膝微屈並內旋，前腳掌內側著地，提踵，重心置於兩腳之間。上體略前傾，含胸收腹，注視來球。執拍手和非執拍手均應自然彎曲置於體側，前臂、手腕、手指自然放

圖 4-1

鬆，使拍面成半橫狀置於腹前。

三、握拍方法

（一）握拍方法的特點與作用

　　不同國家和地區、以及不同技術和打法的運動員其握拍方法各有不同，儘管各種新式球拍的出現使得握拍方法更加豐富多彩，但總體來看，目前世界乒壇流行的握拍法依然是直拍握法和橫拍握法兩種。前者由亞洲運動員所發明並傳承，而後者則是歐洲的傳統。

　　選用何種握拍法，可根據每個人不同的技術特點加以選擇。但握拍法也並不是一成不變的，而應根據個人的特點進行微調。

　　有什麼樣的握拍法，就會打出什麼樣的球。正確的握拍法對調整擊球時的引拍位置，拍形角度，拍面方向，發力方向等都有重要作用。而且每次擊球瞬間的用力最終都要借助手腕和手指來完成，因此，切不可小瞧了「握拍法」這貌似平常的細枝末節，它對掌握乒乓球基本技術和提高乒乓球技巧都有著密切的關係。

（二）握拍方法的種類及動作要點

1. 橫拍握法

　　橫拍握法因手指動作相似，均稱「八字式」握法，其握拍方法是：虎口壓住球拍右上肩，中指、無名指和小指

自然地握住拍柄,拇指在球拍的正面輕貼於中指旁邊,食指自然伸直斜貼在球拍的背面。深握時,虎口緊貼球拍;淺握時,虎口輕微貼拍(圖4-2)。

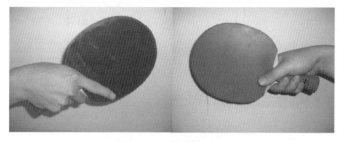

圖4-2　橫拍握法

●深握球拍拍形較穩定,發力相對集中,扣殺球比較有力,削球容易控制。但手腕不夠靈活,處理台內球和中路偏右的短球較困難(圖4-3)。

圖4-3　深握球拍

●淺握球拍手腕較靈活,利於製造旋轉變化,對台內球的處理手法更多樣化,進攻低球較容易,左右結合更富協調性。但因手腕較活,拍形不固定,尤其削接弧圈球時較難控制(圖4-4)。

●也有極少人採用拳式握法,這種握法雖然力量較大,但因缺乏手指夾住球拍來輔助

圖4-4　淺握球拍

手腕用力，所以不易正確掌握拍形，往往容易影響擊球的準確性（圖4-5）。

圖4-5　拳式握法

橫拍握法的關鍵還在於：正手攻球時，食指壓拍，以拇指第一指節作為支點，與中指協調控制拍形並傳遞出擊球的力量，甚至可將食指略向球拍中部移動，以使其壓拍的用力點與球拍正面的擊球點更為接近；反手攻球時，則是以食指根部關節為支點，拇指壓拍控制拍形並傳遞擊球力量，也可同時將拇指向上移動，接近正面的觸球點。

注意避免中指、無名指、小指和手掌將拍柄攥得過緊，否則會使手臂用力的傳遞不夠敏銳，調節不夠精細而影響擊球的準確性（圖4-6）。

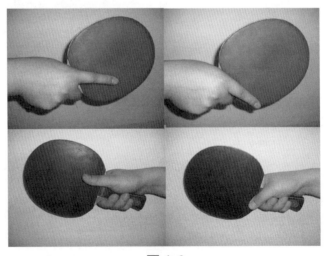

圖4-6

　　由於橫拍拍柄較長，因此在正手發球時為加大手腕的靈活性，可將原先握住拍柄的中指、無名指和小指也挪到背面，與食指一起托住球拍，發完球之後再迅速還原為正常握法。瑞典著名運動員瓦爾德內爾採用的就是這種方式（圖4-7）。

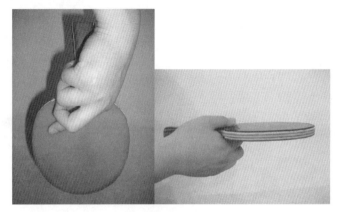

圖4-7

　　橫拍握法的優缺點如下。

　　優點：手指、手掌與球拍的接觸面積稍大，故握拍相對穩定，左右的控球範圍也較大，反手進攻易於發力，也適於拉弧圈球或由相持轉入進攻。

　　缺點：回接左右兩邊的來球時，需要轉動拍面，因此揮拍的擺速稍慢，中路較弱，另外正手處理台內球和發球的變化不及直拍。

2. 直拍握法

　　直拍握法大體上可分為三種：快攻、弧圈和削球。

●直拍快攻的握拍方法

【中鉗式握法】：

食指和拇指自然彎曲，食指的第二指關節和拇指的第一指關節分別壓住球拍的兩肩，食指與拇指間的距離要適中（一般以一指寬距離）。中指、無名指、小指自然彎曲斜形重疊，中指的第一指關節側面頂在球拍背面約 1 / 3 處。這種握拍法是目前直拍近台快攻打法最常用的握法（圖 4-8）。

【大鉗式握法】：

握拍時拇指與食指間距離較大。這種握拍法能使球拍穩定，利用上臂和前臂的集中發力，因此正手攻球比較有力。但由於握拍太深，影響手指和手腕的靈活性，故此握法已少見（圖 4-9）。

【小鉗式握法】：

握拍時拇指與食指間距離較小，握拍較淺。這種握法手腕較靈活，易處理台內球和突擊加轉下旋球，但拍形下垂不

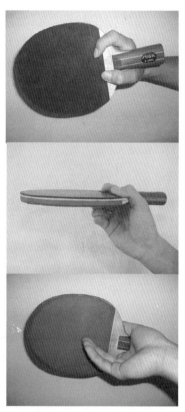

圖 4-8　中鉗式握法

圖 4-9　大鉗式握法

太穩定，回接旋轉強的球比較困難，多見於傳統的兩面攻選手中（圖4-10）。

●**直拍弧圈的握拍方法**

直拍弧圈的握拍方法分中式直拍弧圈與日式直拍弧圈兩種。

圖4-10　小鉗式握法

中式直拍弧圈的握拍方法與直拍快攻打法的握拍法基本相同，只是在正手拉弧圈時，拍面背後的三指略微伸直（但仍帶彎曲），以利於擊球時較好地保持拍形前傾穩定。

日式直拍弧圈的握法是拇指緊貼拍柄左側，食指扣住拍柄，形成一個小環狀。反手推擋時拇指可放鬆翹起，食指向內屈得更深，背面的手指類似於中式直拍快攻。正手拉球時，中指和無名指基本伸直，以第一指關節托住球拍背面，小指自然地貼在無名指之下（圖4-11）。

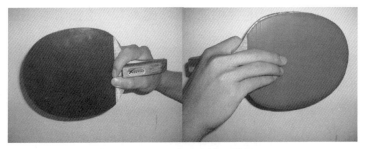

圖4-11　日式直拍弧圈握法

●直拍削球握法

　　拇指彎曲緊貼拍柄的左側肩部，食指、中指、無名指和小指托住球拍的背面。此握法在正手削球時引拍至肩高，為減少來球衝力，拍形稍豎立或稍後仰，擊球後儘量使球拍後仰；反手削球時，拍後四指靈活地把球拍「兜」起，使拍柄向下壓住來球（圖4–12）。

　　直拍握法的關鍵還在於前面的拇指和食指主要用於調整拍形，轉換擊球方式，而後面的三個手指則起到輔助和支撐作用，缺一不可，否則就會出現球拍亂晃，拍形調節不便，發力不集中，擊球加轉困難等問題。其中，中指是將擊球力量作用於球的主要傳遞者，發力瞬間必須用力頂住球拍背面。

圖4–12　直拍削球握法

　　早期許多優秀運動員的球拍背面，都被中指頂得凹陷進去，甚至表面的木層也被磨穿，可見中指用力的重要性。而且，為了保證握拍的用力支點，拍柄背面應靠在虎口的食指根部關節上，而不是靠在虎口中間，否則會令整個虎口把拍柄握死而影響靈活性。

　　直拍打法的優缺點如下。

優點：正反手都用球拍的同一面擊球，出手時相對較快，手指與手腕比較靈活，易於調節拍形角度和拍面方向，在發球變化、處理台內球和近身球方面相對有利。

缺點：防守時，左右照顧面積較小，反手不易發力，回接弧圈球尤顯被動。

3. 直拍橫打握法

與直拍近台快攻握法相比拇指往裏握得深一點，食指移至球拍邊緣處，握拍不要過緊，後面的三指略伸開些，這樣有利於發力及控制拍形（圖4–13）。

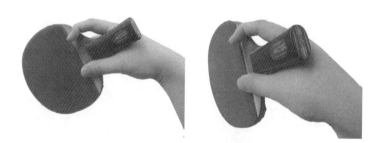

圖4–13

4. 優秀運動員的握拍方法介紹

馬琳：正手拉沖殺傷力大，發球以轉與不轉為主，中遠台相持中反手橫打連續拉的能力強（圖4-14）。

圖4-14

閻森：前三板球路刁鑽，發搶兇狠，常令人措手不及（圖4-15）。

圖4-15

王皓：反手位完全以橫打代替推擋，此技術已具備與橫板相抗衡的實力（圖4-16）。

金擇洙：日式直板單面拉，打法兇狠，步法靈活（圖4-17）。

圖 4-16

圖 4-17

　　孔令輝：以速度見長，反手撥帶弧圈穩定，正手拉球出手快且側拐成分略多（圖 4-18）。

圖 4-18

王勵勤：護台面積大，相持實力出色，進攻時仍以正手弧圈為主（圖4-19）。

圖4-19

佩爾森：兩面弧圈，中遠台的相持能力比較強，穩中帶凶（圖4-20）。

圖4-20

普里莫拉茨：反手拉沖技術尤為突出，無論是中遠台還是近台，反手都能發力拉出有威脅的弧圈球（圖4-21）。

格林卡：典型的歐洲運動員的技術風格，搶拉節奏變化多，動作大（圖4-22）。

圖 4-21

圖 4-22

四、步　法

（一）步法的基本因素與要求

　　步法是指乒乓球運動員為選擇合適的擊球位置所採用的腳步移動方法，它是乒乓球擊球環節中的一個重要組成部分，也是一名優秀運動員必須具備的重要技術。隨著乒乓球技術的快速發展，步法也越來越顯示出其重要性，它是及時準確地使用與銜接各項技術動作的樞紐，也是執行

各項戰術的有力保證。

在打乒乓球時，對步法的要求基本有兩條：一是反應判斷要快，二是腳步移動要靈活。也就是要在合適的時間，跑到合適的位置，以便在該技術所要求的最佳擊球時間、最適宜的擊球點位置擊球。因此，不斷地加強運動員下肢肌肉的力量，加強整個身體的靈活性和柔韌性，是提高乒乓球運動員步法移動速度的一個重要條件。

（二）步法的種類與動作要點

乒乓球步法的區分：從移動範圍來說有大、中、小三種不同範圍；從移動方向來說，有向前、向後、向左、向右、斜前方、斜後方等不同移動方向；從移動形式來說，有平動、滑動、跳動等。其種類有：單步、併步、跨步、跳步、墊步、側身步、交叉步、小碎步等。

1. 單步

一般是在來球離身體不遠的小範圍內運用。它具有移步簡單、靈活、重心平穩等特點，在還擊近網短球或追身球時常採用此步法。

【動作要點】

以一隻腳的前腳掌為軸，另一隻腳向前、後、左、右的不同方向移動，當移動完成時身體重心也隨之落到擺動腳上（圖4-23）。

2. 併步（亦稱換步或滑步）

併步的移動幅度比單步要大，它在移動時沒有騰空動

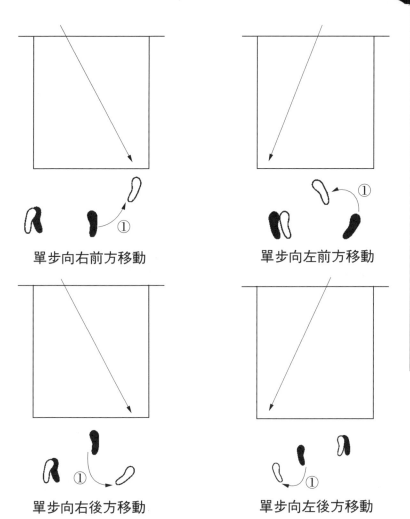

單步向右前方移動　　　單步向左前方移動

單步向右後方移動　　　單步向左後方移動

圖 4-23

作，重心起伏小，能保持身體的平衡和穩定。進攻型選手
或削球型選手在左右移動時常採用此步法。

【動作要點】

先以來球異側方向的腳用力蹬地向另一腳移（或叫併）半步或一小步，另一隻腳在併步落地後即向同方向移動（圖4-24）。

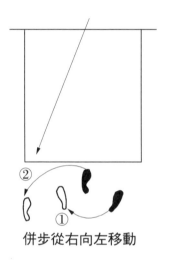 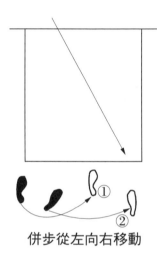

併步從右向左移動　　　　　併步從左向右移動

圖 4-24

3. 跨步

跨步的移動幅度較大，常會降低身體重心的高度，進台快攻打法在還擊正手位大角度來球時用此步法較多。削球選手有時也會用它來對付對方突然攻擊。

【動作要點】

來球方向異側腳用力蹬地，另一隻腳向來球方向側跨一大步，而蹬地腳也迅速跟著移動，球一離拍後應立即還原，保持準備姿勢（圖4-25）。

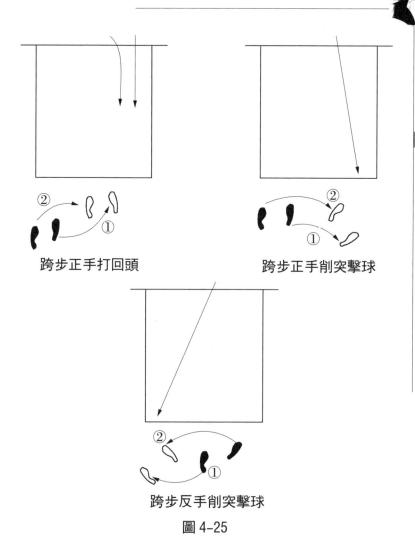

跨步正手打回頭　　　　　　跨步正手削突擊球

跨步反手削突擊球

圖 4-25

4. 跳步

跳步移動時，常會有短暫的騰空時間，因此，通常是依靠膝關節的緩衝來減少重心的上下起伏。它在來球較

快，角度較大時採用。是弧圈球打法在中台向左、右移動或側身移動時常用的步法。

【動作要點】

來球異側方向腳的前腳掌內側用力蹬地，使兩腳同時離開地面向前、後、左、右跳動，蹬地腳先落地（圖 4-26）。

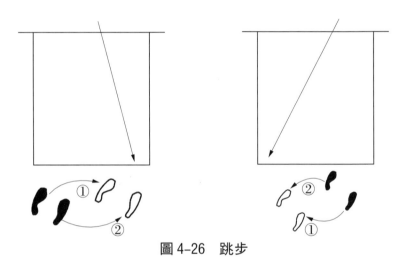

圖 4-26　跳步

5. 墊步

一般用於還原身體重心或腳距，調節擊球的姿勢。

【動作要點】

兩腳的前腳掌幾乎同時上下輕輕跳一下或踮一下，有時兩腳是不離開地面的。墊步可以向前、後、左、右移動，其要點體現在「墊」上，墊的動作幅度只相當於正常步法的半步（圖 4-27）。

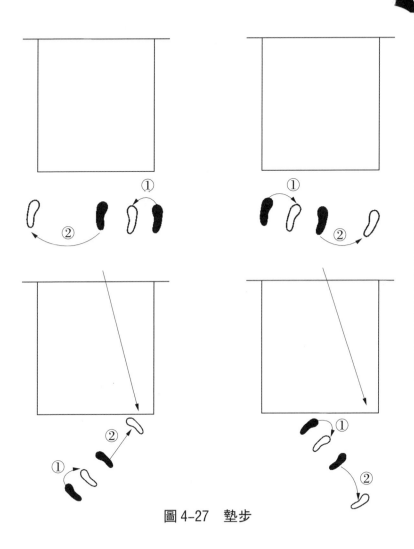

圖4-27　墊步

6. 交叉步

主要是用來對付離身體比較遠的來球。其移動幅度和範圍都比較大。弧圈球和快攻型打法在側身進攻後撲右大

角空檔，或從正手位返回到反手位大角度，還有削球選手在做前、後移動時均可使用此種步法。

【動作要點】

交叉步應先以靠近來球方向的腳作為支撐腳，使遠離來球的腳迅速向前、後、左、右不同的方向跨出一大步，而原作為支撐的腳跟著前腳的移動方向再邁一步。在移動時膝關節始終保持彎曲，與來球方向同側腳外旋、異側腿內旋，腰、髖迅速轉向來球方向，與揮拍擊球同步進行（圖4–28）。

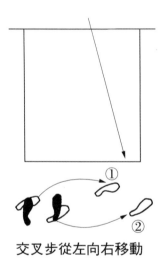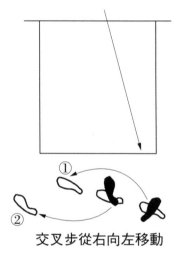

交叉步從左向右移動　　　　　　交叉步從右向左移動

圖 4–28

7. 側身步

側身步嚴格地說不是一種獨立的步法，它是根據乒乓球實戰的具體情況在側身位元的應用。當來球逼近擊球員

身體或來球至擊球員反手位時，擊球員採用側身正手進攻的方法。常用的側身步有單步側身、併步側身、跨步側身、跳步側身、交叉步側身等。其動作要點和作用是：

單步側身：右腳向左腳後方跨一步後側身擊球。這種側身移動速度較快，移動幅度很小，通常在來球處於身體中間附近的位置或與對方相持的情況下使用（圖4-29）。

跨步側身：左腳向左側跨一步，右腳向左側後方移動，同時上體收腹側轉腰，重心落在右腳上。它具有移動較快、範圍較小、側身較充分、發力較大等特點，故快攻打法較多採用此法（圖4-30）。

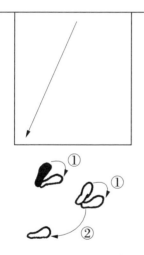

圖4-29　單步側身

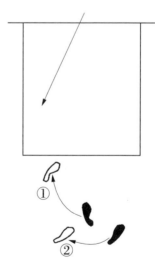

圖4-30　跨步側身

跳步側身：基本上同正常的跳步動作要點，跳動中腰、髖向同側腿方向轉動。它的移動速度比單步和跨步側身要慢一些，但移動的範圍較大，讓位較充分，有利於正

手發力攻球或發力拉、沖弧圈球（圖4-31）。

交叉步側身：基本上同正常的交叉步動作要點，在移動的同時要注意腰、髖關節配合向右後方轉動讓位。它主要是在來球離身體較遠時採用，其移動的範圍比跳步大，讓位更充分，對於弧圈球選手的發力搶沖比較有利（圖4-32）。

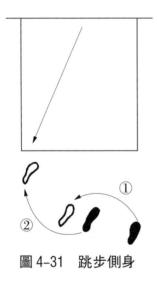
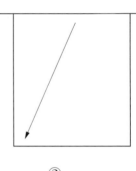

圖4-31　跳步側身　　　　圖4-32　交叉步側身

8. 小碎步

它是一種頻率較高的小跑步，也是連接以上幾種步法的組合步，起著調節身體重心、接球位置和時間的作用。對各種技術動作、戰術運用都起著承上啟下和銜接的積極作用。小碎步是步法中尤為重要的步法，也是衡量一個人步法跑得是否合理、協調的一個重要因素。

五、擊球過程基本結構

判斷、移位、擊球、還原構成乒乓球擊球過程的基本結構。

（一）判　斷

判斷來球是決定腳步移動的方向和還擊方法的依據。它包括判斷來球的路線，旋轉性質，旋轉強弱，速度快慢以及落點的遠近。

1. 判斷來球的路線

根據對方擊球時的拍面方向判斷來球的路線。例如：對方站在球台右角擊球，球拍觸球時拍面對己方的右角，來球一般是斜線球；拍面正對己方的左角，則是直線球。

根據球通過球網時的位置判斷來球的路線。例如：對方站在球台左角擊球，球從網的中間越過，來球一般是斜線球；球從球網的左邊越過，則是直線球。

2. 判斷來球的旋轉性質

根據對方擊球時球拍揮動的方向判斷來球的旋轉性質。一般來說，對方由下（上）向上（下）揮拍擊球為上（下）旋球；由左（右）向右（左）揮拍擊球為右（左）側旋球；由左上（右上）向右下（左下）揮拍擊球為右（左）側下旋球；由左下（右下）向右上（左上）揮拍擊球為右（左）側上旋球。

根據球的飛行情況和著台反彈情況判斷來球的旋轉性質。呈上旋狀的球在空中飛行時，前段慢，後段快，著台反彈衝力大；呈下旋狀的球在空中飛行時，前段快，後段慢，著台反彈衝力小。旋轉越強，以上現象越明顯。下旋越強，球著台後有時還會出現回跳現象。

3.判斷來球的旋轉強弱、速度快慢、落點遠近

根據對方揮拍擊球時動作幅度的大小和揮拍速度的快慢判斷來球的速度、落點和旋轉強度。一般來說，對方揮拍擊球時的動作幅度大，揮拍速度快，則擊球的力量大，來球的旋轉強、速度快、落點遠；反之，則擊球的力量小，來球的旋轉弱、速度慢、落點近。

根據對方擊球時的觸球情況來判斷來球的旋轉強度。對方擊球時摩擦多，撞擊少，則來球旋轉較強；若撞擊多，摩擦少，則來球旋轉較弱。

根據球的飛行弧線判斷來球的落點遠近。來球飛行弧線的最高點若在對方台區上空，則落點距網較近；若在本方台區上空，則落點離網較遠。

判斷來球，要特別注意觀察對方擊球時球拍觸球瞬間的動作，切勿被對方的假動作所迷惑。同時，還應把己方上次回球的旋轉、落點、速度等情況及對對方擊球的影響考慮進去，才能作出正確的判斷。

（二）移　位

移位（或稱選位）的目的主要在於搶佔有利的擊球位置。由於乒乓球的速度較快，變化較複雜，還擊方法較

多，因而在完成移位時反應要快，判斷要準，確定還擊方法要果斷，起動要及時，步法與手法的配合要協調。在教學和訓練中，不僅要努力提高啟動速度和位移速度，而且要重視抓好反應判斷能力的提高，並注意把步法練習與手法練習緊密結合起來。

在還擊過程中，移位具有重要意義。移位好，能夠迅速搶佔有利的擊球位置，提高回球的命中率和擊球品質；反之，便難以佔據有利的擊球位置，被迫勉強擊球，必然破壞正確的擊球動作，影響回球的命中率和擊球品質。尤其是對於初學打球的少年兒童，要特別注意加強移位能力的培養和訓練。

（三）擊　球

擊球是基本環節中的中心環節。擊球時，應根據對方的回球情況和自己的打法特點來確定最佳還擊方法。在擊球過程中，要特別注意把握好擊球動作、擊球點、擊球距離、擊球部位、觸拍部位、用力方向和力量的運用。

1. 擊球動作

乒乓球的擊球動作一般包括擺臂引拍、迎球揮拍、球拍觸球、隨勢揮拍與放鬆五個部分。

●擺臂引拍

擺臂引拍是指迎球揮拍之前，為拉開擊球距離而順著來球方向所做的擺臂動作。引拍的作用主要在於保證擊球時能夠更好地發力。引拍動作的正確與否，直接影響著擊球動作及擊球品質。引拍是否及時，是能否保持合理擊球

點的重要條件。引拍是否充分，是能否發揮擊球力量的重要因素。引拍的方法和引拍的結束姿勢如不正確，必然導致整個擊球動作出現錯誤。

此外，引拍的方向與揮拍方向緊密聯繫，關係到回球的旋轉性質。例如，要使回球呈下旋就必須向上引拍；要使回球呈上旋就必須向下引拍。引拍動作的正確與否，直接影響擊球的命中率和效果。

●迎球揮拍

迎球揮拍是指從引拍結束到擊中來球前這段過程的動作。揮拍動作的正確與否，對回球的準確性和擊球的品質均具有較大的影響。

揮拍的方向決定回球的旋轉性質，並影響回球的飛行弧線與擊球線路。揮拍的速度決定擊球力量的大小，從而影響球速的快慢、旋轉的強弱。

●球拍觸球

球拍觸球是指球拍與球體相觸及時的動作，是整個擊球動作中的核心部分。球拍觸球時的擊球點、擊球時間、拍面角度、拍面方向、觸拍部位、用力方向、發力大小等，直接決定著回球的出手角度、出球速度和旋轉性質。

●隨勢揮拍

隨勢揮拍是指球拍觸球後順勢前送的那一段動作，它是有助於在擊球結束階段保證擊球動作的完整性、協調性和穩定性。

●放鬆

放鬆是指擊球過程中身體與整個擊球動作的協調配合用力。擊球動作完成後，隨著揮拍的結束而出現的一個短

暫的放鬆階段，它是保證有節奏地連續擊球的關鍵。

2. 擊球點

擊球點的確定必須有助於擊球動作的協調，擊球力量的發揮和對回球弧線的控制。為此，在確定擊球點時應注意以下兩點：

●合理選擇擊球點

無論採用哪種技術擊球，均應注意將擊球點選擇在身前（軀幹遠離球網一側的前面），切忌在身後擊球。同時，擊球點應與擊球者的身體保持適宜位置。擊球點不能偏後，也不可過前；既不能太低，也不可過高；既不能靠身體太近，也不可離身體過遠。

●相對固定擊球點

不同技術對擊球點的要求各有差異。例如：弧圈球的擊球點比攻球的擊球點略後、略低；攻球的擊球點比削球的擊球點略前、略高。但是，每種技術的擊球點必須各自相對固定，擊球時始終保持在某一合適的位置上。特別是對於初學者，這一點尤為重要。

要取得合理的擊球點，必須加強腳步移動，及時搶佔有利的擊球位置，否則便難以達到此目的。

3. 擊球距離

揮拍擊球時，球拍的起始點（即引拍結束時的球拍位置）到擊球點之間的揮拍長度稱為擊球距離。擊球距離的長短，與還擊時的擊球方法和發力大小有密切關係。

例如，用推擋技術擊球，其擊球距離較短；用弧圈球

技術擊球，其擊球距離稍長；用削球技術擊球，其擊球距離更長。

又如：加力推時，其擊球距離比快推要長；發力攻時，其擊球距離比快攻要長；發力拉時，其擊球距離比輕拉要長。此外，擊球距離的長短與打法類型、技術風格等有一定聯繫。例如：以速度、落點見長的運動員，擊球時的擊球距離一般較短；以力量、旋轉為主的運動員，擊球時的擊球距離相對較長。在擊球時，應注意根據還擊方法的不同要求，選擇適宜的擊球距離。

適宜的擊球距離，應以合理的擊球點為基準，由正確的引拍動作而取得。決不能採用隨意改變擊球點位置的方法，去加長或縮短擊球距離。因此，擊球時應注意把握好引拍的時機、方向、方法、幅度和節奏。

4.擊球時間

擊球時間是指來球從著台點反彈跳起至觸及地面以前的整個過程。大致可分為上升前期、上升後期、高點期、下降前期、下降後期五個時期。各種技術動作的擊球時間各不相同。

例如：快推時擊球上升期，加力推時擊球高點期；近台攻球時擊球上升期，中遠台攻球時擊球下降前期；拉加轉弧圈球時擊球下降前期，拉前沖弧圈球時擊球上升後期或高點期；近台削球時擊球高點期前後，中遠台削球時擊球下降後期。

另外，不同類型打法在擊球時間上亦各具其特點。快攻類打法以速度為主，擊球多在上升期；弧圈類打法以旋

轉為主,擊球多在高點期前後;削攻類打法主要是後發制人,擊球多在下降期。因此,在還擊來球時,應注意根據自己的擊球方法和打法特點選擇好擊球時間。

以上是擊球時間的一般規律。對於初學者來說,應嚴格按照各種技術動作的不同要求,相對固定擊球時間,這不僅有助於學習掌握技術動作,而且有助於提高擊球的準確性。隨著技術水準的提高,再進一步學習掌握主動變化擊球時間和擊球節奏的技術。

5. 擊球的部位與用力方向

擊球的部位是指擊球瞬間,球拍擊在球體上的位置。用力方向是指擊球時球拍的揮動方向。擊球部位與用力方向的有機結合,是提高回球準確性和擊球品質的關鍵點。擊球時,主要由調節擊球部位和用力方向來控制回球的飛行弧線。在保證飛行弧線合理的前提下,還須根據來球的不同情況和還擊方法的不同要求,有機地把擊球部位與用力方向結合起來,以求取得最佳擊球效果。擊球部位與用力方向的結合有以下幾種方式:

一種是相對固定用力方向,以調節擊球部位為主,譬如推擋技術就多採用此法;另一種是相對固定擊球部位,以調節用力方向為主,譬如弧圈技術就多採用此法;

再一種是同時調節擊球部位和用力方向,譬如攻球、削球技術就多採用此法。

採用不同技術還擊各種來球,其擊球部位與用力方向結合的一般情況如下。

攻球對攻球:一般擊球中上部,向前方或前上方用力。

攻球對削球：一般擊球中部或中下部，向前上方用力。

削球對攻球：一般擊球中下部，向前下方用力。

搓球對搓球：一般擊球中下部，向前下方用力。

拉弧圈球：拉加轉弧圈球一般擊球中部，向前上方用力；拉前沖弧圈球一般擊球中上部或上中部，向前上方用力。

還擊來球時，擊球部位由觸球時拍形所決定，用力方向由擊球時的揮拍路線所決定。因此，在教學和訓練過程中，不僅要努力提高反應判斷能力和腳步移動能力，而且要注意培養手上調節能力。

6. 觸拍部位

觸拍部位是指擊球瞬間球體觸及在球拍上面的位置。合理的觸拍部位不僅有助於控制來球，提高回球的準確性，而且有助於增強擊球的力量，提高旋轉變化和回球的攻擊力。

採用不同的技術動作擊球，對觸拍部位的要求各不相同。一般來講，採用上旋技術擊球時，應用球拍的中上部位觸球，向球拍的中下部位摩擦；採用下旋技術擊球時，應用球拍的中下部位觸球，向球拍的中上部位摩擦。

在比賽中，為了迷惑對方，可主動變化觸拍部位，以增強回球的旋轉變化（轉與不轉球）。

7. 力量運用

合理運用擊球力量，有助於提高回球的準確性，增強擊球的攻擊力，豐富戰術的變化。不同技術、戰術和打法，擊球力量的運用各不相同。

●不同技術的力量運用：

還擊近網短球：擊球多以手腕發力為主，如攻台內球、擺短等。

在近台或中近台還擊來球：採用以速度為特點的技術擊球，多以前臂發力為主，如快推、快撥、近台攻球、近削等；採用以力量為特點的技術擊球，多以上臂為主帶動前臂發力，如扣殺、前沖弧圈等。

在中台或中遠台還擊來球：擊球多以上臂為主帶動前臂發力，如中遠台攻球、弧圈球、遠削等。

●不同戰術的力量運用：

在各種戰術中，力量的運用可分為發力、借力、減力三種。

發力：擊球時主要依靠己方發出的力量把球還擊過去。發力擊球是比賽中的主要得分手段，其難度較大，對技巧和素質的要求比較高，因而需要經常練習，努力提高。

借力：擊球時主要借用對方發出的力量把球還擊過去。借力擊球具有一定的速度，有利於控制落點，比較穩健，是相持階段的重要技術。

減力：擊球時緩衝對方來球的反彈力，使回球的球速減慢，打出距離縮短，在對方離台較遠時，運用減力擊球的方法可以起到削弱對方攻勢和調動對方位移的作用。

●不同打法的力量運用：

以速度為主的各種打法，擊球時多以撞擊為主，如快攻類打法。

以旋轉為主的各種打法，擊球時多以擦擊為主，如弧圈類、削攻類打法。

乒乓球擊球力量的運用，應注意處理好上臂、前臂與手腕，發力、借力與減力，撞擊與擦擊等各種複雜關係。既堅持以我為主、特長突出，又做到技術全面、變化多樣、適應性強，把較高的準確性與較強的攻擊力有機地統一起來，力求取得最佳的擊球效果。

（四）還　原

每次擊球後都必須迅速還原。及時回復擊球前的基本姿勢和基本站位，做好再次擊球的準備。及時地還原是連續擊球的重要保證。

基本姿勢的還原主要包括身體重心的還原和執拍手動作的還原，這是每次擊球後所必不可少的。還原身體重心的意識要特別強，擊球一經結束，承受重心的腿就應像被壓緊的彈簧一樣，立即將身體重心「彈」回。執拍手動作的還原，應注意擊球後的迅速放鬆和還原動作的簡捷實用。

基本站位的還原須盡力做到，儘管它在快速激烈的乒乓球對抗中有著相當的難度。這裏需要指出的是，基本站位是指一個範圍，不能簡單的把它視為固定一點。

在乒乓球比賽或練習中，雙方的擊球位置和戰術運用總是在不斷地發生變化，因而其基本站位也絕不會一成不變。所以，在教學和訓練中應正確理解和靈活處理基本站位的還原。

六、發球技術

在乒乓球技術中，發球是惟一不受對方來球制約的技

術。它具有極強的主動性，可以選擇自己最合適的站位，按照自己的意圖把球發到對方球台的任何位置。

發球、接發球、發球搶攻稱為前三板技術，它曾是我國乒乓球強項技術。當今世界乒壇的許多優秀選手吸取了中國發球的優點，在接發球上採用挑、拉、晃接、擺短、側身正手接發球等手段，大大地加強了進攻能力。但同時規則的修改又對發球進行了限制，如無遮擋發球，每輪5個發球改為2個發球等等。對發球技術提出了越來越高的要求，也使乒乓球比賽越來越白熱化。

在發球品質方面，要求做到速度快、旋轉強、落點準確。在發球的變化方面，力求做到出手突然，動作隱蔽，在同一位置上，用相似的手法，在接觸球的一剎那靈活地運用手腕去摩擦球拍的不同部位，發出各種變化的球，以造成對方判斷錯誤，利於自己的搶攻。

實踐證明，發球在比賽中對於揚己之長、攻彼之短均有著技術和戰術上的意義，它是連接整個乒乓球技、戰術的重要環節。

當前乒乓球發球技術的發展趨勢主要是：多以側身發球為主，突出正手搶攻。站在側身位，容易發出斜線大角度球，再配合發直線球加以牽制，將對手鎖在中間，有利於正手搶攻。也有少數運動員使用反手發球，配合兩面搶拉，如克羅地亞選手普里莫拉茨，他常站在球台偏中位置，反手發球配合凌厲的反手搶攻頻頻得分。

從發球的性能上看也呈現出以下兩種：

一種是以速度、落點為主配合旋轉，發球出手動作很快，落點準確，長球則長至端線底邊，短球則短至近網

處。另一種是以旋轉反差為主，配合落點和速度變化，而發球動作又很相似。

發球的方法是多種多樣的，按形式來劃分，可分為低拋發球、高拋發球和下蹲式發球；按方位來劃分，可分為正手發球、反手發球和側身發球；如按性質來劃分，可分為速度類發球、落點類發球、旋轉類發球，如側上、側下、轉與不轉、長球、短球等。

下面選擇幾種主要的發球技術加以分述。

（一）平擊發球

【特點與作用】

平擊發球分正手平擊發球和反手平擊發球兩種，它是一種運動速度慢、力量輕、旋轉弱的一般上旋球，是初學者最基本的發球方法，也是掌握其他複雜發球的基礎。

【動作要點】

1. 正手平擊發球

站位近台中間偏左處，拋球同時向右側上方引拍，上臂帶動前臂向前平行揮動，拍形稍前傾，在球的下降期擊球的中上部向前方發力，使球的第一落點在球台的中段附近（圖4-33）。

2. 反手平擊發球

站位於球台中間偏左處，右腳稍前或平行站立，身體略向左轉，含胸收腹，將球拋至身體左側前方的同時，向左後方引拍。右臂外旋，拍形前傾，在球的下降期擊球的

圖 4-33　正手平擊發球

圖 4-34　反手平擊發球

中上部向右前方發力，使球的第一落點在球台的中段區域
（圖 4-34）。

（二）奔球

【特點與作用】

奔球分正手奔球和反手奔球兩種，它的特點是球速
快、落點長、衝力強、球的飛行弧線低。在比賽中，可運
用奔球的速度和落點變化干擾對手，伺機搶攻。在對付削
球類打法選手時，可先迫使其退後防守，再結合擺短打亂
其擊球節奏，起到戰術多變的作用。

【動作要點】

1. 正手奔球

左腳稍前，身體略微向右轉，當球向上拋起的同時，執拍手隨即向右後上方引拍，拍形稍前傾，腰向右轉。當球下降至網高時，以肘關節為軸，上臂帶動前臂由右後方向左前方揮動，觸球瞬間運用手腕的彈擊力量，再變化拍面發斜、直兩線，提高隱蔽性，這時重心由右腳向左腳移動，注意還原。

2. 反手奔球

右腳稍前，身體略向左轉，當球向上拋起的同時，執拍手隨即向左後方引拍，上臂自然靠近身體右側，手腕適當放鬆，身體重心在右腳。當球下降至網高時，以肘關節為軸，上臂帶動前臂由左後方向右前方揮動，使拍面稍前傾，摩擦球的左側中上部（圖 4–35）。

（三）正手發轉與不轉

【特點與作用】

它是指發球者用正手以相似的動作發出旋轉強弱差異較大的球，這種球速度慢，前衝力小。在比賽中，轉與不轉配套使用，以旋轉變化迷惑對方，破壞對方接發球戰術，造成對方判斷錯誤，可伺機搶攻或直接得分。

【動作要點】

站位時左腳在前，右腳在側後，拋球的同時執拍手向後上方引拍。拍面後仰，手腕適當外展，手臂放鬆，腰向

圖 4-35　反手奔球

右轉便於發力。當球降至網高時，執拍手迅速用力向前下方揮動，發球後，揮拍動作盡可能停住，以利於還原。

圖 4-36　施拉格正手發下旋球

圖 4-37　丁松的正手發不轉球

　　發下旋球時，用球拍的下半部去摩擦球的中下部，拇指、食指、手腕在觸球瞬間加強爆發力，儘量多摩擦球，注意體會球拍吃住球的感覺。

　　發不轉球時，用球拍的中上部去碰擊球的中下部，拍面後仰的角度小些。圖 36、37 分別為施拉格和丁松的發球動作。

（四）反手發轉與不轉球

【特點與作用】

與正手發轉與不轉球基本相同，一般橫拍兩面攻打法的選手多採用此種發球。在落點上運用斜、直線，長、短球的巧妙配合，有利於第三板搶攻。

【動作要點】

右腳稍前或兩腳平行，重心稍低，執拍手的肩部略低於對側肩。拋球時，執拍手向後上方引拍，拍面後仰，同時身體向左側適當轉動，以便於發力。

發下旋球時，用球拍的前半部去摩擦球的中下部，在觸球瞬間手腕用力摩擦球。

發不轉球時，用球拍的後半部去碰擊球的中部，手腕和前臂有向前送球的感覺。

（五）正手發左側上（下）旋球

【特點與作用】

這種發球以旋轉變化為主，飛行弧線向對方左側偏拐，對方用平擋回擊也向左側上（下）反彈。它的動作幅度較小，出手快，兩種發球動作相似，有一定隱蔽性，是運動員在比賽中運用較多的發球方法。

【動作要點】

左腳在前，右腳在側後，當球向上拋起的同時執拍手向右後上方引拍，身體隨之向右轉動，球拍稍後仰，手腕外展。當球下落時，手臂自右上方向左下方揮擺，在球拍觸球的瞬間加大前臂、手腕的爆發力，增強球的旋轉。隨

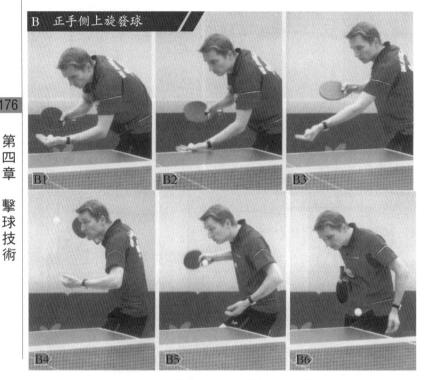

B　正手側上旋發球

B1　B2　B3

B4　B5　B6

圖 4-38　施拉格正手發左側上旋球

勢揮拍的動作幅度要小，以便還原動作快。

　　發左側上旋球時，球拍從球的右側中下部向左側面摩擦，並微微勾手腕以加強上旋（圖 4-38）。

　　發左側下旋球時，手臂自右上方向左前下方揮擺，球拍從球的右側中下部向左側下部摩擦，腰配合向左轉動。

（六）反手發右側上（下）旋球

【特點與作用】

與正手發左側上（下）旋球基本相同。飛行弧線向對

方右側偏拐，對方用平擋回擊也向右側上（下）反彈。

【動作要點】

右腳稍前，重心在右腳上。拋球的同時向左後方引拍，腰略向左轉，拍面稍後仰，手腕適當內旋，當球下落時手臂自左上方向右下方揮擺。在觸球瞬間加大前臂、手腕的爆發力，同時注意配合轉體動作，使腰、臂協調用力，有利於增大發球的速度和力量，以增強球的旋轉（圖4-39、40）。

發右側上旋球，觸球時拍面從球的中下部向左側上部摩擦。

發右側下旋球，觸球時拍面從球的左側中下部向右側摩擦。

圖4-39　反手發右側上旋球

圖4-40　反手發右側下旋球

（七）反手發急下旋球

【特點與作用】

球速較快並帶有下旋，飛行弧線低、落點長，對方用推、撥回接容易造成下網失誤，用搓球回接容易出現機會球。此種發球在比賽中只能作配合及牽制使用。

【動作要點】

右腳稍前或兩腳平行，腰略向左轉，拋球的同時右臂微做內旋，拇指壓拍使拍面稍後仰，向後上方引拍。當球降到低於網高時，前臂迅速用力向前下方推球，用邊碰撞邊摩擦球的動作擊球的中下部，球擊出的第一落點接近端線（圖 4-41）。

（八）高拋發球

【特點與作用】

高拋發球是 1964 年中國選手創新發明的一種重要的發球技術。發球時發球員將球向上拋 2～3 公尺甚至更高，利用球下落時的加速度增大對球拍的壓力，從而加快了出手的速度和突然性，增大對方接發球的難度。它具有出手快，旋轉強，變化多的特點，目前多被歐亞等世界優秀選手所採用。

高拋發球有正手（亦稱側身正手高拋發球）和反手高拋發球兩種。各種高拋發球的動作方法、觸球部位和發力方向等與低拋發球基本相同。為提高發球品質，在發球時應有旋轉、落點和線路的變化。

下面選擇幾種常用的高拋發球加以介紹。

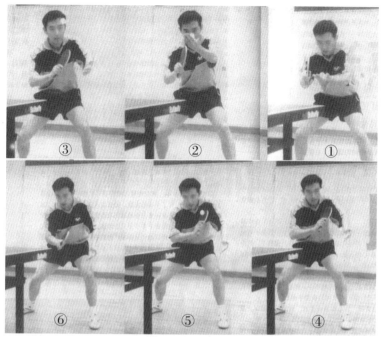

圖 4-41　孔令輝反手發急下旋球

1. 側身正手高拋發球

【動作要點】

首先要注意將球拋穩，拋球手的肘部要貼近身體左側，儘量讓球拋起時接近垂直，使球在身體的右側前方降落。當球下降至頭部高度時，執拍手由右上方向左下方揮動。其次，要注意擊球點不要離身體過遠，一般在右側腰前 15 公分左右為宜。

發左側上旋球時，球拍從球的右側中下部向左側上部摩擦。

發左側下旋球時，球拍從球的右側中下部向左側下部摩擦。

發直線長球時，拇指要適當地壓球拍的左肩使拍面撞擊球的右側面。第一落點應在本方台面的端線附近。發力方向和揮拍路線對準對方右角使球呈直線前進。這種發球常常和側身正手發側上、下旋結合在一起，作為增強發球的落點變化來運用的。

圖4-42所示為世界著名選手施拉格的發球動作。

圖 4-42　施拉格側身正手高拋發球

2. 反手高拋發球

反手高拋發球是 80 年代中國選手在反手低拋發球的基礎上創新的發球技術，尤以前女單世界冠軍曹燕華最為突出。常見的有反手高拋發右側上旋球和右側下旋球，兩者通常是結合起來變化運用。

【動作要點】

右腳在前，左腳稍後，持球手用力向上拋球，當球從最高點下降時，執拍手向左上方引拍，上體略向左轉，用以增大擊球的距離。

發右側上旋球時，是在球下降到頭部高度時執拍手從左上方經身前向右下方揮擺，球拍觸球的左中下部並向右側上部摩擦。球拍觸球瞬間手腕由左向右抖動，以增大球的旋轉。

發右側下旋球時，執拍手從左後上方向右前下方揮擺，球拍從球的左側中下部向右側下部摩擦。球拍觸球瞬間手腕由左向右抖動，以增大球的旋轉。

（九）下蹲式發球

【特點與作用】

下蹲式發球在摩擦球的部位和方向與站立式發球不同，下蹲式發球時球拍多摩擦球的上半部，發出的球的旋轉性能和常規發球不同，具有旋轉變化多、突然性和新異性強等特點，在關鍵時刻可起到出其不意的效果，一般多為橫拍選手採用。

1. 下蹲發右側上旋球和右側下旋球

【動作要點】

左腳稍前，右腳稍後，身體略向右偏斜，球向後上方拋起，將球拍上舉至肩高，同時兩膝彎曲成深蹲狀，當球下降至頭部高度時，執拍手迅速由左向右揮擺，手腕放鬆，揮拍路線呈半圓形（圖4-43）。

發右側上旋球時，拍面觸球的左中部並向右側上部摩擦，越網後向對方左邊偏斜前進。

發右側下旋球時，拍面從球的正中部向右側下部摩擦，越網後向對方左邊偏斜前進。

2. 下蹲發左側上旋球和左側下旋球

【動作要點】

身體較正對球台，球向後上方拋起，執拍手向右下方引拍，兩膝彎曲成深蹲狀，當球降至頭部高時，執拍手由右後方向左前方揮擺（圖4-44）。

①　　　　②　　　　③　　　　④

圖4-43　下蹲式發右側上（下）旋球

圖 4-44 　下蹲式左側上（下）旋球

發左側上旋球時，拍面觸球的右中部並向左側上方摩擦，越網後向對方的右邊偏斜前進。

發左側下旋球時，拍面從球的正中部向左側下部摩擦，越網後向對方的右邊偏斜前進。

（十）逆旋轉發球

【特點與作用】

逆旋轉發球是近年來在原先順旋轉發球的基礎上發明的一項新的發球技術。其動作隱蔽，出手迅速，發力協調，旋轉較強而富於變化，用正手發出的球能具有類似反手發球的性質，特別適合於反手強的選手發球後兩面上手搶攻。

【動作要點】

左腳在前，右腳在側後，引拍後肘部抬起，手腕向內後引動，觸球時向外側發力摩擦。發側下旋球時，觸球的中下部，向下用力；發側上旋時，觸球的左側上部，向前用力（圖 4-45）。

圖4-45　施拉格逆旋轉發球

七、接發球技術

　　乒乓球的比賽首先是從發球和接發球開始的，每局比賽雙方接發球的機會與發球相同，每一分的爭奪都是從接發球開始的。在比賽中，相對其他環節而言，接發球的難度最大。因為接發球方對發球者在技術上沒有任何限制的方法，這樣一來就大大增加了接發球的預測難度。所以，不斷提高接發球的能力，合理地把所掌握的技術運用到接發球中，是迅速提高比賽實戰能力的關鍵。

　　在現代乒乓球比賽中，積極主動、搶先上手是總體的

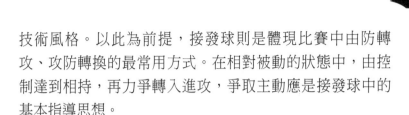

技術風格。以此為前提，接發球則是體現比賽中由防轉攻、攻防轉換的最常用方式。在相對被動的狀態中，由控制達到相持，再力爭轉入進攻，爭取主動應是接發球中的基本指導思想。

接發球技術是各項基本技術的綜合運用，只有比較全面地掌握各種接發球的方法，才能在比賽中減少被動，力爭主動。

（一）站位的選擇

站位的選擇是否合理，主要根據是這種站位是否能為本方直接進攻創造一定的有利條件，而且還要觀察對方發球的站位。一般來講，如果對方站在球台左半台，本方也應站在球台的左半台；若對方站在球台的右半台，本方也應相應調整至球台的中間偏右位置。為了有利於照顧球台的各個部位，有利於前後移動接長短球，站位離球台約30～40公分為宜。

（二）對來球的判斷

正確的判斷是接好發球的首要環節，判斷上不出現大的偏差，才能談得上更好的運用接發球技術。

1. 對旋轉的判斷

乒乓球發球中常出現的旋轉主要有左側上、下旋，右側上、下旋，轉與不轉等，並透過發球者利用各種發球方式，將這些旋轉性質表現出來。如用正、反手發球，高拋發球和下蹲發球等。在判斷旋轉性質時，可以從以下幾個

方面進行考慮。

●板形：

一般情況下，發上旋球時，板形都比較豎，發下旋球時比較平、斜。這種特點與發球時要接觸球的部位直接發生關係，因為發旋轉球和不轉球時，接觸點比較靠近球的後中部；而發側下旋和下旋時，向中下部和底部摩擦球才可能比較轉。

●動作軌跡：

發上旋和不轉球時，球與球拍接觸的一瞬間，手腕擺動的幅度一般不是很大，並時常與假動作配合；在發側下旋和下旋球時，手腕擺動相對大一點，這樣容易「吃」住球，動作也比較固定。擊球後常有一個停頓，即使加上假動作，也不會像發側上旋和不轉球那樣連貫。

●弧線：

上旋球和不轉球的運行一般較快，常有往前「竄拱」的感覺，發短球時容易出台，弧線低平；下旋球運行比較平穩，弧線略高，短球不容易出台。

●出手：

發上旋球和不轉球一般出手比較快，並且突然動作模糊；下旋球的出手相對要慢一些，因為要給球以足夠的摩擦時間，才能使球產生強烈的下旋效果。

2. 對速度和落點的判斷

●對長球的判斷：

一般情況下，發球者如果想把球發得很長，第一落點多在本方台面的端線附近。如果力量差不多，球的運行速

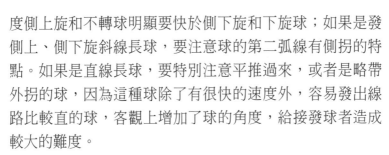

度側上旋和不轉球明顯要快於側下旋和下旋球；如果是發側上、側下旋斜線長球，要注意球的第二弧線有側拐的特點。如果是直線長球，要特別注意平推過來，或者是略帶外拐的球，因為這種球除了有很快的速度外，容易發出線路比較直的球，客觀上增加了球的角度，給接發球者造成較大的難度。

●對短球的判斷：

由於發球者想要把球發短，手上就不能發很大的力，要收住一點，所以短球比較難發揮速度的優勢，比較多的是考慮球的落點和旋轉。可根據這一特點判斷來球的長短。在接短球時，要特別注意手臂不要過早地伸入台內，以免側上旋短球的第二弧線往前「拱」，頂在板上，使手上失去對球的控制，以及來球可能是「小三角」位置，球是從近網的邊線出台，手來不及拿下來，對不準球。

●對半出檯球的判斷：

對半出檯球的判斷是接發球判斷中難度比較大的一項技術。因為這種球往往容易造成接發球者的猶豫，使思路混亂，影響整場比賽的發揮。在判斷這種球時，一是視其旋轉性質而定，側上旋和不轉球比側下旋和下旋球容易出台。二是根據發球者的特點而定，要仔細研究發球者在發半出檯球時，到底哪種容易出台，哪種不容易出台；是正手容易出台還是反手容易出台等。這樣就會增加接半出檯球選擇手段的針對性。

另外，在接半出檯球，對長短的判斷不是很清楚時，一定要有意識地「等」幾個長球，並且出手要果斷，用接長球的辦法回擊哪怕是失誤的危險性增加，這樣，可以給

發球者造成較大的心理壓力，使他不敢發模糊的半出檯球，或造成其發球品質下降，從而使接發球從容一些。

（三）回接各種發球的方法

接發球的方法很多，它是由點、撥、推、拉、搓、削、擺短、撇側旋、挑等多種綜合性技術組成的。進入90年代後期，在原有的接發球技術手段和品質有所提高外，還出現了不少新的接發球技術，如晃接、撇接、劈長、擰、反撕、台內搶拉、搶沖等等。所以，接發球技術是各項基本技術的綜合運用，只有比較全面地掌握各種接發球的方法，才能在比賽中減少被動，多些主動。

下面介紹幾種常用的接發球技術。

1. 搓　接

搓接一般多用於接短球，不提倡長球用搓接，這也是中國運動員技術打法風格所追求的。由於搓球的動作小、出手快、隱蔽性強，在長期的運用實踐中，運動員根據自身特點，對這一技術進行了很細緻的分化，有快搓、慢搓、擺短、搓長、晃接等。

●擺短：

擺短是快搓短球的一種方法，它最大的特點是出手快，突然性強，能有效限制對手的拉、攻上手。在用擺短接發球時，有三點要特別注意：其一是在上升期接觸球的中下部，以體現速度；其二是手臂離身體要近一些，離得遠就很難控制這種精細的技術，影響準確性和品質；其三是手臂不要過早伸入台內，這樣不能形成較合理的節奏

圖 4-46　瓦爾德內爾台內搓球

感，難以體現擺短出手快的特點。圖 4-46 所示為瑞典選手瓦爾德內爾的台內搓接動作。

●搓長：

現在優秀運動員一般運用的搓長技術，是和擺短配合運用的快搓底線長球。它是以速度和突然性取勝。在搓長時，很重要的是手法要盡可能與擺短相似，以前臂發力為主，手腕的擺動不要過大，以免影響手上對球的感覺。

●晃撇：

晃撇一般是在側身位正手搓側旋球、斜線球，常用來接短球與側身挑直線配合運用，可使對

圖 4-47　孔令輝台內晃撇

手不敢輕易側身，進行有威脅的正手搶攻。晃撇接發球時，最好能夠在來球的最高點擊球，球拍接觸球的後中下部，手腕略有外展，向左側前下方摩擦球，使球帶有左側下旋，落台後向外拐，讓對手不容易對準球。圖 4-47 為中國選手孔令輝的台內晃撇動作。

2. 挑　接

挑接是接短球的一種方法，分為正手挑和反手挑。從目前優秀運動員的實際運用情況來看，反手挑主要用於橫板運動員或直拍橫打運動員。

挑接的基本動作要領是：當球即將過網時，手伸進台內，同時，視來球的方位不同，選擇不同的腳向前跨步，將腿插入台內。以右手握拍選手為例，如果是正手位就上右腳，如果是反手位，用反手挑，也可以持拍手的同側腳，如果是側身位，則上左腳，右腳適當跟上。在來球的

圖 4-48　王勵勤台內挑球

高點期，擊球的後中部，以前臂發力撞擊球為主。在擊球一瞬間，手腕有一突然的微小內收（正手）和外展（反手），適當給球一點摩擦，以保證準確性。

挑接是接短球的一種比較主動的方法，運用得好，可以變被動為主動，轉入進攻。在當今多數運動員以搓接為主的時代，在開始練習時，適當增加挑接的訓練比重，將在今後的再提高過程中受益匪淺。圖 4-48 所示為中國選手王勵勤的台內挑接動作。

3. 拉 接

拉接一般是用來對付長球的方法。在拉接中，要特別注意第一時間與第二時間的本質區別。手高於球台或基本與球台在一個水平面上接觸球時可認為是第一時間，此時拉接容易發上力，能夠保證一定的準確性，在時間上爭取到了主動。

手低於台面接觸球時，一般情況下就可認為是第二時間，而在第二時間接觸球時，就需要進行適當的調整，在力爭壓低弧線的同時，主要是靠落點來控制對手了。

初學者在開始練習拉球時，要多注意練習在第一時間拉球，以體會發力擊球對旋轉的感覺，待水準達到一定程度後，再有意識地練習第二時間拉接的手上感覺。

4. 攻 打

攻打在接發球中是一項難度比較大的技術，主要用來對付長球。由於發球旋轉非常強，突然性和速度也今非昔比，給接發球攻打技術的運用造成了極大的困難，以致現

在的比賽中運動員接發球時，使用攻打的概率已經很低。但攻打作為乒乓球的一項主要技術，其在比賽中的作用顯而易見的。可謂難度大，威脅更大。

5. 接半出檯球

在這裏特別強調的是接半出檯球的意識和膽量問題。其運用技術的基本原則是能拉接，不要搓接；能挑接，不要搓撇。在運用拉接技術時，不要引拍過大，手臂向球台靠近、抬高，擊球點一般在台面以上，重心拔起來，前移，以前臂和手腕的突然向前發力為主，整個動作幅度不要過大，有點近似於小前沖。

而在這些環節中，抬高重心是至關重要的。由於這種球相對短球比較長，也可能會出台，並且比較頂，在運用挑接時要給球一定的力量，有時挑這種球更像是突擊。這樣才能克服來球的旋轉，也才可能達到挑接的目的。

八、推擋球技術

推擋是中國直拍快攻打法的基本技術之一，它具有站位近，動作小，球速快，穩定性比較高等特點。在對攻中可以用快推或加力推結合落點變化來調動對方，爭取主動。有時也可用它來牽制對方，為正手進攻或側身進攻創造有利的時機。在被動和相持時，具有韌性的推擋還可以起到積極防守和從相持變為主動的作用。

常用的推擋技術有如下幾種：

（一）平擋球

【特點與作用】

是指借助對方來球反彈力進行擋擊的一種技術。具有球速慢，力量輕，旋轉變化小等特點。由於動作簡單，容易掌握，是初學者的入門技術。

【動作要點】

左腳稍前或兩腳平行約與肩寬，兩膝微屈，身體離球台約30～50公分。手臂自然彎曲，球拍置於腹前，前臂與台面幾乎平行，將球拍引至身體的前方，拍形成半橫狀，約與台面垂直，在來球的上升期擊球的中部，食指用力，拇指放鬆，前臂和手腕稍向前迎擊，以借助來球的反彈力將球擊回。

擊球後手臂、手腕隨勢前送，並迅速還原成擊球前的準備姿勢（圖4-49～52）。

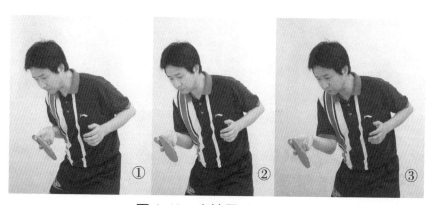

圖4-49　直拍反手平擋球

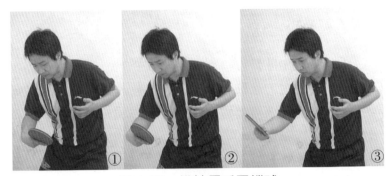

圖 4-50　橫拍反手平擋球

圖 4-51　直拍正手平擋球

圖 4-52　橫拍正手平擋球

（二）快推球

【特點與作用】

具有動作小，回球速度快，變化多，穩定性比較好等特點。在比賽中，可用落點變化控制對方起到助攻作用。

【動作要點】

左腳稍前，上臂內收自然靠近身體右側，擊球前手臂適當後撤引拍，前臂稍外旋，在來球的上升期拍形前傾，手腕外展，擊球的中上部，食指用力，拇指放鬆，擊球後手臂、手腕繼續向前隨勢揮動，距離要短，並迅速還原成擊球前的準備姿勢。

（三）加力推

【特點與作用】

具有回球力量大，速度快，落點長等特點。在比賽中運用加力推能壓制對方攻勢，迫使對方後退離台，陷於被動防守的局面。加力推與減力擋配合使用能更有效地控制對方，是反手相持時由被動轉為主動的技術之一。

【動作要點】

左腳稍前，身體離台約 40～50 公分，手臂自然彎曲並做外旋。在擊球時，前臂提起，上臂後收，肘部適當貼近身體。引拍位置稍高，觸球瞬間拍形前傾，食指用力，拇指放鬆，在上升後期或高點期擊球中上部，前臂和手腕加速向前下方推壓，腰、髖順勢轉動配合發力。擊球後，手臂和手腕繼續向前下方隨勢揮動，並迅速還原成準備姿勢。

圖 4-53、4-54 為中國選手陳龍燦的推擋動作。

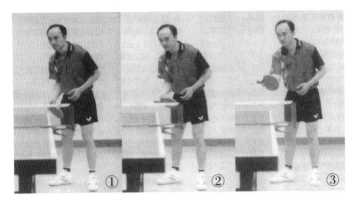

圖 4-53　陳龍燦反手快推

圖 4-54　陳龍燦反手加力推

（四）減力擋

【特點與作用】

具有回球弧線低，線路短，力量輕，球速慢等特點。在比賽中，使用減力擋破壞對方的擊球節奏，伺機為本方搶攻創造條件。它與加力推配合使用，是中國直拍快攻選

手對付弧圈球的有效戰術之一。

【動作要點】

左腳稍前或兩腳平行，身體離台約 40 公分，擊球時，手臂外旋，前臂稍做上提，拍形稍前傾，在來球上升期觸球中上部。拍觸球瞬間手臂和手腕稍向後收，緩衝來球的反彈力，重心應略向前上移動。擊球後，手臂和手腕繼續向後隨勢回收，並迅速還原成準備姿勢。

（五）推下旋球

【特點與作用】

具有弧線低，回球落點長，球呈下旋，落台後下沉快等特點。在對攻中使用推下旋改變回球的旋轉性能，能使對方攻、推下網或對推時不易發力而被動，可直接得分或為進攻創造機會。

【動作要點】

左腳稍前，身體離台約 40 公分，重心偏高，上臂後引，前臂上提，拍形稍後仰。在高點期或下降前期擊球的中下部，前臂向前下方推切以增大球的下旋。擊球後，手

圖 4-55　蔣澎龍推下旋

臂和手腕繼續向前下方隨勢揮動，但距離不宜太長，並迅
速還原成準備姿勢（圖4-55）。

（六）推側旋球

【特點與作用】

具有弧線低，角度大，回球的線路短，有些拐彎等特
點。由於擊球部位是來球的弱轉區，因此是對付弧圈球的
一種有效方法。

【動作要點】

左腳稍前，身體離台約 40 公分，前臂上提將球拍引至
身體前方。在來球的上升期，拍面稍前傾，由球體的左側

圖 4-56　劉國梁反手推側旋

中上部向左側下部摩擦球，並向左前下方用力。推變直線時手腕內旋使拍面方向朝前，觸球的右側中上部，向前發力。圖 4-56 所示為中國選手劉國梁的反手推側旋動作。

（七）反手快撥

【特點與作用】

具有動作幅度小，速度快，落點變化多和有一定的力量、速度等特點。是橫握拍進攻型選手的一項相持性技術。

【動作要點】

兩腳平行，兩膝微屈，重心在兩腳之間，球拍向後下

①　　　　②　　　　③

④　　　　⑤　　　　⑥

圖 4-57　孔令輝的反手快撥

引，肘關節稍前頂，手腕內收，右肩稍沉。以肘關節為軸拍面稍前傾，在上升期擊球的中上部，向前上方彈擊。觸球時發力要集中，隨勢揮拍不宜太長，迅速還原成準備姿勢（圖 4-57）。

九、攻球技術

攻球是乒乓球技術中最重要的基本技術，是進攻型選手在比賽中爭取主動，克敵制勝的主要手段。目前世界上各種類型的打法越來越多，技術水準都有了很大的提高，特別是弧圈球技術發展非常迅速，無論在旋轉或速度上都有了新的突破。再加上接發球的積極主動意識，這就對攻球技術提出了更高的要求。因此，不論是直拍或橫拍的快攻型打法，還是快攻結合弧圈型打法，或是削攻型打法的選手，都必須具備全面的或相應的攻球技術，否則就會跟不上現代乒乓球技術發展的新形勢。

攻球可分為正手攻球、反手攻球和側身攻球。在每一部分技術中又分為快攻、快點、快拉、快帶、突擊、扣殺、中遠台攻球、殺高球、放高球、滑板球等各種技術。每種技術的特點不同，所起的作用也不一樣。作為以進攻為主要打法的運動員，必須掌握比較全面的攻球技術，而且特長要突出，這樣才能在比賽中獲得主動。

（一）正手快攻

【特點與作用】

具有站位近，動作小，出手快，多借力還擊等特點。

在比賽中，可直接得分或在相持中結合落點變化調動對方，伺機進行扣殺。

【動作要點】

左腳稍前，身體離台約 40 公分，引拍至身體右側方，右肩稍沉，重心移至右腳，拍形稍前傾呈半橫狀，拇指用力，食指放鬆，在上升期擊球的中上部，配合前臂做旋內轉動，向左上方揮拍，身體重心由右腳移至左腳。擊球後，隨勢揮拍至前額，並迅速還原（圖 4-58、59）。

（二）反手快攻

【特點與作用】

具有站位近台，動作小，球速快，攻擊性強等特點。

圖 4-58　直拍正手快攻

圖 4-59　橫拍正手快攻

在比賽中，能擴大主動進攻範圍，是直、橫拍握法兩面攻選手最常用的一種主要基本技術。

【動作要點】

反手攻打上旋球時，右腳稍前，同時身體左轉，右肩前頂略下沉，肘關節靠近身體，上臂與前臂夾角約為130°。向左側方引拍，使拍略高於來球，以上臂帶動前臂由左後方向右前方揮動，手腕配合外旋，在來球的上升後期或高點期擊球的中部或中上部。

反手攻打下旋球時，拍形垂直或略後仰，以肘關節為軸，以前臂發力為主在來球的下降前期擊球的中部或中下

圖 4-60　孔令輝反手快攻

部。球拍多摩擦球，製造一定的上旋（圖 4-60）。

（三）正手快點

【特點與作用】

正手快點也稱正手台內攻球，具有站位近、動作小、球速快、線路靈活的特點。它回球的難度雖然較大，但突然性強，在接發球時可運用此技術直接搶攻或在比賽中由被動變為主動。是直、橫拍快攻選手的一項必備技術，一般多用於接近網的下旋球。

【動作要點】

站位靠近球台，右腳向右前方上步插入台下，重心在右腳上，前臂伸向台內，手腕稍外展。

快點下旋球時，拍形垂直或稍後仰，在下降前期球拍觸球的中部或中下部，以手腕發力為主，向前上方摩擦。擊球後迅速還原。

如果來球是一般上旋球時，拍形稍前傾，在高點期球拍觸球的中上部，手腕多向前發力，少摩擦多撞擊。擊球後迅速還原（圖 4-61）。

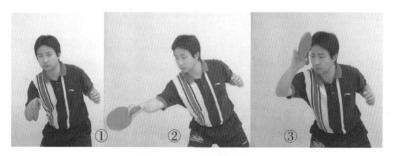

圖 4-61　正手快點

（四）反手快點

【特點與作用】

反手快點也稱為反手台內攻球，其特點與正手快點相同。它較多地運用在前三板中，例如接近網短球，以及相互用擺短進行控制與反控制時常會利用它來搶先上手，以破壞對方的節奏，伺機進攻。橫拍進攻型選手和直拍橫打選手多採用此技術。

【動作要點】

站位近，左腳向左前方上步插入台下，重心在左腳上，上體靠近球台，前臂伸向台內迎球。

快點下旋球時拍形稍後仰，手腕稍下垂，在下降前期擊球的中下部，前臂和手腕向前上方發力。擊球後迅速還原。

快點上旋球時，拍形稍前傾，在高點期擊球的中上部，前臂和手腕向前下方發力。擊球後迅速還原。

（五）正手快拉

【特點與作用】

正手快拉也可稱為正手拉抽或拉攻，具有速度較快、動作較小、線路較靈活的特點。

在比賽中，用正手提拉出各種不同落點和輕重力量相結合的上旋球，伺機進行突擊或扣殺，是一項對付削球打法的重要技術。

【動作要點】

站位近台，左腳稍前，向後下方引拍的同時轉腰、沉肩，重心在右腳上。拍形稍前傾，在來球的高點期或下降

前期擊球的中部或中上部。以前臂和手腕發力為主，向左前上方揮動，向上的力量略大於向前的力量，同時腰和腿協調配合，重心由右腳向左腳轉移。由於發力大，隨勢揮拍動作應稍大一些，球擊出後迅速還原。

205

（六）反手快拉

【特點與作用】

反手快拉也稱為反手快抽或拉攻，具有站位近、動作小、速度較快、落點變化多的特點。

是橫拍選手對付下旋來球的一項重要技術，也是近年來直拍進攻形選手為加強反手位的進攻，用反手背面快拉的一種新技術。

【動作要點】

站位較近台，一般多採用單步或跨步向左前方、左方或左後方移動。拍形稍前傾，前臂和手腕自然放鬆，迎前加速揮動，在高點期或下降前期摩擦球的中上部。

若來球下旋較強，球拍觸球時多以摩擦為主，向上的力量稍大些；若來球下旋較弱，則多以碰撞為主，向前的力量稍大些。

（七）正（反）手快帶

【特點與作用】

具有速度快、弧線低、落點變化多、借力還擊的特點，是對付弧圈球的一項重要技術。在比賽中，由於減弱對方來球的旋轉、力量和速度，改變了球的運行節奏，有利於從相持或被動中轉為主動。

第四章 擊球技術

【動作要點】

●正手：

左腳稍前，站位離台約 40 公分，手臂自然彎曲在身體的右前方，拍稍高於來球。拍形前傾，手腕保持相對穩定，借助腰和髖的轉動，前臂向前迎球，在來球的上升期擊球的中上部。擊球後，手臂繼續隨勢前送，並迅速還原。

●反手：

擊球前，膝蓋彎曲，身體充分放鬆，腰部稍微抬高，含胸收腹，重心放於前腳掌。在高於台面的位置上小幅度的向後引拍，在來球的上升前期擊球，揮拍時手腕有意識的向右上方轉動，擊球後迅速還原（圖 4-62）。

圖 4-62　張怡寧反手快帶

（八）正手突擊

【特點與作用】

具有動作小，球速快，突然性強，有一定攻擊力量的特點。在比賽中，處理好下旋來球，進行低球突擊搶攻可以直接得分或為扣殺創造機會。

它是中國直拍和橫拍正膠快攻型選手對付削球或搓球的主要得分技術。

【動作要點】

站位近台，左腳稍前，前臂引拍至身體的右前方，同時腰向右轉，重心在右腳上。在來球比網稍高時拍形垂直或稍後仰，上臂帶動前臂加速向前上方發力，在來球的高點期擊球的中下部。

當來球下旋強時，球拍向上摩擦時間長一些，回球弧線應稍高；若來球為一般下旋球時，則應觸球中部偏下些，摩擦時間短，弧線應稍低。球擊出後迅速還原。

（九）正手扣殺

【特點與作用】

具有動作幅度大，力量重，球速快，攻擊性強的特點。扣殺較多是在其他技術取得主動或對方回出高球時運用，是比賽中得分的重要手段。

【動作要點】

站位根據對方來球的落點長短調整。來球落點靠近球網時，站位應在近台；來球落點靠近端線時，站位應在中遠台。擊球前，左腳稍前，腰和髖向右轉動並帶動手臂向

體側後方引拍，拉大球拍與來球的距離，便於加大揮拍速度和手臂擊球力量。擊球時，拍形前傾，在來球的高點期擊球的中上部，上臂和前臂同時加速向左前下方發力揮動，同時腰和髖轉動配合發力（圖4-63）。

（十）反手扣殺

【特點與作用】

具有站位稍遠，動作較大，球速較快，力量較重等特點。當發球後，如對方回球較高時或當左半台出現半高球時，採用反手扣殺來得分，橫拍選手採用此技術較多。

【動作要點】

扣殺時，直握拍選手的上臂應靠近身體，右腳稍前同時前臂做旋外動作，拍形稍垂直。拍觸球瞬間身體重心上提，食指壓拍，拇指放鬆使拍形稍前傾，在來球的高點期擊球的左側中上部，前臂快速向右前方發力。

橫握拍選手上臂將拍提至來球高度，拇指略豎壓拍，前臂迅速向前下方發力，手腕轉動拍面做邊打邊摩擦的擊球動作。

①　②　③　④

圖4-63　正手扣殺

（十一）正手中遠台攻球

【特點與作用】

具有站位遠、動作幅度大、主動發力擊球、進攻性較強的特點，是攻球選手在相持階段時常用的一種基本技術。

【動作要點】

左腳稍前，身體離台約 1 公尺，前臂自然彎曲約與地面平行。隨著腰、髖向右轉動，手臂將球拍引至身體的右側後方，同時上臂拉開和上體的距離。在來球的下降前期拍形前傾，擊球的中部並向上摩擦。上臂帶動前臂加速向左前上方揮動，腰和髖轉動配合發力。擊球後，手臂繼續向左前上方隨勢揮動，並迅速還原。

（十二）反手中遠台攻球

【特點與作用】

指擊球員站位遠台採用反手還擊對方高而長的球的攻球方法，具有力量重、球速較快、攻擊力強、線路較活的特點。在比賽中當對方突然回擊過來的高球而自己來不及側身用正手進攻時，或由相持階段轉入側身正手搶攻時常用此技術。

【動作要點】

右腳稍前，身體離台約 1 公尺，前臂與地面略平行，上臂靠近身體，將球拍引至身體的左側後方。拍形稍前傾，手腕控制拍面角度，在來球的下降前期擊球的中上部，以前臂帶動上臂向右前上方揮動，腰和髖轉動配合發力。擊球後，手臂繼續隨勢揮動，並迅速還原。

（十三）正手放高球

【特點與作用】

正手放高球為乒乓球助攻技術，具有站位遠、回球弧線曲度大、打出距離長等特點。在相持被動時，利用球的飛行高度和旋轉變化來爭取時間，造成對方消耗體力或回接困難，伺機由防守轉入進攻。

【動作要點】

左腳稍前，身體離台約 1 公尺以後，腰、髖向右轉動，右肩略下沉，將球拍引至身體的右側後下方。拍形稍後仰，擊球時上臂由後下方向前上方揮動，前臂和手腕用力向上提拉轉動，在來球的下降期摩擦球的中部或中部偏下位置。擊球後，隨勢揮拍迅速還原。

（十四）正手殺高球

【特點與作用】

指回擊高於球網 2～3 公尺來球時的正手攻球動作，具

圖 4-64　正手殺高球

有動作幅度大、力量重、擊球點較高的特點。在比賽中，可直接得分或壓制對方攻勢。

【動作要點】

左腳在前，身體離台約 1 公尺。手臂隨著腰和髖向右轉動，儘量向身體右後方引拍，增大球拍與來球的距離。擊球時，拍面前傾擊球的中上部，手臂加速向左前下方揮動，腰、髖、腿同時配合發力。若在來球上升期擊球叫「快殺」；若在來球下降期擊球叫「慢殺」。擊球後，迅速調整身體重心並立即還原（圖 4-64）。

（十五）正手滑板球

【特點與作用】

滑板球是乒乓球的一項助攻技術，具有站位近，動作小，突然性強的特點。主要是以手腕控制拍形角度和拍面方向，調節擊球部位來突然變化球路，使對手難以判斷。可直接得分或迫使對方回擊高球，有利於本方搶攻，是中國直拍快攻型選手擅長的高級技術。

【動作要點】

站位近台，右腳稍前，球拍引至身體的右側前方，前臂伸至台內。拍形稍前傾，手腕外展使拍面方向向右方，快速摩擦球的中部向側面滑動，球斜拐飛向右側前方。擊球後迅速還原。

用正手滑板攻直線時，一般站位在球台右角時採用。手腕轉動要小而突然，揮拍似打斜線，球拍觸球時手腕略微外展突然改為攻擊直線。

用正手滑板攻斜線時，一般站位在球台左角側身攻時

採用。觸球時，手腕控制球拍由右向左側摩擦，使球斜拐飛向球台左角。

（十六）側身正手攻球

【特點與作用】

在反手位時側身用正手進攻比反手攻球更有威脅。

【動作要點】

基本動作過程與正手攻球相同，需要注意的是側身正手攻球要充分利用轉腰動作。向右轉腰的同時側身、向後引拍，然後找到最佳擊球點，向左轉腰、揮拍擊球。讓側身動作和正手攻球動作銜接更加流暢是完成側身攻球的重點（圖 4-65）。

圖 4-65　張怡寧側身正手攻球

十、搓球技術

搓球是近台還擊下旋球的一種基本技術，是類似削球的動作回擊對方發出來或削過來的下旋球，亦稱「小削板」。它的技術特點是動作幅度不大，出手較快，過網後球的弧線較低，旋轉與落點變化較豐富。用它來對付下旋球是一種比較穩妥的方法，也是初學削球必須掌握的入門技術，常用於接發球或過渡球，為進攻創造機會。

按搓球的時間不同，分為慢搓和快搓；按搓球的旋轉性能不同，分為搓轉與不轉，搓側旋球；按搓球的落點不同，分為搓長球和搓短球等。另外，應根據來球的具體情況控制好拍面的後仰角度。在比賽中，只有把以上這些變化巧妙地結合起來才能使搓球收到更好的效果。

（一）慢　搓

【特點與作用】

具有動作幅度較大，回球速度較慢，穩健性強的特點。適用於回接旋轉較強，線路稍長的來球。如與快搓結合，能變化擊球的節奏。

【動作要點】

●正手慢搓：

右腳稍前，站位近台，前臂和手腕外旋使拍面稍後仰，身體略向右轉，向右上方引拍。在來球的下降前期用球拍的下半部摩擦球的中下部，前臂加速向前下方用力的同時手腕內旋配合用力。擊球後，前臂隨勢前送，立即放

鬆並迅速還原（圖 4–66）。

　　●反手慢搓：

　　左腳稍前，站位近台，前臂和手腕內旋將球拍引至身體左上方，拍面後仰，在來球下降前期用球拍的下半部摩擦球的中下部，前臂加速向前下方用力的同時手腕外展配合用力。擊球後，前臂隨勢前送，立即放鬆並迅速還原（圖 4–67）。

（二）快　搓

【特點與作用】

　　具有擊球動作幅度較小，回球速度快，弧線低，借助對方來球的前衝力進行回擊的特點。常用於接發球或削過

圖 4–66　正手慢搓

圖 4–67　反手慢搓

來的近網下旋球。快搓與其他搓球結合能改變擊球節奏，縮短對方準備擊球的時間，為爭取主動創造條件。

【動作要點】

●正手快搓：

站位近台，身體重心前移靠近來球，前臂外旋向右上方提起，後引動作稍小。擊球時，拍面稍後仰，前臂主動前伸迎球，在來球上升期擊球中下部，借對方來球的衝力，前臂手腕適當用力向前下方揮動。隨勢揮拍動作盡可能短一些（圖4-68）。

●反手快搓：

站位近台，身體重心前移靠近來球，手臂自然彎曲，手腕適當放鬆，球拍稍向後引至腹前。擊球時，拍面稍後

圖4-68　正手快搓

圖4-69　反手快搓

仰，在來球上升期擊球中下部，借對方來球的衝力，前臂手腕向前下方用力。隨勢揮拍動作盡可能短一些（圖4-69）。

（三）搓轉與不轉

【特點與作用】

用相似的手法搓出轉與不轉兩種旋轉的球來迷惑對方。與其他搓球技術結合使用，是各種類型打法選手爭取主動的過渡手段，也是組成搓攻戰術的主要技術。具有旋轉強度差異大的特點。

【動作要點】

根據擊球的旋轉原理，搓加轉球與不轉球主要取決於作用力線是遠離球心還是接近球心。若在搓球時加大引拍距離和拍面後仰角度，前臂、手腕加速用力向前下方切球，用球拍的下半部摩擦球薄一些，使擊球時的作用力線遠離球心，則為加轉球。若在搓球時縮短擊球距離，減小拍面後仰角度，用球拍的上半部和中部碰撞球，使擊球的作用力線接近球心，則為不轉球。

（四）搓側旋球

【特點與作用】

具有動作小，速度較快，旋轉變化大的特點。在接發球或對搓過渡中，運用正、反手搓側旋，使回擊過去的球向兩側拐彎，能減弱對方的攻勢或使對方回球弧線較高，為搶攻創造條件。

【動作要點】

●正手搓左側旋球：

站位近台，右腳和身體重心前移。擊球時手臂略提起，手腕稍外展，拍面後仰，在高點期或下降前期手臂向左側揮動發力，同時手腕稍內旋輔助發力，摩擦球的左側中下部。

●反手搓右側下旋球：

站位近台，右腳和身體重心前移，手臂自然彎曲，略向左後方引拍，手腕稍內旋，拍面後仰。在高點期或下降前期手臂向右側發力，同時手腕稍內旋輔助發力，摩擦球的右側中下部。

（五）搓球擺短

【特點與作用】

具有動作幅度小，出手快，回球短的特點。是下旋球控制和接發球控制的有效技術。

【動作要點】

●正手搓球擺短：

右腳向前移動，身體靠近球台，球拍向右側後方引，拍面稍後仰，在來球的上升期擊球的中下部，前臂向前下方揮動，同時手腕適當發力。擊球後，隨勢揮拍動作不宜過大，迅速還原。

●反手搓球擺短：

身體向前移動，靠近球台，球拍略向左後引至腹前，拍面稍後仰，在來球的上升期擊球的中下部，前臂向前下方揮動，同時手腕適當外展發力。擊球後，隨勢揮拍動作

不宜過大，迅速還原。

圖 4–70、71 分別為中國選手孔令輝的正、反手搓球擺短動作。

十一、弧圈球技術

弧圈球是一種將力量、速度和旋轉結合為一體的進攻性技術，是比賽中的主要得分手段。弧圈球的發展歷史不算長，但其發展速度卻非常快，特別是歐洲選手運用正反手兩面拉弧圈球力爭主動，快沖突破，低拉高打，進一步

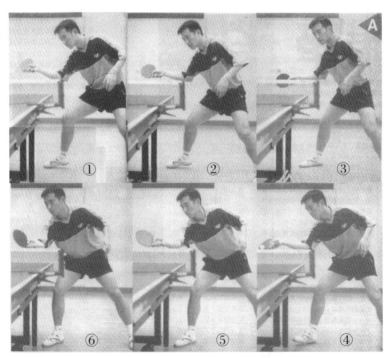

圖 4–70　孔令輝正手搓球擺短

提高了弧圈球在比賽中的作用。弧圈球技術的出現和發展也促進了快攻打法、削球打法以及其他打法的變化和發展。

　　弧圈球技術可分為正手弧圈球技術和反手弧圈球技術。根據弧圈球技術的旋轉特徵可分為加轉弧圈球、前沖弧圈球和側旋弧圈球。

（一）加轉弧圈球

【特點與作用】

　　具有飛行弧線較高，球速較慢，上旋力很強的特點。球著台後下滑速度較快，擊出的球第一弧線較高，第二弧線較低，是對付下旋球的有效技術。在相持中，可以對擊

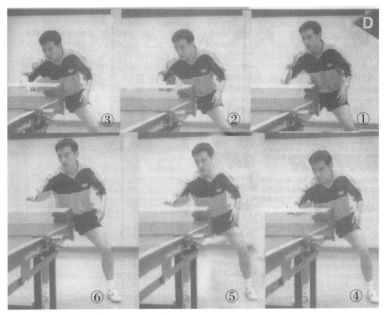

圖 4-71　孔令輝反手搓球擺短

球節奏進行變化。

【動作要點】

●正手拉加轉弧圈球：

左腳在前，身體重心較低。手臂自然下垂向右後下方引拍，身體隨之向右轉動，右肩下沉，重心在右腳上。拍觸球時拍面稍前傾，上臂帶動前臂向前上方揮動，手腕配合發力，身體向左側轉動。在來球的下降前期擊球的中部或中上部，在摩擦球的瞬間迅速收縮前臂加大摩擦力。擊球後，身體稍向上抬起，隨勢揮拍至頭部高度，重心移至左腳，並迅速還原（圖4-72）。

圖4-72　波爾正手拉加轉弧圈球

●反手拉加轉弧圈球：

兩腳平行或右腳稍前，兩膝微屈，重心在兩腳間。右肩下沉，球拍引至腹前下方，腹部內收，肘關節稍向前頂出，手腕內旋，拍面稍前傾，以肘關節為軸前臂快速向右前上方揮動。在來球的下降前期用力摩擦球的中上部，兩腿向上蹬伸，身體稍後仰以輔助發力。擊球後，隨勢揮拍並迅速還原。圖4–73為普里莫拉茨反手拉加轉弧圈球的動作。

圖 4-73　普里莫拉茨反手拉加轉弧圈球

（二）前沖弧圈球

【特點與作用】

具有出手快，球速快，弧線低，上旋強，著台後前衝力大等特點。它是一種將力量和旋轉結合得較好的進攻性技術，也是對付發球、搓球、削球、推擋以及在相持中對拉的有效技術。

【動作要點】

●正手拉前沖弧圈球：

左腳稍前，根據來球選擇站位遠近。向右後方引拍時腰向右轉動，重心移至右腳。擊球時拍面前傾，在上臂帶動下前臂加速向前上方揮動，手腕配合發力，在來球的上升後期或高點期摩擦球的中上部。隨勢揮拍後迅速調整身體重心並還原（圖4–74）。

●反手拉前沖弧圈球：

兩腳平行或右腳稍前，兩膝微屈，重心在兩腳間。右肩下沉，球拍引至大腿內側，肘關節稍前頂，手腕內旋。

① ② ③ ④

圖4–74　波爾正手拉前沖弧圈球

擊球時拍面稍前傾，以肘關節為軸前臂快速向前上方發力。在來球的高點期摩擦球的中上部，同時兩腿向上蹬伸，身體略向前上方頂以輔助發力。隨勢揮拍後，迅速還原（圖4-75）。

（三）正手拉側旋弧圈球

【特點與作用】

其有飛行弧線向側偏拐，帶有強烈的側上旋，著台後急速向側下滑落的特點。多用於處理正手位大角度的來球。

【動作要點】

左腳稍前，腰向右轉動，重心在右腳上，球拍引至身體的右側後方，拍頭稍下垂。擊球時右腳蹬地，腰向左轉，上臂帶動前臂快速揮動，在來球的下降前期摩擦球的右側中部或下部向外側並向前上方揮拍，使球拍劃一個橫向的半弧形。擊球後，上體要隨勢向內扭轉以加大側旋力量（圖4-76）。

① ② ③ ④

圖4-75　波爾反手拉前沖弧圈球

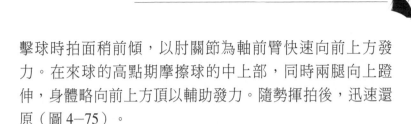

圖 4-76　瓦爾德內爾正手拉側旋弧圈球

（四）正手反拉弧圈球

【特點與作用】

正手反拉弧圈球是一項難度較高的技術。在相持環節中抓住機會反拉對方的弧圈球，是由防守轉為進攻的重要技術。

【動作要點】

擊球前，雙腳平行或左腳稍前，根據來球選擇站位遠近。向右後方引拍時腰向右轉動，重心移至右腳。擊球時拍面前傾，在上臂帶動下前臂加速向前上方揮動，手腕配

圖4-77　張怡寧正手反拉弧圈球

合發力，在來球的上升後期擊球。隨勢揮拍後迅速調整身
體重心並還原。

　　需要注意的是反拉時，動作要緊湊，透過小幅轉腰，身
體迎前擊球，同時要注意身體重心的轉換。另外，擊球時拍
面稍向內收並保持穩定，可以讓手腕在擊球時穩定且更準確
地感知來球的力量，有利於製造回球的弧線（圖4-77）。

（五）反手反撕弧圈球

【特點與作用】

　　反手反撕弧圈球是一項具有進攻性的反手技術，無論
是進攻還是防守都有一定威脅性，有利於在比賽中爭取積

極主動。

【動作要點】

兩腳平行或左腳稍前，兩膝微屈，重心在兩腳間。右肩下沉，引拍時位置稍高，手腕略微內收保持拍形。擊球時拍面稍前傾，用球拍的正面面對來球，借對方來球的力量在接觸球瞬間自下向上轉動拍頭，增強對球的摩擦，擊球後迅速還原。

需要注意的是向後引拍時球拍保持在較高位置可以在接觸球時更容易調整擊球的角度，擊球時動作要緊湊。另外反撕弧圈球技術是建立在基本的反手防守技術之上，只有基本技術掌握好了才能保證反撕弧圈球的穩定性（圖4-78）。

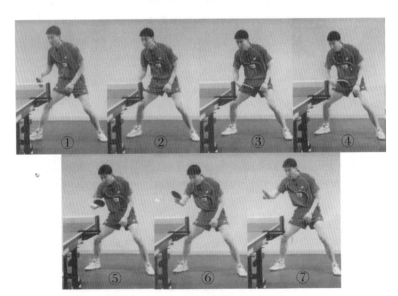

圖4-78　吳尚垠反手反撕弧圈球

十二、直拍橫打技術

直拍橫打技術源於 80 年代末，發展於整個 90 年代，經過劉國梁、馬琳、王皓三個代表人物的淬煉，現在逐步走向完善。

直拍橫打改變了原有直拍單面擊球的狀況，它是在球拍的另一面黏上覆蓋物，使球拍正反面都可以擊球。直拍橫打完善、豐富和發展了直拍反手位技術，由撥、拉、打、帶、挑、撕等技術的運用，極大程度地彌補了直拍反手位的不足，拓寬了快攻打法的球路，使傳統的左推右攻打法朝著「兩面開弓」方向發展。使直拍反手位的「死角」變活，並且帶動了一場全方位的直拍對抗橫拍的技術革命，是直拍的創新技術（圖 4-79）。

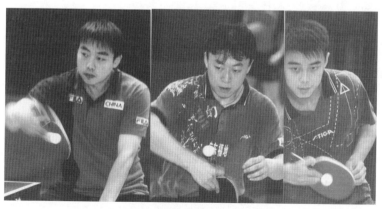

圖 4-79　直拍橫打代表人物
（自左至右爲劉國梁、馬琳、王皓）

（一）直拍反面快撥

【特點與作用】

直拍反面快撥技術是在相持中常用的技術。它和推擋結合能起到變化擊球節奏的目的是直拍反手位進攻得分的重要手段。

【動作要點】

站位近台，兩腳開離約比肩寬，初學時持拍手的同側腳稍後，以便銜接正手攻球，向後下方引拍，但球拍不宜低於台面。含胸收腹，重心稍沉，前臂內收，手腕內屈，引拍至腹前。擊球時拍形稍前傾，觸球瞬間手腕外展，在來球的上升期擊球的中上部，與前臂同時向斜前上方發力。擊球後，手臂隨勢前送，然後迅速還原成準備姿勢。直拍用反面擊球時，握拍必須適當調整，突出食指控制球拍上沿的動作。向後引拍的同時轉腰轉髖，既是重心交接，也為擊球讓出空間（圖4-80）。

圖 4-80　直拍反面快撥

直拍反面打直線（圖4-81）

【特點】

直拍反面打直線速度快，落點變化靈活，具有一定的威脅。

【注意事項】

●擊打直線時，重心的轉換過程不是很明顯，關鍵是重心一定要保持穩定；

●擊球前，重心略微降低，前臂向懷中內收。接觸球前手腕內收，身體迎前；

●擊球時，球拍的位置一般位於身體中間偏向持拍手一側，手腕相對固定，不要太靈活；

●出手方向直接向直線方向，不宜將前臂完全伸出。

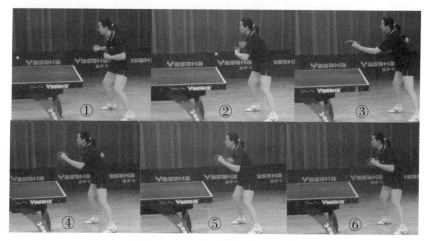

圖4-81　直拍反面打直線

直拍反面打斜線（圖 4–82）

【特點】

更容易發力，在力量和速度方面具有威脅性。

【注意事項】

●擊打斜線時，轉腰過程不是很明顯，重心一定要保持穩定；

●擊球前，重心略微降低，握拍手一側肩部下沉，身體迎前，前臂、手腕內收；

●擊球時，球拍的位置一般位於身體中間偏向非持拍手一側，身體正對來球，手腕相對固定不要太靈活；

●前臂打開幅度較大，手腕外展多一些，不宜將前臂完全伸出。

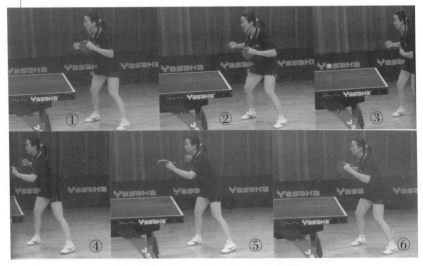

圖 4–82　直拍反面打斜線

（二）直拍反面減力擋

【特點與作用】

直拍反面減力擋主要使用在防守的過程中，使用時更注重落點的變化，以便在被動中尋求主動進攻的機會，而且在回接力量較大、速度較快的來球時穩定性較高。

【動作要點】

擊球前，上臂自然貼近身體，前臂放鬆，上身前傾迎向來球。擊球時，前臂內收，手腕穩定，拍形稍前傾，擊球的中部，控制來球弧線，前臂略微打開。擊球後，及時調整拍形準備下一板銜接。

需要注意的是在擊球過程中重心略微提高，先隨著來球向懷中引拍來化解一部分力量。由下壓拍形來控制弧線，由手腕的調節來控制落點變化。一定要注意擊球點在

圖 4-83　直拍反面減力擋

身體中部偏向持拍手一側，這樣可以使手臂更加穩定。擊球時手腕相對固定，擊球後要迅速還原，調整拍形，放低重心（圖4-83）。

（三）直拍反面拉弧圈球

【特點與作用】

直拍反面拉弧圈球具有身體發力充分，球的旋轉較強，並帶有側上旋的性質等特點。是直拍對付反手位下旋搓球的比較有效的進攻技術。

【動作要點】

兩腳開立略比肩寬，重心在兩腳之間，含胸收腹，身體重心下降。腰略向左轉，肘關節略前頂。前臂內收，手腕內屈，手臂下沉引拍至腹前下方。拇指壓拍，拍形稍前傾，在高點期或下降前期摩擦球的中部偏上位置，向斜前上方揮拍。擊球後，隨勢揮拍的動作稍大一些，然後迅速還原成準備姿勢（圖4-84）。

（四）直拍反面挑

【特點與作用】

直拍反面挑主要用於台內的近網下旋短球，是「前三板」爭搶階段常用的一項技術。直拍反面挑是直拍橫打的特有技術，這種打法擊出的球弧線較低，上旋較強烈，有時還帶側旋，並有一定的力量。

【動作要點】

站位近台，左腳稍前，兩腳開立略比肩寬。擊球時，左腳向左前方插入台內，手腕自然下垂，拇指和中指用

力，食指自然放鬆，在來球的高點期摩擦球的中部偏上位置，同時手腕外展，製造一定的弧線。擊球後，隨勢揮拍的動作稍小一些，然後迅速還原成準備姿勢。

圖 4-84　王皓直拍反面拉弧圈

需要注意的是觸球瞬間，手腕加速轉動，加大力量快速摩擦來球。要注意使用手腕的力量，手腕在觸球的瞬間有一個由曲到伸變直的轉動過程，並且要適度緊張，擊球後重心落於右腳（圖4-85）。

圖4-85　直拍反面挑

（五）直拍反面彈打

【特點與作用】

直拍反面彈打技術具有動作小，速度快，突然性強等特點，是直拍運動員在相持中轉為主動進攻的重要手段。

【動作要點】

站位近台，兩腳開立約比肩寬，左腳稍前。上臂抬起，身體重心略高一點。肘關節稍前頂，手腕內屈，拇指壓拍，食指控制住拍形前沿，使拍形前傾。

擊球時身體前迎，在來球的上升後期或高點期擊球的中上部，觸球瞬間要短促有力，以撞擊為主，向前下方用力彈壓。擊球後，手臂隨勢前送的動作不宜過大，然後迅速還原成準備姿勢。

十三、削球技術

削球是削攻型打法的一項重要技術，它是由旋轉和落點變化來控制對方，使對方直接失誤或為自己創造進攻機

會。在乒乓球運動的發展歷程中，削球打法作為一種主要的打法類型，始終在世界乒壇佔有重要的地位。

削球打法的技術發展基本上取決於兩個方面，一是器材（主要是膠皮性能）的改進，二是乒乓球技術的發展。90年代中期，中國運動員丁松在繼承老一輩削球打法的基礎上發展了削中反攻技術。

他是在相持階段中將中遠台的削球和攻球技術進行了合理的融合，使比較強烈的下旋球和上旋球結合起來，為削球打法的發展開拓了新的前景。在第47屆世乒賽上，韓國選手朱世赫的成績也證明了這一點。

中國削球打法在技術上經歷了由以「穩、低、轉、攻」為指導思想，到以「轉、穩、低、變、攻」為指導思想的發展過程。逐步明確了在削球打法的技術指導思想中旋轉變化和落點變化的重要作用，這一指導思想代表了削球打法在技術上的發展方向。

常用的削球技術有：

（一）遠台削球

【特點與作用】

具有離台遠、動作較大、弧線長、擊球點低、球速慢且旋轉強等特點，是削球運動員以旋轉變化來對付大力扣殺和弧圈球的有效技術。

【動作要點】

●正手遠台削球：

站位離台1公尺以外，左腳稍前，兩膝微屈，身體略向右轉，重心下降移至右腳。前臂向右後上方引拍（約與肩

高），拍形後仰，在來球的下降後期擊球的中下部。上臂帶動前臂向左前下方揮動，身體重心移至左腳，隨勢揮拍前送的動作稍大，然後迅速還原（圖4-86）。

●反手遠台削球：

站位遠台，右腳稍前，兩膝微屈，身體略向左轉，重心在左腳上。手臂自然彎曲向左後上方引拍（約與肩高），拍形後仰，在來球的下降期擊球的中下部。上臂帶動前臂向右前下方揮動，身體重心移至右腳。擊球後，手臂繼續向右前下方隨勢揮動，然後迅速還原（圖4-87）。

圖4-86 正手遠台削球

圖4-87 反手遠台削球

（二）中台削球

【特點與作用】

具有站位較近，動作較小，擊球點較高，回球速度較快，弧線較低等特點。配合落點變化使用削球逼角技術能調動對方，增加對方回球難度，能為削中反攻創造機會或直接得分。

【動作要點】

●正手中台削球：

左腳稍前，站位離台 1 公尺以內，身體略向右偏斜，重心在右腳上。手臂自然彎曲，前臂外旋引拍至肩高處，拍形稍後仰，在來球的高點期或下降前期擊球的中下部。以前臂發力為主，並帶動手腕內收向左前下方摩擦球，身體重心隨著移至左腳。擊球後，手臂繼續向左前下方隨勢揮拍，然後調整重心迅速還原。

●反手中台削球：

右腳稍前，站位離台 1 公尺以內，身體略向左轉，重心在左腳上。手臂自然彎曲，前臂向左後上方引拍至肩高處，拍形稍後仰，在來球的高點期或下降前期擊球的中下部。前臂帶動手腕向前下方摩擦球，身體重心移至右腳。擊球後，手臂繼續向右前下方隨勢揮拍，然後調整重心迅速還原。

（三）削突擊球

【特點與作用】

具有回球難度大，揮拍動作小，左右讓位快，借力還

擊較多的特點。由於來球速度快、突然性強，力量重，因此，它是有效控制對方連續進攻的一項重要技術，俗稱「頂重板」。

【動作要點】

●正手削突擊球

根據來球迅速選位，左腳稍前，含胸收腹，身體略向右轉。前臂引拍至身體的右前上方，拍形接近豎立，重心移至右腳。擊球時，拍形稍後仰，在來球的下降前期上臂帶動前臂向左前下方摩擦球的中部或中下部。擊球後，手臂向前下方隨勢揮拍，身體重心移至左腳，迅速還原（圖4-88）。

●反手削突擊球

根據來球迅速選位元，右腳稍前，身體略向左轉。手臂自然彎曲，前臂內旋引拍至身體的左前上方。擊球時，拍形稍後仰，在來球的下降前期上臂帶動前臂向右前下方摩擦球的中部或中下部。擊球後，手臂向前下方隨勢揮拍，重心稍前送至左腳，迅速還原。

圖 4-88　正手削突擊球

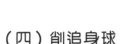

（四）削追身球

【特點與作用】

具有判斷準確，讓位及時，出手快，落點活的特點。由於來球緊追身體，常會因身體的阻礙而影響手臂的活動，必須由快速的移動和讓位給擊球留出空間。削追身球是削球技術中難度較大的一項技術。

【動作要點】

●正手削追身球：

當來球在身體中間偏右時，右腳後撤，含胸收腹，向右後轉腰。上臂靠近身體，前臂稍外旋向右上方引拍，拍面豎立，在下降前期擊球的中部或中下部，上臂帶動前臂向下用力壓球，控制球的弧線。擊球後，手臂隨勢向下揮拍，放鬆後迅速還原。

●反手削追身球：

當來球在身體中間偏左時，左腳後撤，含胸收腹，向左後轉腰。上臂貼近身體，前臂稍內旋向左上方引拍，拍面豎立，在下降前期擊球的中部或中下部，前臂帶動手腕

①　　　　②　　　　③　　　　④

圖 4-89　反手削追直球

向下用力摩擦球。擊球後，手臂隨勢向下揮拍，然後迅速還原（圖4-89）。

（五）削加轉弧圈球

【特點與作用】

具有擊球點低，動作幅度大，飛行弧線長，旋轉變化多等特點。它是削球打法抵禦加轉弧圈球進攻的一項重要技術。

【動作要點】

●正手削加轉弧圈球：

左腳稍前，站位離台1公尺以外，身體略向右轉，重心在右腳上。手臂自然彎曲，將球拍引至身體的右後上方，引拍幅度較大。

擊球時，拍面稍豎立，在來球的下降後期以上臂帶動前臂向前下方發力，先壓後削再送，擊球的中部或中部偏下位置，身體重心移至左腳。擊球後，手臂繼續向前下方隨勢揮拍，然後迅速還原成準備姿勢。

●反手削加轉弧圈球：

右腳稍前，站位離台1公尺以外，身體略向左轉，重心在左腳上。手臂自然彎曲貼近身體，前臂向左後上方引拍，拍面稍豎立。

擊球時，在來球的下降後期以上臂帶動前臂向前下方摩擦，擊球的中部或中部偏下位置，身體重心移至右腳。擊球後，手臂繼續向前下方隨勢揮拍，然後迅速還原成準備姿勢。

（六）削前沖弧圈球

【特點與作用】

具有動作幅度大，擊球時間較晚，回球速度較快等特點。它是削球打法抵禦前沖弧圈球的一項重要技術。

【動作要點】

●正手削前沖弧圈球：

左腳稍前，站位離台 1 公尺以外，身體略向右轉，重心在右腳上。手臂自然彎曲向右後上方引拍，拍面稍豎立或後仰，在來球的下降後期以上臂帶動前臂向前下方用力，先壓後削再送，擊球的中部偏下位置，同時彎腰屈膝輔助向下發力，並借助來球的前衝力進行回擊。擊球時，手腕保持相對穩定。擊球後，手臂繼續向前下方隨勢揮動，然後用小跳步還原成準備姿勢。

●反手削前沖弧圈球：

右腳稍前，站位離台 1 公尺以外，收腹屈膝，身體略向左轉，重心在左腳上。手臂自然彎曲並內旋，前臂向左後上方引拍，拍面豎立或後仰，在來球的下降後期以上臂帶動前臂向前下方用力摩擦，擊球的中部或中部偏下位置，身體重心移至右腳。擊球後，手臂繼續向下隨勢揮動，然後用小跳步還原成準備姿勢。

（七）削加轉球與不轉球

【特點與作用】

具有動作相似，旋轉變化大的特點。它是用相似的動作削出旋轉差異較大的加轉球與不轉球，是削攻型打法爭

取主動的一項重要技術。

【動作要點】

●削加轉球：

拍形後仰，用球拍的左（右）側偏下部位觸球，擊球的中下部。前臂帶動手腕向前下方用力摩擦擊球（圖4-90）。

●削不轉球：

拍形豎立或稍後仰，用球拍的左（右）側偏上部位觸球，擊球的中下部或中部偏下位置。多撞擊，少摩擦，向前下方推送出（圖4-91）。

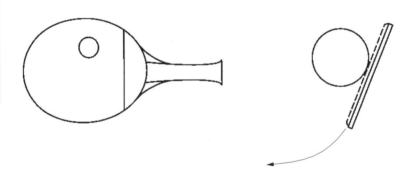

圖 4-90　削加轉球

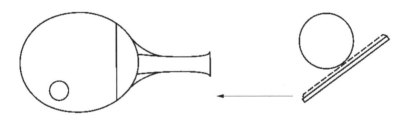

圖 4-91　削不轉球

（八）撲接近網短球

【特點與作用】

具有反應快，腳步移動靈活，動作幅度較小，控球能力較強的特點。撲接近網短球的品質好壞對於削球打法能否由被動變主動是一個重要環節，也是削球打法的一項重要技術。

【動作要點】

撲接近網短球，首先要根據自己站位離台的遠近來調整位置。如離台較近，可用單步向前跨一大步或用跳步去回接；如離台較遠，就要用交叉步上前去接球。當身體靠近球台時，要注意用前腳掌蹬地，並以屈膝來控制向前的衝力，保持身體的穩定。

撲接近網短球的方法較多，有快撥、快點、快拉、劈長、撇側旋等。在戰術上運用得比較多的有兩種方法：

一種是以短制短，即用輕搓配合落點來控制對方。採用輕搓來接短球時，手臂伸進台內動作要柔和，拍觸球瞬間球拍要停止前進，利用來球的反彈力將球輕輕地回到對方近網處。

另一種是以長制短。用搓底線長球來回接時，拍形後仰，在下降期擊球的中下部，前臂帶動手腕向前下方摩擦擊球。用劈長回擊時，引拍位置要高於球，拍形稍後仰，在來球的上升後期或高點期擊球的中下部向前下方砍擊。

至於回球的方向，主要是靠手腕的內旋和外展來調節拍面的偏斜角度，用以控制斜線或直線。擊球後，用小跳步移動，使身體放鬆，迅速還原成準備姿勢。

思考題

1. 直拍横拍兩種握拍法各有什麼優缺點？

2. 直拍横打技術的出現對直拍技術、戰術的發展有什麼積極作用？和直拍反手推擋及攻球技術有什麼區別？

3. 常用的步法有哪幾種，為什麼說步法對於乒乓球技術水準的提高有著極其重要的意義？

4. 怎樣才能練好發球與接發球？簡述接發球的幾種最基本的方法。

5. 擊球技術共有哪幾大項？這些技術各有什麼不同的特點？

第五章

技術診斷、糾正錯誤及考核

——岳海鵬

一、技術診斷、糾正錯誤及考核的意義和內容

技術診斷、糾正錯誤及考核是教師工作的重要方面。

在教學中，始終都存在糾正學生錯誤動作的問題。造成學生錯誤動作的原因一般有如下幾種：

●學習目的不明確，隨心所欲，不按教師規定內容練習，不認真，有畏難情緒等。

●錯誤的習慣動作干擾，使之不能建立正確的動作概念，或在認識上覺得無所謂，不願意下工夫進行改進。

●學生一般身體訓練水準和基本技術差，特別是協調性差，直接影響其對技術的接受能力。

●教材內容不符合學生的實際程度，要求過高，組織教法不當。

●教學環境與條件的影響等。

　　乒乓球課是技術性較強的教學，為了順利和比較好地完成教學任務，教師必須掌握教學進程，精心設計實施步驟，全面瞭解學生狀況，隨時對教學作出必要的調整和修改。

　　若完成上述目的，科學地、客觀地做好技術診斷、糾正錯誤及考核是重要的依據和手段。其意義在於：

　　1. 透過技術診斷、糾正錯誤及考核，可以及時瞭解和發現教學過程中的問題。因為透過檢查和考核所得到的回饋資訊，對教師對學生都是具體的，它會促使教師思考問題，解決問題，改進教學，因此它是提高教學水準的有效方法。

　　2. 技術診斷、糾正錯誤及考核對學生而言，可以隨時瞭解自己學習和鍛鍊的成果，強化主動學習和鍛鍊的動機，對其心理效應也將產生積極的鼓舞作用。

　　3. 技術診斷、糾正錯誤及考核，實際上是對教與學雙方面的檢驗。這些資料的積累，會對開展教學研究和提高教學品質提供有力依據。

　　考核內容要以具有代表性的主要基本技術為主。

　　普修課考核內容，一般選用正手近台快攻技術、反手慢搓技術以及左推右攻結合技術。具體考核標準可根據具體情況自行制定，其中，動作規範又具有一定連續攻球能力是技術考核的基本要求。

　　專修課考核內容，一般選用組合技術為好，如左推右攻、搓中突擊、正反手攻球和連續拉弧圈等結合技術，標準和要求自定。

二、怎樣糾正學生錯誤動作

（一）糾正錯誤應注意的事項

教師進行技術診斷、糾正時要注重可以改進的方面，而不要僅僅注重需要糾正的方面。

對於普修課的初學者，教師應力求注重技術動作的完成，而對於專修學生的目標則是發揮。訓練專修學生時，教師對學生進行單獨的訓練比訓練初學者時要多。

專修學生有更多的已確定的打法。他們在比賽中的力量更大，速度更快，節奏性更強，變化更多。因此在評估、判斷和糾正時，要採用適合於每個人特點的方法。

專修學生在比賽中必須處理許多緊急情況。因此，如果教師在訓練中只是孤立地觀察擊球動作，而不結合比賽的實際情況，那就是一個大錯。糾正專修學生錯誤動作時，教師應考慮學生的實際比賽情況並與之相適應。

為了糾正學生錯誤動作，教師應具備更豐富的知識，因為有時錯誤難以發現和糾正。糾正錯誤時，技術要結合戰術、身體條件和心理技能予以考慮。學生有些技術上的失誤可能根源於戰術、體能或心理，或與之相反。教師應力求發現和注重起因，而不是注重現象。

（二）糾正錯誤的方式和方法

首先教師要提高運用語言與教學方法的水準，特別要提高對動作講解與示範的品質，避免由於教師本身教法原

因而造成對動作的不正確理解。

加強基本技術和發展身體素質的教學訓練，增加靈活性及反應能力練習，以適應有關技術需要。糾正錯誤動作，要抓住主要點，進行有的放矢的誘導性練習，不要同時進行幾個錯誤方面的糾正，使之無所適從，不得要點。

教師要做到耐心細緻，循循善誘，熱情幫助，講清道理，分析原因，加強學生的自信，誘導學生能主動進行思考和提高自控能力。

教學方法之間都是有機聯繫的，應根據教學任務、教材內容、學生特點以及場地、設備等具體條件，靈活地相互配合運用，要從實際效果出發，提高教學品質。

隨著教師教學經驗的積累和現代科學技術的發展，教學方法會越來越豐富多樣。還應在深入調查研究、鑽研教材的基礎上，從實際出發，創造性地運用各種教學方法，創造和發展新的教法、教具，使教學水準更上一層樓。

對錯誤進行糾正的方式一般可包括以下幾種：

現場糾正；

使用教具；

訓練術語；

比擬（如削球動作像砍樹一樣）；

感覺（如讓他們聽聽發上旋球的聲音）；

模仿和想像。

糾正學生的錯誤動作時，教師必須區別大的糾正和小的改動。

大的糾正是指專修學生的技術特點（打法）或戰術特點（類型）的重要方面。這一類糾正的實例有：技術性改

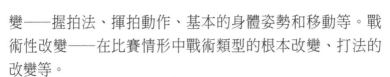

變——握拍法、揮拍動作、基本的身體姿勢和移動等。戰術性改變——在比賽情形中戰術類型的根本改變、打法的改變等。

　　小的改動或調整是指學生的技術特點（打法）或戰術特點（類型）的不太重要的方面。這一類糾正或改動的實例有：小的技術性改動——揮拍的時機、雙腳的基本位置、身體對不同的來球的適應、擊球點的選擇、身體的配合等等。

三、技術診斷和糾正錯誤對照檢查表

　　學生可根據以下的對照檢查表對自己的技術進行一些簡單的判斷和糾正，教師亦可參照檢查表對學生的技術加以必要的指導。

（一）握拍法糾正動作的對照檢查表

糾正握拍法

編號	易犯錯誤	原　因	現　象	糾正方法
1	握拍過深	握拍法概念不清	妨礙拍形調節	1. 建立正確的握拍法概念 2. 體會正確的握拍方法 3. 在揮拍練習時，強化正確動
2	握拍過淺	同 1	1. 不利於控制拍形 2. 影響擊球發力	同 1
3	拍後三指過屈	同 1	1. 妨礙拍形調節 2. 影響擊球發力	練習時，在拍後適當位置作一標記，限定三指位置

續表

編號	易犯錯誤	原　因	現　象	糾正方法
4	拍後三指張開	同1	1. 同1 2. 不便於反手擊球	同1
5	橫握拍虎口偏右	同1	有利於反手不便於正手	同1
6	橫握拍虎口偏左	同1	有利於正手不利於反手	同1

（二）基本站位和基本姿勢糾正動作的對照檢查表

糾正基本站位和基本姿勢

編號	易犯錯誤	原　因	現　象	糾正方法
1	站位過近	站位概念不清	不利於還擊長球	1. 建立正確的站位概念 2. 進行多球、對打練習時，在台端地面上標明基本站位的範圍
2	兩腳距離過窄	基本姿勢概念不清	影響身體的穩定性，不利於擊球發力	在揮拍、多球和對打練習中，強化正確的基本姿勢
3	兩腳距離過寬	同2	不利於及時起動和快速移動	同2
4	全腳掌著地站立	同2	1. 身體重心太靠後 2. 同3	同2
5	執拍手上臂與軀幹夾得過緊	同2	1. 肩臂肌肉過緊 2. 不利於正確完成引拍動作	練習時，在軀幹右側捆一塊較輕的物體，防止夾上臂
6	執拍手前臂下垂，球拍位置過低	同2	不利於快速引拍及揮拍擊球	緊貼台端站立，進行各種揮拍練習，防止垂臂吊拍

（三）步法糾正動作的對照檢查表

糾正步法

編號	易犯錯誤	原　因	現　象	糾正方法
1	起動移步時，身體重心未移至蹬地腳上	身體重心轉換不及時	影響起動速度和位移速度	反覆進行各種步法練習，體會身體重心轉換
2	移動過程中身體重心起伏太大	身體移動時向下蹬地過大	移步時兩腳離地太高，影響位移速度和擊球的穩定性	反覆進行各種步法練習，強調移動時兩腳貼近地面，身體重心平衡

（四）推擋糾正動作的對照檢查表

糾正推擋動作

編號	易犯錯誤	現　象	糾正方法
1	擋球時，判斷球的落點不準，拍形掌握不好	球不過網或出界	提高判斷能力，加強手腕的靈活性和調節拍形的能力
2	推削時，拍形前傾過大，擊球時間過早	球不過網	迎球時間稍晚一點，要求球拍與球接觸時離落點稍遠一些
3	推擋時，拍形前傾不夠，擊球時間過早或過晚	球出界	前臂外旋使拍面前傾，在上升期擊球
4	擊球時，肘關節離開身體	動作不協調	擊球時，上臂和肘關節靠近身體
5	加力推，手臂沒有向前伸展出去	推擋力量不大	擊球時，上臂和肘關節前送，並配合上體向左轉動

（五）攻球糾正動作的對照檢查表

糾正攻球動作

編號	易犯錯誤	現　象	糾正方法
1	正手攻球時，手腕下垂，使球拍與前臂成垂直	擊球時，動作僵硬不協調	球拍拍柄向左，做徒手模仿練習
2	正手攻球時，手腕上挺，使球拍與前臂成垂直	擊球時，動作僵硬不協調	握拍時，手腕放鬆，做徒手模仿練習
3	正手攻球時，抬肘關節	擊球時，動作僵硬不協調	手臂放鬆，肘關節下垂，做近台快攻練習
4	判斷球的落點不準，引拍動作不到位	擊球落空	先做還擊發球的練習，再做還擊連續擋球的練習
5	擊球後，球拍立即停止不前	動作不協調	用多球練習改進動作
6	擊球時，拍面前傾過早	球不過網	使拍面稍後仰，徒手做揮拍動作練習
7	擊球時，拍面前傾不夠	球出界	擊球時，拍面保持前傾，做還擊發球的練習，體會擊球時的轉腕動作

（六）弧圈球糾正動作的對照檢查表

糾正弧圈球動作

編號	易犯錯誤	現　象	糾正方法
1	引拍動作不夠大，重心較高	回球上旋力不強	揮拍練習，注意引拍時要降底重心
2	擊球時碰撞多摩擦少	同1	在接下旋發球中改進動作，注意體會擦擊球動作

編號	易犯錯誤	現　象	糾正方法
3	擊球時，拍形掌握不好，球拍與球接觸的部位不對	球下網或球出界	在接發球或多球練習中改進動作
4	擊球時，判斷來球線路不準或擊球時間不對	擊球落空	加強對來球的判斷能力，利用多球練習改進動作

（七）搓球糾正動作的對照檢查表

糾正搓球動作

編號	易犯錯誤	現　象	糾正方法
1	球拍沒有上引，擊球時前臂由上向下動作不明顯	回球下旋力不強	反覆進行前臂和手腕先向上引再向下切的揮拍模仿練習
2	擊球時，拍面後仰不夠	球出界或下網	練習用慢搓回接對方發來的下旋球，體會拍面後仰前送的動作
3	擊球時，球拍與球接觸的部位不準，沒擊到球的中下部	回球準確性差，質量不高	做對搓練習，體會拍面後在下降期擊球中下部的動作
4	擊球後，前臂前送不夠	球不過網	二人做慢搓練習，體會擊球後手臂前送動作

（八）削球糾正動作的對照檢查表

糾正削球動作

編號	易犯錯誤	現　象	糾正方法
1	引拍時，球拍上提不夠高	回球下降力不強	做引拍動作練習，將球拍引至肩高位置，再向下削球

續表

編號	易犯錯誤	現　象	糾正方法
2	擊球時，拍面過於後仰	擊球過高或球不過網	做回接上旋發球的練習，使拍面稍豎一些
3	向下揮拍擊球時，球拍前送用力過大	擊球出界	用多球練習，體會接重板球時，前臂下壓的動作
4	擊球後，上臂前送動作不夠	球不過網	用多球練習遠削，體會上臂前送動作

（九）發球糾正動作的對照檢查表

糾正發球動作

編號	易犯錯誤	原　因	現　象	糾正方法
1	發球犯規	不懂規則，平時要求不嚴	判罰失分	學習規則，嚴格按照規則要求進行練習
2	擊球點過高或過低	擊球點位置概念不清，擊球動作與拋球動作配合不協調	發球準確性差，球易出界或下網	明確擊球點的位置，反覆進行正確的擊球練習
3	發球時的觸拍部位不準確	拋球不穩定，調節、控制拍形能力差	發球準確性差，發球質量不高	弄清各種發球的觸拍部位，反覆進行練習，提高觸拍部位的準確性，加強手上調節
4	球發出後的第一落點位置不高	第一落點位置概念不清，擊球不正確	發球不過網或發球出界	弄清第一落點位置，要求擊球點正確，調節好擊球時的拍面角度

（十）接球糾正動作的對照檢查表

糾正接球動作

編號	易犯錯誤	原　因	現　象	糾正方法
1	接發球站位不合理	接發球站位概念不清	不利於發揮自己的技術特長	弄清正確站位，練習回接各種發球
2	判斷發球性能不準確	判斷能力不強，缺少專門的接發球練習	接球失誤或回球質量不高	掌握判斷發球的有關知識和方法，採用各種手段，提高觀察、判斷和反應能力，反覆進行接發球練習，提高判斷發球能力
3	接發球時腳步移動過早	觀察判斷發球意識不強，憑主觀估計接球	易遭對方襲擊空檔	加強對發球的觀察能力，弄清和把握好起動接球的時機
4	接球時控制不好回球的弧線和落點	判斷發球不準確，手上控制調節能力不強	回球質量不高，回球準確性差	提高判斷發球能力，採用多球練習，不斷增強手上的控制調節能力
5	接球還原不及時	還原意識不強，還原動作不正確	影響連續擊球	明確還原的意義和作用，進行各種接球專門練習，強調接球後及時還原

（十一）綜合技術糾正動作的對照檢查表

糾正結合技術動作

編號	易犯錯誤	原　因	現　象	糾正方法
1	擊球時起動過早	觀察、判斷來球能力差	易遭對方襲擊空檔	弄清正確的起動時機，加強對來球的觀察和判斷，適當增加無規律的練習，加強判斷，掌握好起動時機

續表

編號	易犯錯誤	原　因	現　象	糾正方法
2	擊球時移動不到位	身體重心轉換較差，步法不正確，位移速度慢	影響擊球動作和回球準確性	提高判斷能加和腳步露活性，結合步法移動，進行揮拍練習，要求快速移動，到位擊球
3	擊球時手法與步法配合不協調	手步結合的動作概念不清，擊球時手快腳慢	影響擊球動作和回球準確性	進行有規律的定點練習，要求手到腳到，腿、腰、手臂協調用力
4	擊球後還原不及時	還原意識不強，還原方法和動作不正確	影響連續擊球	用較快的節奏進行揮拍練習，強調及時還原。多球練習加快節奏。台上練習中，陪練方加快擊球節奏

四、檢查和考核的分類與方法

（一）預先考核（基礎測驗）

指在學期之初對學生基本技術和素質進行瞭解性測驗，做到心中有數，以便制定出更為符合實際的教學計畫。

測驗重點是基本技術和身體素質，也可對其學習態度和興趣進行瞭解。

1. 基本技術測定。教師不作任何技術指導，只規定一或兩個基本技術動作，如正手攻球、反手推擋等進行測定。

2. 身體素質測定。主要觀察身體協調能力、反應能

力，並判斷出其接受能力。

　　預先考核要安排第一次課，教師應對每個學生都要有一個評定，但不作為成績計算，只作為瞭解學生起步程度和學期末衡量技術進步、改善身體狀況的參考指標。

（二）平時檢查

　　平時檢查要隨堂進行，內容包括本學期所學教材全部內容，每學完一個技術動作，教師都應進行測驗，瞭解學生掌握程度，每次測驗結果都要記錄在案，以引起學生的重視和認真對待。

　　平時檢查的成績可作為學期末總評定成績的參考成績。

　　平時檢查重點應放在技術評定上，要嚴格要求動作規範和品質，注重動作的節奏感、連貫性和準確性等乒乓球運動技術特點和要求。

　　平時檢查還要對學生的學習態度、思想品德的表現等方面進行觀察，並給予恰當的評定。教師要有計劃地在每次課中，觀察幾個學生的行為表現，分期分批進行，到時候就會對每個學生有一個較完整的印象，其目的是引起教師在教學中對教育因素的重視，並有的放矢地進行表揚、批評、鼓勵和教育。平時檢查還要注意時間掌握，以不應影響課的正常進行。

　　每人的測驗時間應控制在 3～5 分鐘，除被測驗的學生外，其他學生應按教師所規定的內容進行練習。

（三）定期考核

　　這項考核是對身體素質項目進行的測驗。身體素質的

成績為總成績評定內容之一，所以，在制定教學計畫和進度時，應把測驗時間定位，這是預先計畫之內的定期考核。上課之初要把測驗時間、項目和要求告訴學生，使之有充分的身體和心理準備。

（四）總成績評定

總成績評定是指學期末，學習內容全部結束時對學生進行總的綜合評定。其主要內容包括三個方面：

乒乓球基本技術方面考核、身體素質方面考核、乒乓球運動基本知識方面的考核。將這三個方面的具體成績，按一定比例計算，所得結果就是一學期乒乓球課總的評定。

（五）檢查和考核的方法與要求

在教學中進行不同形式的檢查和考核，都應力求做到既客觀準確地體現學生的個體差異和不同水準，又要真實地反映學生在學習過程中的進步情況。在方法上和要求上應該全面和符合實際。

1. 量的要求

學會和掌握乒乓球技術與達到一定量的要求是密不可分的，沒有量的要求就不可能完成對所學動作的體驗。

在學習過程中要有量的要求，考核中量的評定更是硬的指標。例如，正手攻球能連續攻球次數越多就說明對這項技術掌握越熟練，連續攻球次數就是量。

2. 技術評定

一定量的完成並不能完全體現對技術較完美的掌握，還要注意動作是否規範、是否協調，應該在技術比較規範的基礎上加大量的要求。

3. 經驗評定

主要憑藉教師主觀經驗和感受，透過觀察給予恰當的評定，這在一定程度上能反映學生學習和表現的基本狀態，如在學習態度、思想品質和動作規範等方面。教師的主觀評定應該具有權威性，這也是對教師水準和能力的考核。

4. 做好檢查和考核的組織工作

任何檢查和考核的內容、時間都要提前向學生宣佈，臨考前更要把具體要求和標準講解清楚，使學生目標明確。

在組織考核時要注重對學生的思想教育，使之正確認識考核的意義，加強課堂紀律，組織好考核或測驗的順序，統籌安排考核課的內容和要求。

5. 做好準備活動

在考核或測驗課上，教師要注意調節好學生的興奮性和臨考前的緊張氣氛，要使學生的身體和心理都處於最佳狀態。為此教師要把準備活動的內容和時間做得恰到好處，以期引導學生進入應考的最佳狀態。

考核和檢查是教學中的重要一環，運用得好能促進教學水準的提高，也是教師作為改進教學的依據，但如運用

不當也會影響教學進程，甚至會使教學不能正常進行。

五、基本技術達標考核評分表

（一）制定技術指標達標考核評分表的依據

乒乓球技術考核是按照技術原理與技術規格，對練習者掌握的技術程度進行定性與定量評定的一種手段。技評和達標是乒乓球教學訓練過程中檢查教學效果和練習品質的重要內容之一。它不僅有助於練習者努力掌握基本技術、提高技術水準；而且透過考核提供的回饋資訊，使教師（或教練）及時發現教學訓練過程中存在的問題並進行有針對性的改進。

（二）各項技術指標的內容與評分參考標準

以下技術指標是乒乓球各項技、戰術組合的主練技術，也是乒乓球初學者必練內容。

在測試技術指標時，均在有技評前提下進行評定。向測試者講解測試內容、方法及技術規格，使擊出的球具有合適的弧線、速度、力量、旋轉、落點等因素要求，保證擊球的技術品質。

1. 正手攻球（10分）

（1）對手的選擇

原則上要求由主考人在被測人中指定，二人同時測驗，如被測人數不夠或水準相差懸殊，經主考人批准後，

可另選陪測人。以下各項測驗不變。

（2）測驗方法

二人正手斜線對攻 1 分鐘，計算被測人擊球板數，同時計算被測人的失誤次數，每次失誤均扣 0.5 分。

（3）評分標準

●達標：滿分 8 分。每 4 板得 0.5 分，每人打兩次，計最佳一次成績，如陪測人失誤，被測人則計連續板數，詳見評分表。

●技評：滿分 2 分，按四級評分。

優秀：正手攻球動作完整、協調，控制球能力強。

良好：正手攻球動作完整、較協調，控制能力較強。

及格：正攻球動作基本完整、協調，控制球能力一般。

不及格：正手攻球動作不完整、不協調，控制球能力差。

2. 搓中側身突擊（10 分）

（1）測驗方法

在兩人對搓中，被測人側身突擊，要求搓球有中等旋轉強度，高度適宜。

（2）評分標準

●達標：滿分 8 分。每人突擊 16 板球，計突擊成功板次，每突擊一次後再重新發球。每成功一板得 0.5 分。搓中側身變拉弧圈球（高吊弧圈球或前沖弧圈球）亦可。詳見評分表。

●技評：滿分 2 分，按四級評分。

突擊

優秀：突擊動作速度快，爆發力強，具有較高的擊球品質。

良好：突擊動作速度快，爆發力較強，具有一定的擊球品質。

及格：突擊動作尚屬迅速，爆發力和擊球品質一般。

不及格：突擊動作速度慢，爆發力和擊球品質較差。

側身拉弧圈球

優秀：拉弧圈球動作協調，出手速度快，爆發力強，旋轉品質高。

良好：拉弧圈球動作協調，出手速度較快，爆發力較強，旋轉品質較高。

及格：拉弧圈球動作基本協調，出手速度、爆發力和旋轉品質均一般。

不及格：拉弧圈球動作不協調，出手速度、爆發力和旋轉品質均差。

3. 綜合技術（10分）

按被測人個人打法類型每人自選一項。

左推右攻：

（1）測驗方法

陪測人有規律地一點推兩點，球送至對方2／3台範圍內，被測人連續做左推右攻；兩點打對方反手位一點，計擊球組數，時間1分鐘。被測人失誤後可從零開始再做一次，計兩次中最佳一次成績。如陪測人失誤，被測人則計連續板數。

（2）評分標準

●達標：滿分 8 分。被測人左推右攻兩板球為一組，連續打，計擊球組數。每兩組得 0.5 分，詳見評分表。

●技評：滿分 2 分，按四級評分。

優秀：正、反手動作結合自如，步法移動迅速、準確。

良好：正、反手動作結合較自如，步法移動較迅速、準確。

及格：正、反手動作結合基本自如，步法移動基本迅速、準確。

不及格：正、反手動作結合不自如，步法移動不迅速、不準確。

正反手攻球：

（1）測驗方法

陪測人有規律地一點推兩點，球送至對方 2 / 3 台範圍內，被測人用中等力量連續做正反手攻球，兩點打對方反手位一點，計擊球組數，時間 1 分鐘。被測人失誤後可從零開始再做一次，計兩次之最佳一次成績。如陪測人失誤，被測人則計連續板數。

（2）評分標準

●達標：滿分 8 分。被測人正、反手各攻一板為一組，連續打，計擊球組數；每兩組得 0.5 分，詳見評分表。

●技評：滿分 2 分，按四級評分。

技評評分標準同左推右攻。

正、反手削球：

（1）測驗方法

陪測人有規律地一點拉兩點，球送至對方 2 / 3 台範圍

內，被測人連續做正反手削球，兩點削一點，不限時間。被測人失誤後可從零開始再做一次，計兩次之最佳一次成績。如陪測人失誤，被測人則計連續板數。

（2）評分標準

●達標：滿分 8 分。被測人正、反手各削一板為一組，連續削，計擊球組數。每組得 0.5 分，詳見評分表。

●技評：滿分 2 分，按四級評分。

技評評分標準同左推右攻。

連續拉弧圈球：

（1）測驗方法

陪測人有規律地將球送至左或右 1／2 台內，被測人移動中連續拉弧圈球，不限時間。被測人失誤後可從零開始再做一次，計兩次之最佳一次成績。如陪測人失誤，被測人則計連續板數。

（2）評分標準

●達標：滿分 8 分，被測人連續拉，計拉球板數，每兩板得 0.5 分，詳見評分表。

●技評：滿分 2 分，按四級評分。

優秀：動作協調，步法移動迅速、準確。

良好：動作協調，步法移動較迅速、準確。

及格：動作基本協調，步法移動基本迅速、準確。

不及格：動作不協調，步法移動不迅速，不準確。

4. 實戰測驗（5 分）

（1）測驗方法

根據學生人數，組織循環或淘汰賽，透過比賽觀察被

測人的全面技術水準和戰術意識。

（2）評分標準

採用技評方法，滿分5分，按四級評分。

優秀：個人打法風格突出，技術全面，實戰能力強。

良好：個人打法風格較突出，技術較全面，實戰能力較強。

及格：個人打法尚有一定風格，技術基本全面，實戰能力一般。

不及格：個人打法無風格，技術不全面，實戰能力差。

5.專項身體素質（5分）

原地羽毛球擲遠

測驗方法：

在一條2公尺長的白線後面進行羽毛球原地擲遠，每名學生有3次試擲機會，取其擲遠成績最好的一次為考試成績。詳見評分表。

6.評分表（參考樣式）

（1）達標項目（29分，其中專項身體素質5分）

分值	正手攻球	搓球突擊	結合技術				專項身體素質	
			左推右攻	正反手攻球	正反手削球	連續拉弧圈球	羽毛球擲遠	
							男	女
8	64板	16板	32組	32組	16組	32板		
7.5	60	15	30	30	15	30		
7	56	14	28	28	14	28		

續表

| 分值 | 正手攻球 | 搓球突擊 | 結合技術 | | | | 專項身體素質 | |
| | | | 左推右攻 | 正反手攻球 | 正反手削球 | 連續拉弧圈球 | 羽毛球擲遠 | |
							男	女
6.5	52	13	26	26	13	26		
6	48	12	24	24	12	24		
5.5	44	11	22	22	11	22		
5	40	10	20	20	10	20	10公尺	9.2公尺
4.5	36	9	18	18	9	18	9.5	8.7
4	32	8	16	16	8	16	9	8.2
3.5	28	7	14	14	7	14	8.5	7.7
3	24	6	12	12	6	12	8	7.2
2.5	20	5	10	10	5	10	7.8	7
2	16	4	8	8	4	8	7.6	6.8
1.5	12	3	6	6	3	6	7.4	6.6
1	8	2	4	4	2	4	7.2	6.4
0.5	4	1	2	2	1	2	7	6.2

（2）技評（11分）

| 成　　績 | 分　值 | |
	達標準項目3項各2分	實戰5分
優　秀	2	5
良　好	1.5	4
及　格	1	3
不及格	1分以下	3分以下

（3）乒乓球測試成績登記表

學號	姓名	正手攻球		搓球突擊		結合技術		實戰測試		身體素質		總分	專家測試組簽字
		達標	技評	達標	技評	達標	技評	達標	技評	達標	技評		

思考題

1. 怎樣糾正學生的錯誤動作？

2. 糾正學生錯誤的方法有哪些？

3. 攻球易犯錯誤有哪些？如何糾正？

4. 弧圈球易犯錯誤有哪些？如何糾正？

5. 請說明檢查和考核的具體要求。

第五章 技術診斷、糾正錯誤及考核

第五章 技術診斷、糾正錯誤及考核

第六章

參賽戰術

—— 唐小林

一、戰術的定義

從廣義上理解，戰術是指技術、意志、智慧和素質在比賽中有針對性的綜合運用；從狹義上講，戰術是指在比賽中運動員根據對方的打法、類型及技術特點而採用的各種技術手段與方法。

運動員在比賽中，根據具體情況，有目的的把自己所掌握的各種技術有意識地組合起來，充分發揮自己的技術風格特點，有效制約對方的長處，抓住對方的弱點，為戰勝對手所採用的各種合理有效的手段和方法，從而形成了戰術。戰術以技術為基礎，只有技術掌握全面、實效、並有品質，才能更好的完成比賽中的戰術實施，取得良好比賽的效果。

在乒乓球比賽中，進攻與防守、主動與被動、進攻與反擊等各種情況經常在短時間內交替出現並相互轉換。因

此，平時的技術訓練要在一定的戰術要求下進行，要帶著戰術意識和比賽的觀念練技術，這樣才能達到技術訓練與戰術比賽相結合的目的，以適應比賽的需要。基本技術與戰術，既有明顯的區別，又有密切聯繫，兩者相互依存又相互促進，它們是辯證的統一。

技術的發展提高必然產生新的戰術；而戰術的全面發展又將促進技術水準的進一步提高。

從戰略和戰術的定義來看，戰術是包含於戰略之中，它們是全局與局部的區別。在乒乓球運動實際中，一支隊伍參加大型比賽，如何確定參賽隊員，出場人選的排兵佈陣等，這都屬於戰略研究的範疇。

比賽中運動員之間的對抗為了求取勝利，所採用的各種手段和措施，均屬於戰術研究的範疇。

二、戰術構成

（一）戰術觀念

戰術觀念是指運動員對戰術的概念、戰術的形成和內容、戰術原理和規律等進行認識和思維後產生的觀念、形態。認識程度高、戰術觀念則強。戰術觀念的強與弱，對於運動員在比賽中戰術能力的表現有著重要作用。

戰術觀念的形成與運動員具有的知識結構、競賽經驗、認識特點和思維方式有密切的聯繫，從某種意義上講，它帶有個人的主觀成分，並隨著個人認識上的變化而發生改變。當一個人形成某種戰術觀時，就會在戰術思

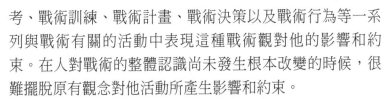

考、戰術訓練、戰術計畫、戰術決策以及戰術行為等一系列與戰術有關的活動中表現這種戰術觀對他的影響和約束。在人對戰術的整體認識尚未發生根本改變的時候，很難擺脫原有觀念對他活動所產生影響和約束。

例如：乒乓球團體賽的排陣，本方的主力一般都應在1、4 場或 2、4 場出場，以保證本方的第一主力能上 2 場。如果放在 1、5 或 2、5 場的位置，有可能第一主力的第二場打不了。在雙方勢均力敵的情況下，教練員一般不會將主力放在 2、5 或 1、5 的位置。教練員在長期的競賽實踐中，對排兵佈陣的戰術觀念已形成，要改變是較難的，因為他不能保證前面的場次 2：2 平本方 1 號主力隊員能上第五場。所以戰術觀念一經形成，它會影響人的思維活動，影響人的觀點、立場和方法。

在競技比賽中，戰術運用的結果都具有雙重性，既可能成功，也可能失敗。沒有正確的戰術觀念，就會在戰術思考和戰術安排上失之偏頗，從而導致比賽的失利。

（二）戰術指導思想

戰術指導思想是指根據比賽具體情況提出的戰術運用的活動準則。

乒乓球戰術指導思想是隨著技術的不斷發展、革新、新的打法的形成而逐步發展變化。

現代乒乓球戰術指導思想和發展方向是運動員必須在力爭積極主動、加快速度、加強旋轉和加大力量上下工夫，速度和旋轉相互結合滲透，要求技術結合更完善，技術水準向著更快、更新、更狠的方向發展。

（三）戰術意識

　　戰術意識是指運動員在比賽中為達到特定戰術目的而決定自己戰術行為的思維活動過程。它包含了兩個方面的內容：一是運動員在比賽中對自己所採取的戰術方法有充分的認識和理解。二是在複雜多變的比賽環境中，及時觀察各種情況，適應環境，隨機應變，迅速正確決定自己的戰術行為。

　　運動員在比賽中能否取得優異成績，戰術能力起著決定性的作用。而戰術意識支配戰術行為，戰術行為的效果又決定戰術意識的評價。

　　通常情況下，戰術意識強的運動員，戰術行為所獲得的戰術效果較為理想。但也有個別戰術意識很強但戰術行為效果不夠理想的，此主要是由於戰術品質較差造成的。因此，戰術意識只能支配運動員在不同的情況下採用不同的戰術，但不能確保比賽獲勝。只有全面提高戰術能力，才使運動員具有取得比賽勝利的實力。

　　在對運動員進行戰術意識的培養過程中，教練員必須深刻認識瞭解戰術意識的真正含意及具體表現形式，從而有助於更深入地理解戰術意識，也使戰術意識培養能有的放矢。

　　首先，應讓運動員清楚自己採取的行為目的是什麼，要解決什麼問題，同時對自己所採取的行為可能產生的後果有所預測。通常我們說一名運動員缺乏戰術意識，實際上是指該運動員的行為過程缺乏行為目的，不清楚當前需要解決的戰術行為任務，對行為的後果也不明確。因此，戰術意識的培養應從行為目的與戰術行為的關係上著手。

即讓運動員明白要達到某種目的就必須採取相應的戰術行為，才能達到預期的目的。

第二，戰術行為的有意識性表現在運動員對比賽形勢的能動反映上。如運動員在比賽中意識到對方正手位的弧圈球對自己威脅很大的時候，就會迅速改變自己回球的落點壓住對方反手或使球不出台。因運動員清楚地意識到，一旦回球至對方正手或讓其有拉球機會，就會對自己產生威脅。由此可見，由於運動員對某種形勢所產生的後果有所預測，才有可能設法採取某種戰術行為，使形勢朝著有利於自己的方向發展。因此，對運動員戰術意識的培養還應發展其對戰術情景的識別能力和預測能力。

第三，戰術意識的強與弱也表現在運動的普遍經驗與個體經驗積累的交織上。教練員要隨時隨地向運動員傳授戰術意識的經驗，並且要求運動員學會總結戰術經驗。要想成為優秀教練員和運動員，總結經驗是必須具備的基本素質。

第四，從培養戰術意識的途徑看，要有目的、有意識、長期系統地對運動員進行乒乓球專項意識和戰術意識的理論知識傳授。戰術能力是由戰術意識、戰術理論和戰術行為所組成。瞭解彼此的辯證關係，能增強教練員、運動員對培養戰術意識的重要性加深理解。把戰術意識的培養貫穿於乒乓球訓練的全過程，根據不同訓練階段的運動員特點，確定任務、制定計劃、安排內容，在整個訓練過程中要體現戰術意識培養的內容，堅持理論與實踐相結合，訓練與比賽相結合，使運動員的戰術意識與戰術行為同步增長。

要加強運動員在比賽中觀察分析場上情況及隨機應變

的能力。運動員戰術意識形成過程首先是要對臨場情況進行觀察，然後對觀察情況進行分析，根據長期形成的技術概念模式和積累經驗記憶進行判斷，最終採取恰當有效的措施手段。

因此，觀察、判斷和應變是戰術意識形成的三個基本環節。加強戰術意識的培養應首先培養運動員的觀察能力，培養運動員在觀察時要做到看全、看準、能看出問題的實質。其二能及時、準確地判斷對手的戰術意圖、戰術變化，以此確保戰術意識的品質。這是一個重要環節，是戰術意識的核心部分。其三需培養在戰術運用過程中根據比賽情況的變化，及時調整戰術手段的應變能力。

把戰術意識的培養貫穿於乒乓球技術訓練之中，技術訓練和戰術訓練相結合，帶著戰術意識訓練，是提高戰術意識、戰術能力的重要途徑。在乒乓球訓練過程中，教練員對戰術意識的重視非常重要。教練員能把戰術意識貫穿於訓練內容、訓練方法以及訓練手段之中，科學合理地運用，長期下去持之以恆，才能保證高品質的訓練效果。相反，訓練效果就會事倍功半。

因此，教練員要不斷提高自己的理論水準和戰術意識水準，才能將戰術意識的培養貫穿於技術訓練之中，技術訓練要戰術化，不能單純地練技術，在技術練習過程中要讓運動員懂得技術的實用性、實效性以及技術與技術間的銜接等等，以便運動員在不同條件的情況下，能熟練地運用各項技術，從而提高戰術意識和戰術能力。

總結每一次比賽的戰術意識表現，及時調整制定改進措施，是提高戰術意識的重要方法。用比賽戰例進行研

討，採用個人、兩人或多人的形式進行。尤其是個人小結，它不限於賽中賽後，每局賽完後都可進行戰術小結。及時地總結是提高戰術意識的極佳方法。

（四）戰術知識

通常說知識是人們在認識和改造世界的實踐中所獲得的經驗的總和。從資訊的觀點來看，知識則是同種資訊的積聚，是有助於實現某種特定目的而抽象化和一般化的資訊。從這個意義上講，戰術知識是在戰術實踐活動中，人們可獲得的經驗的總和；也可以說是指有關戰術的各種經驗和抽象化資訊的總和。

戰術知識的存在形態主要有兩種：一種是經驗性知識，一種是理論性知識。經驗性知識主要是靠運動員在長期比賽實踐過程中逐步認識和積累起來的，由於運動員存在認識過程和掌握技能等各方面的不同而形成的個體差異，導致所掌握的經驗性知識有所差別。如運動員的打法類型的不同，一個削攻型、一個弧快型、一個快攻型，三種打法的運動員對發球搶攻戰術的理解是不相同的，他們可採取的進攻手段也不一樣。所以，經驗性的戰術知識往往帶有局限性和個體差異性。

理論性知識是以一種抽象化資訊形式來表現的，理論性知識通常是在無數個體經驗性知識的基礎上，抽取它們之中的共同要素和成分而形成的，因而它反映了客觀事物發展和運動的一般性規律，具有普遍意義。在實際運動中，兩種知識都是十分重要的。

在實踐過程中，戰術知識又可分為一般性戰術知識和

專項性戰術知識，一般性戰術知識是指帶有普遍意義的戰術規律、戰術原理、戰術方法和謀略思考原則以及戰術功能、戰術結構體系等方面的知識。

專項性知識則是專項特徵的戰術方法、戰術形式、戰術運用的條件以及戰術行為效果等有關的知識。兩種知識相互依存缺一不可。

我們應看到現有的戰術知識都是由過去逐步積累和深化而來的。運動員所獲取的一切知識，是在繼承歷史的基礎上，由自身學習和實踐活動中認識而豐富起來。當運動員擁有了一定的戰術知識之後（經驗性的和理論性的），會根據自己所具有的戰術知識對戰術活動作出判斷。因此，個人所具有的知識結構既是他認識活動的產物，又會反過來影響他認識事物的方式和方法以及影響他的思維過程。由此看來戰術知識對於教練員和運動員都具有十分重要的意義。

（五）戰術行為

戰術行為是指為達到某個戰術目的而採用的具有戰術意義的動作系列或動作組合。即戰術是由戰術行為來表現的，戰術行為是運動員的戰術概念、思想、知識和意識的具體表現，是完成戰術任務的具體方式。

我們為了解決某個戰術問題，完成某個戰術任務，就必須附諸於行為，而這個行為必須有利於解決問題和完成任務，才會具有實際意義。

三、戰術分類

（一）按項目分類

1. 單打戰術

　　發球搶攻、搓攻、拉攻、對攻等，它是運動員在一對一比賽時，為了奪取勝利，在規則允許的條件下所採用的各種方法和手段。

2. 雙打戰術

　　單打戰術是雙打戰術的基礎，在單打戰術的基礎上，雙打戰術注重兩人技術的組合及心理的默契配合。

（二）按戰術攻、防性質分類

1. 進攻性戰術

　　進攻性戰術是指以得分為目的行為方法，它具有搶先爭主動的含義，在乒乓球比賽中，運用進攻性戰術尤為多見。進攻性戰術都是圍繞如何得分這一具體的行為目標而實施的。

　　快攻結合弧圈打法、弧圈結合快攻打法、近台快攻打法的運動員在比賽中實施的大多是進攻性戰術。我們在確定進攻性戰術時，必須強調力爭主動的意義。

2. 防守性戰術

防守性戰術是指在被對手進攻的情況下，由個人行為或兩人（雙打）協作，阻止對手得分的戰術行為方法，從本質上講並不是完全處於被動狀態的戰術行為。這是因為比賽中有些阻止對方進攻的手段，同時也可能得分。因此，不能把防守性戰術看作是一種被動戰術。

一般情況下，防守性戰術不僅有限制對手發揮特長的功能，而且也是爭取有利條件的行為過程和尋找機會打擊對手弱點的過程。在乒乓球實際運用中，削攻打法的運動員運用防守性戰術要多一些。

（三）按技術使用的順序分類

按技術使用的順序，可分為發球搶攻與接發球搶攻戰術以及相持球戰術。

1. 發球搶攻戰術

發球搶攻戰術是指運動員發球後立即採取進攻的手段和方法，是中國乒乓球運動員的重要戰術之一。近年來，世界各地乒乓球運動技術水準較為先進的國家和各種類型打法的運動員越來越重視這一戰術，並使之有很大的發展。發球搶攻的戰術意識首先是發球直接得分；其次是迫使對方接發球時不能搶攻，回球品質差，無法具備殺傷力，給自己贏得搶先上手主動進攻機會。

發球搶攻是重要的進攻得分手段，但在運用發球搶攻戰術時應注意以下幾個方面：

第一，發球與搶攻的配合。發球時，應根據發球品質預先判斷對手有可能採取的應接辦法及手段，接到什麼位置，自己採用何種搶攻手段。

第二，提高發球品質，將旋轉和落點變化結合起來，同時強調發球技術的創新，為搶攻創造更多的機會。

第三，加強搶攻意識，搶攻要大膽果斷，不論對方用何種技術接發球，都盡可能上手搶攻。

第四，發球要與運動員本身的技術特點和特長配套，要充分發揮技術特長，才能起到發球搶攻的有效作用。

2. 接發球戰術

接發球戰術是與發球搶攻戰術相抗衡的一項戰術，其目的是破壞對方發球搶攻戰術的運用。接發球戰術對整個戰局能否獲得主動權起著主要作用。在比賽中，如果接發球處理不好，第一環節就會陷入被動。因此，接發球的戰術意識必須建立在積極主動的基礎上爭取搶先進攻得分；其次在不能搶先進攻的條件下，控制對方使之達到破壞對方發搶效果的目的，形成相持局面尋找機會自己主動進攻得分。運用接發球戰術應注意：

第一，樹立積極主動，搶先上手的思想，能搶要果斷堅決。

第二，必須具備各種接發球的技術能力。如拉、快撥、快點、擺短、抽、晃等。

第三，要靈活多變，採用多種回接方法，給對方製造各種複合變換刺激，使其難以適應，從而破壞其發球搶攻、搶拉的戰術意圖，使自己爭取主動進攻。

3. 相持階段的戰術

相持階段的戰術是指前三板之後，可採取的各種進攻控制手段和方法。乒乓球各種打法類型的運動員，主要依靠自身的技術特長，以快速多變的特點調動對方、壓制對方、以旋轉的威力牽制對方、以落點變化來控制對方，最終達到攻擊的目的，使自己爭得主動、發揮優勢從而取得比賽的勝利。相持階段的戰術意識是樹立頑強的戰鬥意志，快速捕捉戰機，在攻、防的轉換中爭得主動，運用特長技術進攻得分。

運用相持階段戰術應注意：

第一，必須具備良好的技術品質，有紮實的基本功作基礎，才能在相持階段中爭得主動，更好地運用相持階段的各種戰術。

第二，要同自己的打法類型、特長戰術相結合，才能充分發揮相持階段戰術運用的效果。

第三，適應能力和應變能力要強。比賽中攻與防、主動與被動千變萬化，瞬間就可能從主動變被動，也可從被動變為主動。運動員必須要有敏銳的觀察能力和判斷能力，才能更好地運用相持階段的戰術。

（四）按球的物理性質分類

在乒乓球運動中，球的運動形式是以球的飛行速度與旋轉強度表現出來的。利用球的物理性質，可產生較多戰術變化。

1. 以速度爲主打法的戰術

這類戰術在具體運用方法上體現的是「快」，其戰術意圖是充分利用快速多變的特點來調動並控制對手，以達到攻擊對方的目的。在運用以速度為主打法的戰術時應注意：

第一，充分運用近台正、反手攻球和推擋變化來攻擊對方，並利用發球、拉球、搓球等手段為攻球創造條件。

第二，必須體現本身快速的特點，輔以多種變化使自己處於主動地位，以便克敵制勝。

第三，運用以速度為主打法的戰術在對付不同打法類型時應有針對性。如，對付攻球和削球，可採用的手段是不同的，所體現的速度特點也不同。

2. 以旋轉爲主的戰術

這類戰術在具體運用方法上主要是弧圈球進攻為主，輔以一定的快攻，以及削球打法中的轉與不轉。其戰術意圖是以旋轉變化來控制對方和攻擊對方，以達到制勝的目的。運用這類戰術時應注意：

第一，以弧圈球為主要得分手段，用前沖弧圈代替一般的扣殺，既有強烈的旋轉，又有較快的速度，充分發揮旋轉的作用，並能得分。

第二，充分利用發球、搓球、快撥、快點等多種控制手段為拉弧圈球和扣殺創造條件。

第三，要清楚地認識到以旋轉為主打法的戰術在運用時，直握拍和橫握拍兩種打法的區別。如運用對攻或相持戰術時，使用的技術手段有所不同。在相持階段處理反手

台區球時，直握拍打法可能使用推擋球、直拍橫打或反手攻球為正手創造機會；橫握拍打法使用的是兩面拉弧圈，為正手沖或扣殺創造機會。

四、影響乒乓球戰術的因素

（一）軍事學與謀略學因素

謀略，就是對抗雙方為了贏得勝利，調動自己最大的智慧，尋求制勝的方法策略。謀略思考實質上就是在已經確定的目標和手段之間，尋找達到目的的方法。在現代乒乓球比賽中，勢均力敵的技術實力情況經常出現，兩兵相遇勇者勝，兩者均勇誰勝呢？「兩強相遇智者勝」。鬥智在技戰術實力相當的比賽中就顯得尤為重要。

戰術指揮和運用的優劣，「智」的較量是重要因素之一。在賽前全面地分析對手的具體情況，從中找出有針對性的進攻戰術對策，才有可能達到克敵制勝的目的。

如我們參加一項重大比賽，教練員就必須充分瞭解所有參賽隊的技戰術水準、戰術特點等各方面具體情況。然後，根據本隊的技戰術水準狀況，從參賽隊員選派、出場隊員的排陣、臨場指揮的應變以及各種相應的戰術手段等方面作周密細緻的思考和安排，以確保比賽中能爭得主動，奪取比賽的勝利。

在乒乓球運動實踐中，在雙方技術實力相當的情況下，誰的戰術運用合理，誰就會收到好的效果。制定戰略、戰術和臨場運用戰術實際是一個戰術謀略的思維過

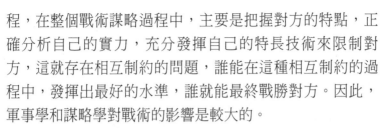

程，在整個戰術謀略過程中，主要是把握對方的特點，正確分析自己的實力，充分發揮自己的特長技術來限制對方，這就存在相互制約的問題，誰能在這種相互制約的過程中，發揮出最好的水準，誰就能最終戰勝對方。因此，軍事學和謀略學對戰術的影響是較大的。

在比賽中，戰術謀略適當，在一定條件下以「弱」勝「強」，謀略可以在一定的程度上彌補自身的不足。但是，重謀略決不能輕實力，它必須以堅強實力作為基礎，只有在實力的基礎上謀略作用才能得以充分的施展。

團體賽是乒乓球競賽項目中最為重要的一項賽事，它體現一個隊的整體實力，是衡量一個隊技術水準高低的主要方面。因此，在比賽前，根據不同對手的特點，首先要分析研究團體比賽出場的人選、團體賽的排陣等戰略問題。其次再研究具體的戰術行為和方法。

團體賽出場人選的考慮，比賽前教練員必須深入細緻地研究每個隊員的技術、戰術和心理等具體情況，考慮每個隊員應放在何種位置，出場順序是否得當。這是團體賽成敗的重要因素之一。

通常從以下幾個方面進行考慮：

第一，出「奇」。

適宜的「奇兵」會收到非常好的效果。所謂「奇」，就是一般人預料不到的選手。我國參加世界乒乓球比賽時，像這樣出「奇兵」一舉取得優異成績的戰例是很多的。因為優秀運動員在大型比賽上多次出場，其打法、特點很快會被各類對手所瞭解，成為眾矢之的。

要想繼續取得優異成績，必須在技術上有新的突破和

發展，才能承擔起更嚴峻的挑戰，而一些暫時尚未被人們瞭解又具有實力的運動員，往往一上場就能出其不意打亂對方謀略計畫，在比賽中爭得主動。因此，在選派出場人員上，要選擇特長突出、針對性強、技術全面的運動員，才能保證對全隊作戰有利，使對方難以預料，從而取得最後的勝利。

第二，大膽使用新手。

初次參加大型比賽的選手，一旦出現在運動場上常會造成對方措手不及，這是因為人們對他不瞭解。對於新手的培養，不但要體現在平時的訓練中，非常重要的一環是在大型比賽、主要場次的賽場上大膽使用他們，逐步豐富比賽經驗，提高實戰能力，同時還應清楚地認識到，新手往往缺少臨場比賽經驗特別是應變能力，輸球易急躁，贏球易驕傲，對於這些情況，教練員要幫助運動員糾正，及時克服。在出新人培養新人時，既要服從當前的策略又要有長遠的規劃。

第三，知人善任。

比賽中運動員的發揮時好時壞，由於各種因素處理不當而導致比賽的失敗，這是常有的事。教練員應及時分析出現的問題，是技戰術的差距，還是心理因素或經驗不足，進行客觀的分析，找出原因，幫助解決克服。

教練員對運動員的各方面情況，無論是平時訓練還是比賽中的表現，都應做到瞭若指掌，這樣才能在比較複雜的比賽中，不會因為一些意外的失利而動搖自己的信心，堅決把計畫貫徹始終。只有對運動員深入全面地瞭解，做到知人善任，才能達到取勝的目的。

第四，團體賽的排陣。

團體比賽的出場人選是團體賽戰略戰術佈局的主要組成部分，安排是否得當，直接關係整個比賽的勝負。

根據國際乒乓球規則規定，男子團體賽的賽制為五場三勝制，其出場順序主隊 A、B、C、A、B，客隊 X、Y、Z、Y、X。從出場順序的排定可以看出，主隊 A 的位置和客隊 Y 的位置相當重要，教練員在佈陣時應從三方面考慮。

首先應採取以我為主的方法，即將自己一號主力放在 A 或 Y 的位置，二號主力放在 B 或 X 的位置，C 和 Z 的位置當然是第三號隊員的位置，這種方法能保證本方一號主力在前面的場次能上場比賽。

其次，也可考慮「針對性奇型」的佈陣方法，即在分析對方情況和本方情況的基礎上，有意讓本方隊員去碰對方的某個隊員。這種佈陣方法，必須是在充分掌握本方隊員在技術打法、勝率上有較大把握的情況下方可採用，反之，有可能非常被動。

再次，在選擇主客隊時，要根據本方隊員的技術、戰術、心理等各方面的情況進行選擇。如本方一號主力善於打第一場，選擇主隊為好，因第一場的勝負結果，對後面的場次影響大，同時在關鍵的第四場還能上場；如選擇客隊，一號主力是第二場上場，有可能是大局 0：1 落後的情況下，對運動員心理的壓力會加大。

無論是主隊還是客隊，都必須根據本隊的具體情況來優先選擇，然後決定自己的最佳出場順序。

（二）心理與思維科學的因素

運動員心理素質的好與壞是比賽中實施戰術的重要保證。在比賽中戰術能否得以應用並取得好的效果，往往取決於運動員的心理素質。在實戰比賽中運動員的表現通常有兩種類型：「比賽型」和「訓練型」。「訓練型」運動員的特點表現是心理素質較差，尤其是重要比賽的關鍵場次，更無法充分發揮自己平時訓練的技戰術水準，使戰術計畫在比賽中無法實施。「比賽型」運動員的最大特點是心理素質較好，在比賽中尤其是在重大比賽中，能較好地發揮自己平時訓練的正常技戰術水準，甚至在關鍵場次能超水準發揮技戰術水準。

運動員在比賽中的智能水準是實施戰術的重要條件。比賽中戰術品質、戰術變化取決於運動員的智慧水準。因為，在現代乒乓球的競技運動中，運動員不可能機械地套用單一戰術方法，而是透過臨場觀察來分析對手技術特點和戰術水準，並快速地作出反應，有針對性地使用有效的戰術方法。這就對運動員的思維、分析能力提出更高的要求。實踐證明，運動員智力水準的高低決定戰術應用及戰術變化的效果，所以，提高運動員智力水準，是提高戰術品質的重要條件。

（三）技能與體能因素

技能是乒乓球運動員掌握各種基本技術的能力。技術掌握是否全面，技術水準的高低，直接影響戰術品質的優劣，主要由運動員所掌握技術的熟練程度及應用水準而決

定。可以設想，如果一個以旋轉為主結合快攻的選手連弧圈球基本技術都未能很好掌握，在比賽中就根本無法實施發球搶沖戰術更不能達到戰術效果。因此，基本技術能力的好與壞，直接影響戰術行為的實施，影響戰術品質，對比賽的結果起到重要的作用。

乒乓球比賽中對運動員體能的要求非常高。由於球的增大、回合增多，每一板球都必須盡全力爭取主動，稍有鬆懈就會陷入被動，直接造成回球品質降低，影響戰術效果。在比賽過程中，體能不足影響回球的技術品質，導致被動失誤的例子是很多的。因此，體能的好壞對於運動員各種技術的運用和戰術品質的保證，有著至關重要的作用。

五、乒乓球戰術發展趨勢及運用

面對乒乓球三項規則的重大變化，乒乓球戰術也將發生新的改變。

（一）大球戰術趨勢

1. 大球時代的誕生，使球速與旋轉變弱，接球效率提高，因此，一方面，要求運動員更進一步發展相持階段的戰術變化能力，另一方面，在戰術的具體運用上，要求運動員戰術全面，既要重視發球搶攻的能力，又要重視接發球搶攻的能力以及相持技術銜接的運用能力。

2. 接發球時應該提高積極主動和搶先上手的意識，出檯球強拉、台內短球挑打，多用進攻技術，少用擺短技術。同時發球應該以落點變化為主。改變發球單一的現狀。

3. 使用大球後比賽回合的增多了，雙方的較量也從近台擴展到中台。中近台的相持和對拉有進一步加劇的趨勢，應該提高相持中主動連續進攻的能力和反手拉弧圈球的能力。提高運動員擊球力量和步法移動速度、積極主動搶先上手、主動發力擊球的意識。加強攻防轉換的銜接技戰術變化能力，減少相持中主動連續進攻出現的無謂失誤。

（二）11分制的戰術趨勢

1. 進入比賽狀態快

11分制的實質之一是要求運動員以極高的起賽狀態投入比賽。這對那些「慢熱型」運動員更是一個嚴峻的挑戰。因而，起賽狀態這一老問題在新形勢下日益凸現其緊迫性。

11分制，它開局、中局和尾局分數都較少，沒時間打試探性戰術,要求運動員進入狀態一定要快，開局一上來就應積極主動，打出個人特長，爭分奪局，以自己的戰術變化為主，減少無謂失誤，加強開局前四板發球和接發球兇狠性，從心理上給對方產生極大的震懾，爭取開局領先。比賽中打到9比10或10比10的比分特別多，所以很明顯，1分球對一局勝負的作用和影響加大，所以，11分制要求運動員勇於拼搏、善於發揮自己特長技術，並能根據場上情況及時變化戰術，特別注意對此類關鍵球的處理。

2. 突出接發球的「凶」及上手的品質

比賽中要求運動員切忌出現保守思想，發搶段以

「變、狠為主」11 分賽中接發球要突出的是「凶」，注重接發球上手的品質，不論搶攻還是控制都帶有主動意識，為形成主動相持創造有利的條件。11 分制相持段在戰術運用較為合理的前提下首先突出兇狠性與主動性，力爭在相持中積極主動、快速多變，防轉攻兩條直線的運用更要加強，特別貫徹從正手突破的新戰術思想。

3.比賽短運動員心理壓力加大

由於運動員在 11 分制比賽過程中很早就進入關鍵分階段，前三板的爭搶更為激烈，使其心理和生理提前產生機能興奮，出現動作忙亂，很容易失去正常節奏。加上 11 分制勝負的偶然性加大尤其在雙方實力接近，水準相當的比賽中，運動員更容易出現急躁、焦慮和不安。運動員要能擺正自己的位置，防止因過度緊張造成失利。

（三）無遮擋發球帶來的戰術變化趨勢

1.加強發球落點的變化，提高反手發球的搶攻能力

由於實行無遮擋發球，降低了發球品質，對方能判斷清楚發球旋轉，發球應適當增加底線長球，加強發球多變，增大對方接發球的難度，發球搶攻線路要靈活多變，直線與斜線交替使用。

其次，由於無遮擋發球，反手發球的地位明顯提高，應建立反手發球之後以反手為主的搶攻上手，或者是反手發完球再側身搶攻這種技戰術能力。

2. 更加重視接發球搶攻意識及運用能力

運動員應該加強接發球的進攻意識，實行無遮擋發球以後，發球品質下降，接球方能清楚地判斷對方發球的旋轉，接發球的進攻、品質、變化都可以相應提高，接發球可能成為比發球更容易得分的手段，接發球搶攻得分的幾率將會超過發球搶攻。因此，接發球不再是一個被動環節，而應更多採用進攻型手段，如挑打、側身搶拉為主，主動劈長、擺短為輔，並銜接好接發球以及下一板的品質。同時，接發球要敢於給對方正手底線長球，從對方正手位突破，牽制其反手側身進攻。

3. 對相持階段的戰術能力提出更高的要求

無遮擋發球弱化了發球品質，與原來相比球速下降，更多地使比賽進入相持階段。相持階段的對抗增多。因此，主動進攻，提高前三板對抗，增強相持能力，同時在相持中充分發揮積極主動、快速多變的特點，即在相持球中抓住前幾個回合的銜接、變化，包括一些技戰術的套路，爭取在相持階段中使比賽更加主動。

六、一般情況下的基本戰術方法

乒乓球的基本戰術方法適用於各種打法類型的運動員。不同類型及打法在具體的運用過程中，使用的技術手段有所不同。

（一）發球搶攻戰術

發球搶攻戰術是中國運動員的主要戰術之一。它充分發揮「前三板」的進攻技術，實施搶攻得分，或發球直接得分。

1. 長、短球結合的發球搶攻戰術

以發側下旋短球為主配合側上旋至對方右方近網處，發出的球在對方台面弧線低離網近，使對方難以搶攻，為自己搶攻或搶拉創造機會。在此基礎上配合以急下旋為主的長球（端線）至對方左方台面，使對方難以發力拉或攻，為自己側身或正手位搶拉創造機會（圖6-1）。

以發側下旋短球為主配合側上旋至對方左方台面近網，迫使對方難以搶攻，為自己搶攻製造機會，再配合急上、下旋球至對方右方台面長球，為自己進攻創造機會

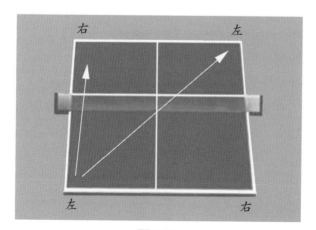

圖 6-1

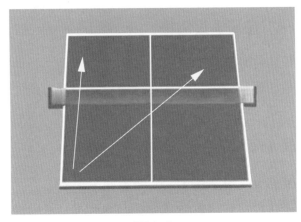

圖 6-2

（圖 6-2）。

2. 發近身球（底線）的搶攻戰術

以發急下與側上、下旋長球為主至對方左方台面，迫使對方難以側身，或回球品質不高，自己搶先上手進行搶攻（圖 6-3）。

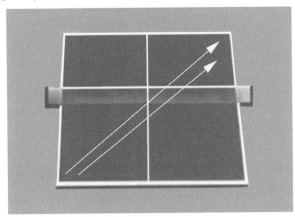

圖 6-3

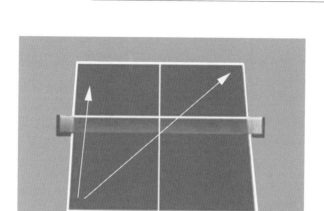

圖 6-4

　　以發側上、下旋球長球至對方左方台面，配合奔球到
對方右角，伺機搶攻（圖6-4）。

3. 旋轉、落點變化的發球搶攻戰術

　　以發不出台小球為主，可先發轉而後發不轉或先發不
轉球後發轉球進行搶攻（圖6-5）。

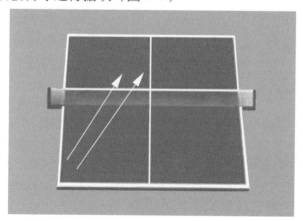

圖 6-5

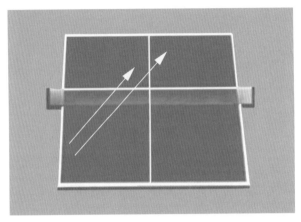

圖 6-6

以連發轉與不轉短球、突發長球或連續發轉與不轉長球、突發短球，伺機搶攻（圖 6-6）。

（二）對攻戰術

主要適用於快攻類和弧圈類打法的運動員，快攻類打法依靠正、反手攻球和反手推擋、快撥等技術，充分發揮速度的優勢，調動壓制對方以達到攻擊的目的。弧圈類打法依靠正、反手的拉弧圈球技術，發揮旋轉的威力牽制對方，達到攻擊目的。

1. 壓制反手，結合變線，伺機搶攻戰術

先用推擋或反手攻（拉）壓住對方反手位，角度要大，迫使對方不能側身搶拉或被動側身拉球，並連續壓反手後快速變直線到對方右邊空襠，伺機側身搶攻。如果對方側身搶沖，則要靈活配合變線，以牽制調動對方，自己

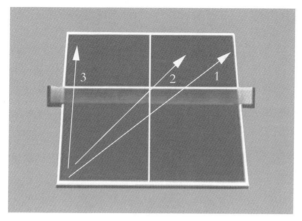

圖 6-7

伺機搶攻（圖 6-7）。

2. 加、減力推壓中路，攻兩角，伺機搶攻戰術

比賽中擊球力量的輕重調節對戰術變化有非常密切的關係，擊球節奏的變化，時常會收到事半功倍的效果。

以加、減力的推擋，壓對方中路，伺機攻擊兩角。

以不同線路的輕、重球結合運用，先以輕拉或擋迫使對方靠前回接，再以突擊或加力推攻擊對方相反方向。

3. 被動中打回頭球的戰術

乒乓球比賽中，主動與被動的關係隨時發生變化。在運用回頭球的戰術中，實際上是根據臨場觀察對手的攻擊特點，及時進行反擊，打對方一個措手不及。

如果對方隊員側身拉球的線路 80% 是直線，對方側身攻擊球時，有準備在正手位運用扣殺、反拉、快帶等技

術，將球回擊，達到變被動為主動扭轉被動局面。

（三）拉攻戰術

拉攻戰術是快攻類打法對付削球類打法的主要戰術。首先拉球的基本功要紮實，要拉得穩，有落點、旋轉及力量的變化，才能製造機會贏得戰機。其次，必須拉中有突擊或拉中結合沖，有連續扣殺和前沖的能力，才能達到良好效果。

1. 拉兩角，攻擊中路的戰術

以穩健的拉球攻擊兩角，從中抓住機會扣或沖中路（近身球）得分。

2. 拉中路，壓兩角的戰術

以拉球中路（近身）為主，扣殺左角或右角並連續扣殺或搶沖得分。

3. 拉反手，突擊正手戰術

在拉球的過程中，壓住對方反手位，突然扣或衝殺正手直線，取得主動得分。

4. 長、短結合拉、吊結合戰術

以加轉弧圈和前沖弧圈相結合，拉加轉球吸引對方靠前削球，再以前沖弧圈迫使對手後退，為連續沖或扣殺創造條件。

以前沖弧圈迫使對手退台削接，再以搓球吊小球，使對方近台回球，再衝殺近身或空襠得分。

以「真、假」弧圈的交替運用，伺機衝殺或扣殺。

（四）搓攻戰術

搓攻戰術是進攻型選手的一項輔助戰術。主要是利用搓球的旋轉和落點變化來控制對方，為進攻創造條件。運用這一戰術時搓球的次數不能過多，一般快搓一兩板就須尋找機會主動進攻，否則將使自己陷入被動。

1. 快搓、擺短為主，結合搓長球至對方反手，伺機搶攻

以快搓、擺短至對方中路近網小球，伺機側身扣殺或沖直線。

以轉與不轉搓球至對方反手位底線長球，使其不容易側身，伺機搶攻或沖右方大角。

2. 搓轉與不轉結合落點變化，伺機搶攻戰術

以轉與不轉的搓球至對方左或右、長或短的球，伺機搶沖、扣殺。

以下旋搓球和側旋搓球至對方反手位，伺機進行搶、沖或扣殺。

（五）削、攻結合戰術

這是削攻結合打法的主要戰術，主要是以削球旋轉的變化來牽制並控制對方，同時為進攻創造機會。

1. 削兩角，伺機反攻

以削球緊逼對方兩大角，伺機搶攻。

以削球緊壓對方左角（右角）突變右角（左角），伺機反攻。

2. 削長、短球伺機反攻

以削同線、異線長、短球，伺機反攻。

以削近身長、短球，伺機反攻。

3. 削轉與不轉伺機反攻

以先削加轉，後送不轉，結合落點變化，伺機反攻。

以削下旋、突削側旋，擾亂對手，伺機反攻。

在連續削球中，突然用拱或帶，擾亂對手，伺機反攻。

4. 削、攻結合

在削球時，以削球為主，削攻結合，伺機得分。

以反手削，正手攻，削攻結合，伺機得分。

以正、反手削、攻結合運用旋轉和節奏變化擾亂對方，爭取主動進攻得分。

（六）接發球戰術

接發球所採取的對策，包括在前三板戰術運用的範圍，它對整個戰局能否獲得主動起著主要作用。比賽中，雙方都力爭積極主動，如果接發球處理不好，很快就會陷入被動。因此，運動員在運用接發球戰術時，要樹立搶先爭主動的意識，運用不同的技術手段去接發球，並與自身特長技術密切結合，才能在比賽中爭得主動。

1. 接發球搶攻戰術

以快打、快拉、快撥、快推等手段回擊所有長球，並搶先上手，連續進攻。

2. 用快搓、擺短等手段回接，使對方難以發力搶攻或搶拉，自己搶先上手取得主動進攻。

如我國選手劉國梁、孔令輝、楊穎、李菊等在國際比

賽中，常以嫻熟的快搓、擺短技術回接對手的發球，破壞其發球搶攻或搶拉弧圈的戰術意圖，為自己爭取主動。

3.用「快點」回擊各種側旋、上旋或不轉的短球，伺機進攻，爭取主動

接發球戰術，應在比賽中根據具體情況靈活運用，才能達到破壞對方發球搶攻或搶拉的戰術意圖，爭取主動，創造機會。

七、特殊情況下的特殊戰術

特殊戰術是指比賽中運動員在非正常的情況下所採用的戰術手段和方法。這種戰術在運用過程中，沒有一個固定的模式，往往在應急動作中產生，以達到意外收穫的目的。

其一，削對削時的「輪換發球法」。根據「輪換發球法」規則，首先要抓住接發球這一分，要以穩健的削球、旋轉和落點的變化調動對方，守住對方的進攻，堅持到13板而得分。發球一分時要大膽進攻，力求在13板之內得分。這是由於「輪換發球法」的比賽非同一般的正常比賽，它有嚴格的限制條件，因此，運用的戰術、技術手段的要求也有一定特殊性。

其二，團體比賽排陣時，採用「針對性」戰術，有意用本方某隊員「碰」對方某隊員，這也是一種違反常規的排陣方法，目的是出其不意擾亂對方。這種戰術在使用時，必須分析準確。有較高勝率把握才會有效果。否則，會適得其反。

其三，比賽中有的應急動作會收到意想不到的效果，如在快速對抗中運動員被攻近身，來不及側身時突然用「撕」的動作回接，對方會感不適處於防守狀態，從而使自己爭得主動。有時，比賽中運動員用自己的特短對付對方的特短等等，都是屬於特殊戰術運用的範圍。

總之，特殊戰術在運用時，要突出一個「奇」字，「奇」中求變才能在比賽中達到預想的目的，獲取勝利。

八、怎樣對付各種打法

乒乓球運動有各種不同的打法，不同類型打法的運動員在比賽中戰術運用是不同的。

比賽中，運動員根據不同的打法，採用的戰術必須要有針對性，不能用單一戰術對付所有打法。

（一）快攻類對付快攻或弧圈類打法的戰術運用

1. 發球搶攻的戰術

發球搶攻多以發側上、下旋或轉與不轉的近網短球為主，配合長球至對方的左角和中路偏左進行搶攻，搶攻時必須根據回球的落點、長短及旋轉，搶得快，落點活，並有相當的品質，向對方空襠攻擊效果最好。

2. 接發球搶攻的戰術

接發球搶攻，首先判斷清楚來球，以快拉和快點為

主，攻擊對方空檔。要求速度快、落點活，為下次進攻創造機會，當不能拉或點時，可用擺短過渡，使對手不易搶攻，伺機進行突擊。

3. 攻近身球戰術

攻擊近身球，使對方必須迅速讓位，造成回擊困難或被動，伺機進行搶攻。當對方技術水準高、攻擊力強，特別是在對付正、反手都能拉出強烈弧圈球對手時，只能從中路突破，先擺短控制伺機搶先突擊。不能防衛過多，以免造成被動。

4. 搓攻戰術

搓球必須控制好旋轉落點的變化。要求速度快，落點活，能突擊對方的空檔或中路。

（二）弧圈類打法對快攻打法的主要戰術運用

1. 發球搶攻戰術

發球搶攻，以發下旋或側下旋不出台短球為主，迫使對方以搓回接，伺機拉弧圈球到對方中路或空檔。

2. 接發球搶拉的戰術

接發球，多用拉或撇的方法，主動與對手展開對攻、對拉的相持局面，找機會沖或連續衝殺空檔。如自己對攻能力較弱，則可多用擺短控制伺機拉弧圈爭取主動。

3. 相持階段戰術

相持階段，可朵拉弧圈到對方的反手找機會，突然拉、沖對方的空襠，對攻中盡可能把球拉到對方的中路或左右大角，從中找機會拉、沖爭取主動，被迫退台時，可用放高球或拉側旋球作防禦，再伺機進行反擊。

（三）快攻類、弧圈類對付削攻結合打法的主要戰術運用

1. 拉中找機會突擊或扣殺的戰術

以拉球先拉對方一點，突擊或扣殺相反方向，拉球中，找機會沖對方不同的空襠，調動對方左右移動，出漏洞，伺機扣殺或搶沖得分。

2. 搓、拉、吊結合，攻兩大角或中路的戰術

連續拉對方一點或不同落點，再突然放短球，伺機攻或沖近身或兩大角。

搓球中配合用拉球的旋轉落點變化，使對方在不同的節奏及變化中擊球，伺機搶沖或扣殺。

3. 拉中路殺兩大角的戰術

拉中路殺兩角，以連續的一般拉球或弧圈球至對方中路，並採用長短結合，迫使對方回擊時增加移動和讓位的難度，回球品質不高，伺機扣殺、沖兩大角或空襠。

4. 發球搶攻戰術

對付削攻類打法時的發球搶攻戰術不像攻對攻那麼重要。能採取突然襲擊的方法，效果也較好。發球以發近網短球為主，搶攻近身或空襠，使對方難以退台到位，回球品質不高，再扣殺或沖兩大角。

（四）削攻結合對付快攻、弧圈類的主要戰術

1. 變化落點的戰術

以削球連續削一點，把對方逼調到同一位置上，伺機進攻對方空襠，以削球交叉落點至不同的空襠，使對方不斷地移動，再伺機反攻對方空襠或近身。

2. 逼左（右）壓右（左）戰術

以削球逼住對方左（右）角後，再突然壓至對方的右（左）角，伺機進行搶攻。

3. 發球搶攻戰術

運用時以發近網小球為主，配合急球擾亂對方，伺機搶攻。

4. 接發球搶攻戰術

運用突然性的接發球搶攻，會打亂對方的戰術意圖，對增強削球的主動性有良好的作用，有可能直接搶攻得分。

（五）削攻結合對付削攻結合的主要戰術

1. 拉、搓結合的戰術

應以拉攻為主，配合搓球，使對手不斷前後移動接球，然後伺機進行突擊或沖。

2. 發球搶攻與接發球搶攻戰術

可採用自己的特長發球找機會，伺機進行搶攻。接發球時，大膽地採用突然性的接發球搶攻，以爭取主動。

另外，在指導思想上應改變過去常用的那種「死磨」戰術，樹立搶先主動進攻的意識，找機會搶拉上手，用突擊和連續進攻手段得分。

以上介紹的幾種戰術運用方法並不是固定模式，而須在比賽中根據臨場的情況加以靈活運用。

思考題

1. 請簡述戰術觀念。

2. 戰術意識的概念是什麼？請作簡單介紹。

3. 按技術使用的順序，如何進行戰術分類？

4. 影響乒乓球戰術的因素有哪些？

5. 在比賽中如何使用對攻戰術？

6. 無遮擋發球對戰術的運用有何影響？

第七章

乒乓球的雙打

——岳海鵬

一、雙打在乒乓球運動中的地位及特點

雙打是乒乓球運動中的一個重要項目。在正式比賽的
7 個項目中，雙打占了 3 項（男子雙打、女子雙打、男女
混合雙打）。1988 年乒乓球被列入奧運會比賽項目，共設
4 個單項比賽，其中雙打佔有一半，因此，雙打在乒乓球
運動中佔有重要地位。

雙打是兩人合作共同進行比賽的項目，首先要強調兩
個人的團結合作，互相配合，互相鼓勵，互相諒解，互相
信任。只有這樣，才能在訓練和比賽中做到思想上和行動
上的協調一致和默契配合。透過雙打的練習和比賽，不僅
能鍛鍊身體，還能培養學生的良好品質和集體主義精神。

雙打比賽中，由於大部分時間要在移動中擊球，而且
對攻戰多在中、遠台進行，所以，雙打對提高學生身體的
靈敏性和腳步移動的速度有很好的作用。

　　雙打是以單打技術為基礎的，但又不完全是兩名選手單打技術的相加之和。兩名最優秀的單打選手，並不一定就是最理想的雙打配對。所以，1+1 並不一定等於 2。雙打和單打比較，有以下幾個不同的特點。

　　1. 發球區的限制。規則規定，雙打發球必須從本方的右半台將球發至對方的右半台。這樣，接發球一方可以站在右半台等待來球，對接發球搶攻是比較有利的。這就增大了發球的難度，對發球的品質提出了更高的要求。

　　2. 雙打比賽，同伴間可以互相鼓勵，分擔比賽壓力，所以心理狀態比單打要穩定。但在關鍵時刻，如 9 平、10 平或爭奪重大比賽的冠軍時，雙打運動員的緊張度要比單打大。因為在雙打比賽中，每一個運動員需時刻注意三個人：一是攻擊自己的人，二是自己攻擊的人，三是自己的同伴。

　　3. 雙打比賽的比分起伏比單打大，因為兩人運用一個戰術，如在某一環節或某一輪配對不順手時，常會出現比分的連勝連負。這種比分的大起大落現象，在混合雙打比賽中尤為多見。

　　4. 雙打中運動員移動範圍較大，需要其具備較全面的技術能力，如近台技術及中、遠台技術等。

二、雙打比賽的戰略戰術

　　雙打戰術的要求總的來說是「先發制人、力爭主動」，力求在前四板球結束戰鬥。

（一）雙打的配對

雙打配對的基本要求是：

1. 兩人要有團結、協作的思想基礎，力爭在心理上達到默契程度。

2. 兩人在打法和技術上有突出的特點並能相互補充。

3. 兩人在站位上各有特點，以利於避免衝撞，加快腳步移動和讓位，有利於積極進攻或防守。

雙打的配對，以持拍手劃分，可以兩人都是左手持拍，也可以兩人都是右手持拍，還可以是一個左（右）手持拍同一個右（左）手持拍；以握拍方式劃分，可以兩人都是直握拍；也可以兩人都是橫握拍，或者是一個直握拍同一個橫握拍；如以類型打法劃分，可以是快攻型（如左推右攻配左推右攻，左推右攻配兩面攻，兩面攻配兩面攻），也可以快攻型同弧圈型，還可以快攻型配削攻或者弧圈型配弧圈型，弧圈配削攻，削攻配削攻。

初學者或者雙打水準不高的運動員，在配對時應以同類型配對為宜，因為同類型配對回球旋轉單一，腳步移動和讓位都不複雜，容易被初學者接受和掌握。對待有比賽任務的雙打選手，應根據需要，酌情擇優選配。

下面介紹幾種不同類型打法的配對及站位。

1. 左手和右手握拍的快攻型選手或弧圈型選手間 的配對及站位（圖 7-1、7-2、7-3）

一個左手握拍同一個右手握拍的選手配對時，基本站位分別保持在球台兩側，左手偏球台右側，右手偏球台左側，這樣兩人都便於發揮正手的威力，而且在移位時又不至於相互干擾，移動的範圍也能縮小。左手進攻線路還能使對手難於防守，為同伴創造進攻機會。

圖中所示是從正面、俯視和側面三個方向顯示的站位情況。

圖 7-1

圖 7-2

圖 7-3

2. 兩面攻和左推右攻選手間的配對及站位
（圖 7-4、7-5、7-6）

一個兩面攻同一個左推右攻選手配對，其基本站位是左推右攻選手偏前，兩面攻選手偏後。左推右攻選手在近台能夠充分利用落點變化調動對方，給同伴創造進攻的機會，而兩面攻選手則能夠充分發揮兩面進攻的威力。在被動離台的情況下還能用正手或反手進行反擊。

圖 7-4

圖 7-5

圖 7-6

3. 弧圈類與快攻類選手間的配對及站位 （圖 7-7、7-8、7-9）

這種配對站位一前一後，快攻選手可在近台用落點調動對方或快速進攻，弧圈球選手在稍遠的位置拉出強烈的上旋球為同伴創造扣殺機會。

圖 7-7

圖 7-8

圖 7-9

4. 弧圈類與弧圈類選手間的配對及站位
（圖 7–10、7–11、7–12）

　　兩名弧圈球選手配合，一般是一名兩面拉、另一名是單面拉的；或一名擅長正手拉，另一名擅長反手拉的；或一名左手、一名右手握拍的；或一名站位稍前，另一名站位稍後的選手。

圖 7–10

圖 7–11

圖 7–12

5. 兩個削球選手間的配對及站位
（圖 7–13、7–14、7–15）

　　這種配對站位一個在前，一個在後，站在近台的以逼角為主，站位稍遠的以運用轉與不轉為主，或者兩個人都運用轉與不轉為主，以此得分或者為其同伴創造進攻機會。比賽中以削為主，遇到機會及時反攻。

圖 7–13

圖 7–14

圖 7–15

6. 以攻為主和以削為主選手間的配對及站位
（圖 7-16、7-17、7-18）

一個攻球選手和一個削球選手配對，其基本站位攻球手在近台，削球手在中遠台。削球選手運用轉與不轉削球，為本方攻球手創造進攻機會。快攻打法的選手在近台，以左右移動為主；削球打法的選手在中遠台，以前後移動為主。

圖 7-16

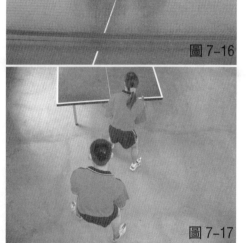

圖 7-17

圖 7-18

（二）雙打位置的移動

雙打比賽中，要求運動員腳步移動十分靈活，移動時必須注意以下幾點：

●不能影響同伴的視線和判斷來球；

●不妨礙同伴搶佔擊球位置和還擊來球；

●有利於本人下次還擊來球。

雙打運動員腳步移動的方式和路線是根據對方擊球的不同力量、速度、旋轉和落點，以及本方運動員不同類型打法的配對而決定。雙打運動員腳步移動的方式有三種：

●左右移動

●前後移動

●曲線移動

運動員腳步移動的具體線路如下：

1. 八字形移動

一個左手握拍同一個右手握拍的運動員相配，來球分別在兩名選手的反手位置，兩名選手擊球後分別向自己反手一側移動，腳步移動線路成八字形。來球分別在兩人的正手位置，兩名選手擊球後，分別向自己的正手斜後方移動，腳步移動線路成八字形（圖 7-19）。

圖 7-19　八字形移動

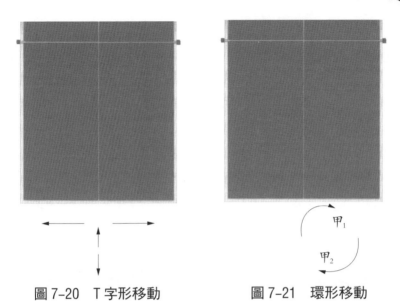

圖 7-20　T 字形移動　　　　圖 7-21　環形移動

2. T 字形移動

　　一個快攻打法的選手同一個削攻打法的選手相配，快攻打法的選手在近台向左右方向移動，削攻打法的選手做向前後移動，腳步移動線路成 T 字形。此種移動不但適用於一攻一削打法相配的選手，又適用於兩個削攻打法相配選手，還適用於快攻配弧圈打法的選手（圖 7-20）。

3. 環形移動

　　雙打比賽中兩名選手為右手執拍配對時，多採用這種移動方法（圖 7-21）。

4. ∞ 字形移動

　　當對方針對本方某一個人交叉擊送兩角時，不管攻球運

動員或是削攻運動員腳步移動線路都成∞字形（圖7-22）。

以上只是雙打移位的幾種基本方法，實踐中常常是幾種方法的結合運用。比賽中情況千變萬化，固定不變的移位方法是沒有的，練習者應靈活運用。

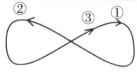

圖 7-22　∞字形移動

（三）雙打配陣

雙打的配陣，主要指力爭有利的接、發球次序。由於規則規定發球者必須從本方球台的右半台發至對方球台的右半台，受發球區域的限制，發球一方不如接發球一方有利。另外，接發球一方還可根據發球者的不同技術水準自行決定本方的接發球次序。所以在雙打比賽中，較多的選手會首先選擇接發球。

在配陣時，可考慮以下事項：

第一，在選擇接發球後，根據對手情況決定選擇接、發球次序。

——雖然女選手極易被男選手攻死，但女選手使用不同性能或非常規球拍時，亦可選擇女打女的次序。因為非常規（如長膠）球拍擊過去的球易被男選手搶攻，而女選手卻往往易吃此球。

——在男雙或女雙比賽時，可選擇以強打強的次序。弱者的攻擊力和控制對方的能力不如強者，我方強者便於

從中尋求機會攻擊對方的強者，使對方強者的攻擊力難以發揮。

——選擇接對方比較適應的一名選手的球，打另一名選手的次序。如甲 A 特別適應乙 A 的球路，甲方就應選擇甲 A 接乙 A 球的次序。

第二，當對對手的技術情況不瞭解時，也可以先選擇發球權，即使第一局失利，第二局還可以調整接發球的人選，還可以改變不利的局面。這是一種後發制人的戰術。

第三，在雙方技術水準比較懸殊的情況下，力量較強的一方也常會使用先發球的配陣，假如第一局贏了，那麼以後就會越打越順利。

第四，若本方被確定為先發球時（當對方選擇了接發球；或在不瞭解對方的情況下，本方中籤選擇了發球），應由本方發球技術好的選手為第一發球員，以爭取開局主動。在混合雙打中優先選擇男選手先發球較為有利。

（四）雙打暗示

常採用手勢、暗語及某些特定形式來傳遞本方運動員的想法，以達到控制比賽的目的。

（五）不同類型打法的主要戰術

1. 快攻類打法對快弧類打法的主要戰術

（1）發球搶攻的戰術運用（圖 7-23）。

圖中的標號表示發球線路。雙打發球的總體要求是「短、旋轉變化大、對同伴有暗示」。搶攻以對方空襠和

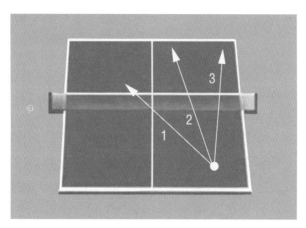

圖 7-23

兩人結合部為主。

（2）接發球搶攻的戰術運用

力爭以快點為主或用快拉去回擊，亦可運用擺短、切、撇等過渡一板。要求落點好、具有突然性，使對手不容易搶攻，為同伴下一板進攻創造機會。

（3）連續攻對方某一點後變線的戰術運用（圖 7-24）。

（4）從中路突破再變線的戰術運用

應嚴格控制台內短球，伺機搶先突擊，力爭主動打至對方中路，使對方處於被動防守的局面後，突擊變線，從而為扣殺創造更多的機會。

（5）連續攻擊追身球的戰術運用（圖 7-25）。

圖中虛線為對方回球線路，下同。

（6）以近網短球控制為主突擊變各條線路的戰術運用

針對削球或中台防禦型選手所採用的戰術。發球應以側上旋為主，伺機攻擊各條線路。

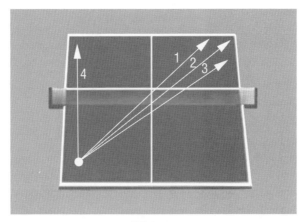

圖 7-24

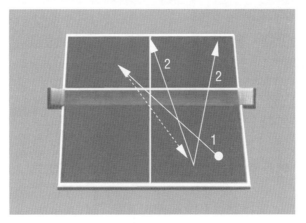

圖 7-25

2. 弧圈類打法對快攻類打法的主要戰術

（1）發球搶攻的戰術運用

力爭使對手只能以搓球回接發球，以利本方充分發揮
弧圈球的威力。

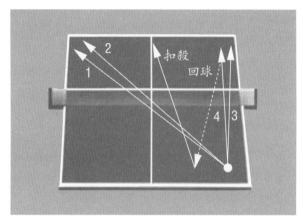

圖 7-26

（2）接發球搶攻的戰術運用

以快拉、撇、挑等技術回接，造成對攻的形勢，再伺機拉弧圈球去爭取主動。

（3）防守反攻的戰術運用（圖 7-26）

削球選手應積極運用逼兩大角和削轉與不轉球，迫使對方拉高吊弧圈球或放短球過渡，伺機進行反攻。

3. 弧圈類打法對弧圈類打法的主要戰術

（1）發球搶攻的戰術運用（圖 7-27）

（2）接發球搶攻的戰術運用

搶先上手，用滑板、快拉、挑、點等打對方的空襠，為同伴進攻創造機會。

（3）對拉中交叉攻擊兩大角的戰術運用

充分運用拉兩條斜線，迫使對方大範圍跑動，造成回球品質不高，從而有利於本方進攻。

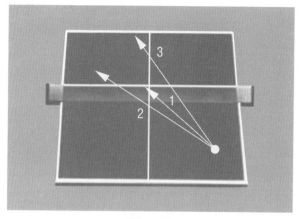

圖 7-27

（4）對拉中拉一點突然變線的戰術運用

即用強烈的前沖弧圈球連續攻擊對方的一條線路然後突然變線的戰術。

4. 快攻類、弧圈類打法對以削球爲主打法 的主要戰術

（1）拉一點突擊兩大角的戰術運用（圖 7-28）。

（2）發球搶攻或接發球搶攻的戰術運用。

（3）拉遠吊近的戰術運用。

（4）搓中突擊的戰術運用。

（5）發球搶攻的戰術運用。

（6）拉兩大角突擊中路的戰術運用（圖 7-29）。

（7）拉中路突擊中路的戰術運用

橫拍削球選手的中路球往往是「盲區」，在這個位置上容易造成兩名選手碰撞，其回球的難度相對降低。

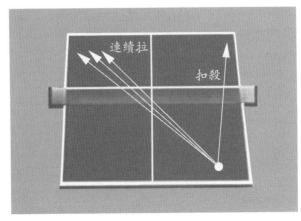

圖 7-28

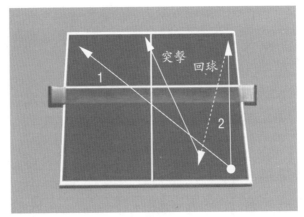

圖 7-29

5. 以削球爲主打法對快攻類、弧圈類打法 的主要戰術

（1）削一點伺機反攻另一角的戰術運用（圖 7-30）。

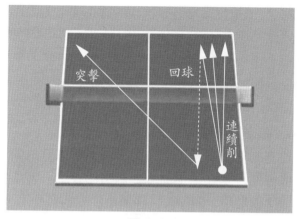

圖 7-30

（2）削逼兩大角突然送另一角伺機反攻的戰術運用。

（3）逼削兩大角伺機反攻的戰術運用。

（4）發球搶攻的戰術運用

當比賽處於被動局面或比賽進入到關鍵時刻時，以發近網轉與不轉短球為主，配合突然性發球擾亂對手，由同伴進行搶攻，往往能扭轉敗局出奇制勝。

（5）接發球搶攻的戰術運用

這種戰術常會打亂對方的作戰計畫，從心理上給對方造成很大壓力，同時也能給同伴創造機會，使自己增強信心和削球的主動性。

（6）削轉與不轉球的戰術運用

這是削球選手普遍採用的戰術。

6. 防守對防守的主要戰術

（1）拉、搓結合的戰術運用。

（2）發球搶攻與接發球搶攻的戰術運用。

（3）前、後站位的戰術運用

當兩名選手各自的特點明顯時，擅長反擊的選手可稍前站位，以便於搓球和反擊；另一名擅長防守的選手可站位稍後，預防對方突然襲擊形成攻守兼備的局面。

（4）防守反擊的戰術運用

當對方的攻擊力強於本方時，在加強防守的同時，積極尋找機會進行反攻，從而削弱對方的攻勢。實施此戰術時應積極移動步法，同伴要做好連續進攻的準備。

三、雙打的練習方法

在雙打教學中，常用的練習方法有單人陪練、雙人陪練和多球練習等。

（一）一人對兩人的定點訓練

1. 定點擊球練習（圖 7-31）

2. 一點打兩點（圖 7-32），可限制左或右半台區域練習

3. 半台對全台

陪練方在左半台（右半台）回擊到主練方的全台。

4. 實戰演練

（二）兩人對兩人的定點訓練

陪練方兩名選手、主練方兩名選手的對練。陪練方兩名選手可分為以下方式：

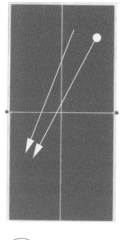

圖 7-31

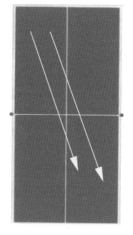

圖 7-32

1. 有序對無序

陪練方不受雙打擊球次序的限制，可任意一人連續擊球。

2. 一點對兩點

3. 兩點對兩點

4. 兩點對一點

（三）兩人對兩人的不定點訓練

此類練習是雙打技、戰術訓練的主要方式之一。

1. 攻對攻練習

2. 守對攻練習

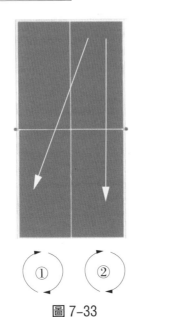
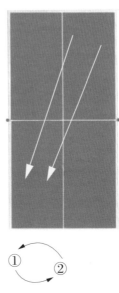

圖 7–33　　　　　　　　圖 7–34

（四）雙打中的多球訓練

1. 雙人移動中攻下旋（圖 7-33）

2. 雙人移動中兩面攻（圖 7-34）

　　練習者在移動中以正手或反手還擊。可結合推、攻內容進行練習。

3. 雙人移動中撲攻（圖 7-35）

4. 雙打走位

　　練習者輪流在移動中進行還擊，主要任務是練習走位。

5. 打目標（圖 7-36）

6. 綜合練習

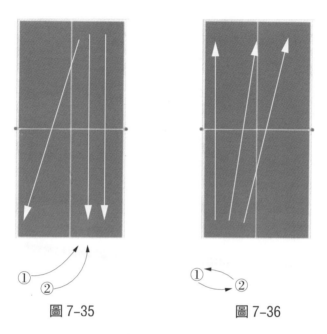

圖 7–35　　　　　　　　圖 7–36

教師用各種手法供出不同落點的球。練習者根據來球的不同性能，採用相應的技術輪流進行還擊。

7. 削中反攻（圖 7-37）

8. 正反手削球（圖 7-38）

9. 搓中突擊轉連續攻

10. 接長、短球（圖 7-39）

11. 擴大防守（圖 7-40）

12. 發球練習（圖 7-41）

大多採用單人多球發球，要求旋轉、落點、弧線和速度品質高、威脅大。

13. 接發球練習

大多採用一人發球、一人接發球的方法。要求判斷旋

第七章 乒乓球的雙打

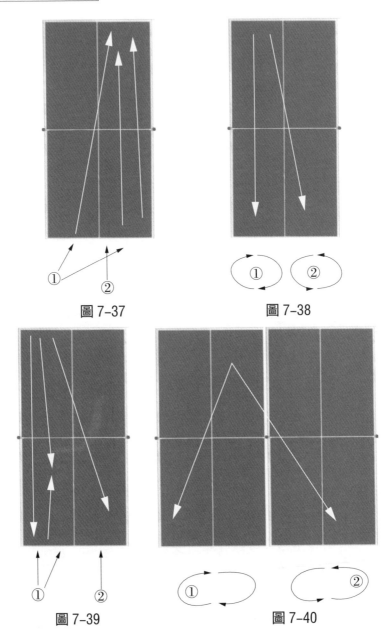

圖 7-37

圖 7-38

圖 7-39

圖 7-40

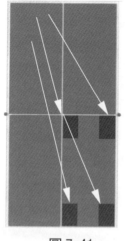

圖 7-41

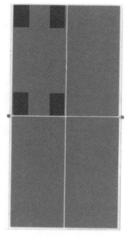
圖 7-42

轉、落點,採用擺短、挑、撇、點等技術。

　　教師可親自參加多球訓練,應掌握各種不同的供球技術,並具備充沛的精力與體力。

(五)發球和發球搶攻的練習方法

　　1. 發球專門練習(圖 7-42)

　　要求不斷提高發球的品質和變化,將球準確地發至規定的落點範圍內。

　　2. 發球與搶攻相結合的練習

　　3. 採用比賽或計分練習,進一步提高發球和發球搶攻的品質

(六)接發球和接發球搶攻的練習方法

　　1. 接發球專門練習(圖 7-43)

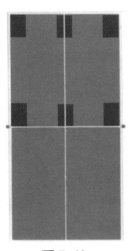

圖 7-43

　　此練習一般採用二人對練，陪練方發球，主練方接發球，將球接至規定的區域內。

　　2. 接發球搶攻專門練習

　　此練習可採用單人陪練，也可採用雙人陪練。

　　3. 採用比賽或計分練習

　　進一步提高接發球和接發球搶攻的品質。組織專門的接發球搶攻比賽或計分練習。

思考題

　　1. 請簡述雙打的現狀與發展趨勢。

　　2. 為什麼在雙打比賽中運動員往往首先選擇接發球？

　　3. 雙打配對的基本要求是什麼？

　　4. 舉例介紹幾種不同類型打法的配對及站位。

　　5. 畫圖說明雙打位置的移動。

第八章

乒乓球專項身體訓練

——程　序

一、乒乓球運動對練習者身體素質的要求

　　乒乓球運動屬技能主導類項目，具有球小、速度快，旋轉性強、變化多等特點。技術動作主要靠練習者腳步移動和手臂揮動完成。從戰術變化來分析，主要是利用時間、空間因素調動對方。球和球拍輕，不需要大力量，要想打出有威力的球，就要靠手臂揮擊的速度，因而要求肌肉具有爆發力，特別是揮臂所需要的上肢、肩帶和腰腹的肌肉爆發力。球在空中飛行的速度很快，一般把球從本方台面擊到對方台面不到 0.5 秒。在這樣短暫的時間內，需要練習者對來球的方向、速度、旋轉及落點等全面進行觀察，迅速作出判斷並想出對策，迅速移動步法，調整身體重心和擊球位置，進行揮拍擊球。

　　為適應各種複雜的變化，練習者必須經常從一個動

作、一種技戰術轉換到另一個動作、另一種技戰術，這些專案特徵，要求練習者要具備優良的靈敏素質、速度素質、力量素質和耐力素質才能以更加靈活的動作應對對方的各種變化。所以，乒乓球專案對運動員的移動速度、揮臂速度、靈敏靈活性和耐久力等專項素質要求較高。

根據乒乓球的競賽特點，要求運動員在比賽中神經系統高度緊張並具備全面發展的身體素質。據有關資料顯示，一名世界優秀乒乓球運動員在一次高水準的比賽中，需要揮臂約 5000 餘次，移動距離約 8000 公尺。

由於乒乓球比賽過程中具有「短暫負荷—間歇—短暫負荷」的運動形式，使運動過程中平均負荷強度相對不大，但在比賽短暫負荷過程中對運動員的速度、力量、耐力和靈敏等素質提出很高的要求。

二、乒乓球專項身體訓練常用方法

（一）乒乓球速度素質訓練方法

1. 提高練習者的反應速度

●動作反應練習：練習前教練員告訴練習者有多種徒手動作，如正、反手攻、拉、扣等動作。教練員任意喊其中一個動作，要求運動員做出應答反應，也可連續喊一連串動作。可原地進行，也可在行進間練習。

●多球變換練習：有規律變換成無規律，如：正手接右半台近網小球後結合推、側、撲右的練習，30 秒後變換

成無規律的全台推、攻、拉等動作練習（對擊球準確性提出數量要求）。

●高抬腿接衝刺跑練習：原地高抬腿練習，聽教練員喊口令迅速起動跑出 10～15 公尺。

●前後移動步法接左右移動步法練習：內容為接右半台近網小球後迅速轉換成左推右攻動作練習，計 30 秒。

●變向起跑練習：背向蹲立，聽信號後迅速轉體成蹲踞式起跑，接衝刺跑 20～30 公尺。

●捆沙袋加速跑練習：兩腿分別捆綁沙袋，由慢至快做滑步、跳步、交叉步等各種步法移動練習，每組計 30 秒。

2. 提高練習者的動作速度

●持乒乓球拍快速徒手動作練習：計 30 秒正手攻、拉、扣等動作練習。一般採取以慢—快—最快—快—慢的動作速度節奏進行練習。

●原地 30 秒提踵動作練習：兩腳站立與肩同寬。要求練習者按教練員口令去完成快速提踵練習，慢還原。20～25 次為一組。一般為 5 組。每組 30 秒，看誰做得快。

●30 秒～1 分鐘 2／3 台或者 1／2 台正手單面攻或拉球練習：要求揮臂速度快、移動快、還原快。

●30 秒快速步法移動練習：如滑步、跳步、交叉步結合專項技術動作進行。

●背靠球台雙手摸台角練習：計 30 秒或 1 分鐘轉腰摸左右台角練習，要求動作轉換快、腰部轉體快。

●雙搖跳繩練習。連續雙搖跳繩，要求整體動作配合

協調。

3. 提高練習者的移動速度

●步法移動練習：以球台邊線距離為準，要求學生在30秒內盡最快速度完成滑步、跨步、交叉步練習。每次3～4組。

●快速移動揮臂擊球練習：把2個乒乓球懸吊在距離1公尺處，高度因人而異。腳步移動，連續揮臂用球拍擊碰撞反彈回來的球。擊球移動速度越快越好。練習3～4組，每組30～40次。

●滑步、交叉步撿球練習：在3個筐內各放置20個乒乓球，距離1.5公尺，放在三個不同方向，要求練習者滑步、交叉步結合運用，將球從甲筐撿到乙筐，重複兩次，每次用一種步法。

●2 / 3台拉扣結合練習，用多球進行：發球者用超出正規比賽擊球的球速，側身拉球後在練習者整體動作還原之前，迅速發出右半台的上旋球，練習者用扣殺動作完成，計30秒，練習3～5組，每組20次。

●快速啞鈴練習：持1公斤重的輕啞鈴，做快速三點正手攻、正手拉、扣殺球動作。要求動作準確，速度快。

●小步跑變加速跑練習：站立，聽信號做原地小步跑練習10～20秒聽口令接加速跑練習。

（二）乒乓球力量素質訓練方法

1. 持輕重量（1～2公斤）快速屈伸前臂，練習2～3組，每組15～20次。

2. 蛙跳練習：身穿沙背心，帶沙綁腿，全蹲。兩腳蹬地，腿蹬直向前上方跳起，騰空後挺胸收腹，快速屈腿前擺，雙腳掌落地後不停頓地連續做，6～10次為一組。

3. 跳台階練習：面向台階，屈腿擺臂，用力蹬地收腹跳上3～4級台階，連續練習。

4. 直腿跳練習：肩負輕槓鈴，膝伸直，利用踝關節屈伸的力量向上連續跳起。

5. 負輕重量做較快速體前屈練習。

6. 腳綁沙袋做2/3台正手連續拉或扣練習。

（三）乒乓球耐力素質訓練方法

1. 1分鐘多球練習：要求練習者按照教練員所安排的教學內容進行反覆練習，直至疲勞為止。

2. 1分鐘立臥撐練習：由直立姿勢開始，下蹲兩手撐地，伸直腿成俯撐，然後收腿成蹲撐，再還原成直立。每次做1分鐘，4～6組，間歇5分鐘，強度為50%～55%。

3. 快速移動撿球練習：將20個乒乓球放置不同方位的筐內，距離為1～1.5公尺，要求練習者將球從有球的筐撿向沒有球的筐，反覆進行一個來回，每次20個球，做4～6組，間歇5分鐘。

4. 連續跑台階練習：在高20公分的樓梯或高50公分的看台上，連續跑30～50步，例如：跑20公分高的樓梯，每步跑2級，重複5～6次，每次間歇5分鐘，強度55%～65%。

5. 沙灘跑練習：在沙灘上做快慢交替滑步、交叉步、自由跑，每組500～800公尺，也可穿沙背心跑。速度變化

和要求可因人制定，做 4～6 組。

6. 逆風跑或負重耐力跑練習：遇大風天氣可在場地或田徑場上做持續長距離的逆風跑，也可做 1000 公尺以上的重複跑，重複次數為 4～6 次，間歇 5 分鐘，強度 55%～60%。

7. 跨步、交叉步移動練習：在乒乓球台前做跨步、交叉步移動練習，每組 100～150 次，做 5～8 組，每組間歇 2～4 分鐘，強度為 55%～60%，要求動作規範。

8. 負重連續跳練習：肩負槓鈴杆等輕器械做連續原地輕跳或提踵練習，每組 20～40 次，重複 6～8 組，間歇 3～5 分鐘。強度為 40%～50%。

9. 雙搖跳繩練習：原地做正搖跳繩，跳一次搖兩圈繩，連續進行。每組跳 30～40 次，做 4～6 組，組間歇 5 分鐘。強度為 55%～60%。該練習必須熟練掌握二搖一跳的技巧，心率必須恢復到 120 次 / 分鐘以下時，方可進行下一組練習。

10. 拉膠皮帶練習：結合專項技術動作練習，如拉膠皮帶做正手攻、拉等動作。根據練習的用力程度及運動員水準決定強度和次數。一般強度為 55%～60%。

11. 女子 2000 公尺、男子 3000 公尺長跑練習。

12. 5 分鐘以上的循環練習：根據專項身體素質選擇 8～10 個單個動作練習組成一套循環練習方法，反覆循環進行。做 3～5 組，組間歇 5～10 分鐘。運動結束時心率控制在 140～160 次／分。休息恢復到 120 次／分以下，開始下一組練習。強度控制在 40%～60%。

（四）乒乓球靈敏素質訓練方法

1. 教練員以多球形式變換旋轉練習：連續供 3～4 個上旋球，突然供一個下旋球或一個不轉球。

2. 連續供不同旋轉性質與不同旋轉強度的練習：以多球形式為主，要求練習者命中 50 球為一組，每次練習 2～3 組。

3. 以非常規姿勢完成的練習：各種側向或倒退方向的練習，如側向或倒退跳遠、跳深等。

4. 以對側肢體或非常規姿勢完成動作：用對側臂擲羽毛球或橡膠球；用對側腳盤帶球或踢球；做反方向擊球動作。

5. 聽教練員口令原地行進間跑步中做動作：喊數抱團或做各種擊球動作。

6. 聽教練員信號或看手勢做各種步法變換方向的練習：做專項步法動作練習。

7. 聽教練員信號做各種姿勢起跑練習：站立式、背向、蹲、坐、俯臥撐等姿勢。

8. 聽教練員信號或手勢做相反動作的練習。

9. 看教練員手勢做步法移動的練習：如前後、左右、交叉的各種步法的快速移動。

10. 一對一面向站立，雙手直臂相觸，虛實結合相互推，使對方失去平衡練習。

（五）乒乓球柔韌素質訓練方法

主要介紹提高乒乓球練習者肩關節的柔韌素質的內容

和方法。

1. 壓肩練習：身體面向球台或肋木，雙手手扶球台或肋木做雙手壓肩或單手壓肩練習。

2. 雙人壓肩練習：兩人面對面站立，距離適中，手扶對方肩，做體前屈壓肩練習。

3. 雙人背向拉肩練習：雙人背向兩手頭上拉住，同時做弓箭步前拉。

4. 側向肋木壓肩練習：側向肋木，一手上握一手下握肋木側拉。

5. 棍、繩或橡皮筋轉體練習：用木棍、繩或橡皮筋做直臂向前、向後的轉肩（握距逐漸縮小）。

6. 借助同伴壓肩振臂練習：練習者併腿坐在墊子上，臂上舉，同伴在背後一邊向後拉其雙手，一邊用腳蹬練習者肩背部，向後拉肩振胸。

7. 正、側壓腿練習：前後左右劈腿練習；可獨立前後振壓，也可以將腿部墊高，由同伴幫助下壓。

思考題

1. 乒乓球運動對練習者身體素質有哪些要求？
2. 請論述如何提高練習者的速度素質。
3. 提高乒乓球練習者耐力素質的方法有哪些？
4. 提高乒乓球練習者力量素質的方法有哪些？
5. 提高乒乓球練習者靈敏素質的方法有哪些？

第九章

關於參賽選手的心理能力

——劉建和、王海燕、朱寶峰、房巍

對於一位乒乓球選手來說，良好的心理素質是成功的關鍵所在。隨著乒乓球技術的飛速發展，比賽中對抗性的日趨增強，一場比賽的勝負往往僅取決於一兩分球的得失，成功與失敗只是一步之遙。在比賽最關鍵的時刻，決定勝負的因素不只是運動員所掌握的技術，還包括其心理素質和意志品質。

對一名優秀運動員來說，良好心理素質的建立必須經過長期訓練和比賽的磨礪；而對教練員來說，如何運用心理學知識培養運動員優秀的心理素質，則是訓練中非常重要的一環。

一、關於乒乓球運動員的動機問題

（一）乒乓球運動員運動動機的產生及意義

動機（Motivation）是指推動和維持人的活動的心理動

因。乒乓球運動員的動機，總是同滿足自己的訓練需要和獲得最佳成績、不斷完善自己緊密相關的，可以稱之為運動動機。從運動訓練的目的來看，運動動機是乒乓球運動員具有明確訓練需要的具體表現。然而，乒乓球運動員作為一個社會人，並不是任何需要都能成為運動動機的。

只有將乒乓球運動員對訓練的需要激發起來並指向具體而又可能實現的目標，進而堅持追求這一目標時，才能形成運動動機。

乒乓球運動員的運動動機可以分為內在動機和外在動機。

內在動機是指由乒乓球運動員自身產生的動機，如對乒乓球運動的喜愛，能夠從這項運動中得到樂趣，希望通過參加乒乓球運動獲得優異成績等內在的需要。

外在動機是指乒乓球運動員的動機不是由運動員自身提出的，而是由運動員以外的其他人或事提出或影響的，如教練員的要求、家長的願望、同伴的影響、社會媒體的宣傳等。

這在乒乓球運動訓練以及其他需要從較小年齡開始的項目中是較為普遍的現象，值得引起各方面的注意。

乒乓球運動員運動動機的產生取決於兩個必要條件：

第一，乒乓球運動員個體的需要，稱為運動訓練內驅力，可分為生理內源性和社會影響性兩種；

第二，運動訓練過程中乒乓球運動員訓練行為的目標，稱為運動訓練誘因。運動訓練誘因包括能滿足乒乓球運動員內在需要的客體、情景和事件。

運動訓練動機是以作為內因的內驅力和作為外因的誘

因為必要條件而存在的。內驅力和誘因對動機的作用是不分先後的。

　　乒乓球運動員的運動動機形成以後，首先是產生具有主動性的積極活動。運動員由於對自身需要的滿足或外在力量的推動而產生參加運動訓練的活動傾向，這種傾向的出現對他在運動訓練過程中的行為具有強烈的推動作用，表現為積極參加運動訓練行為的發生和加強。

　　第二，乒乓球運動員的訓練行為被自身需要或外在的力量推動之後，其活動總是指向確定的運動訓練和比賽目標，從而相應地忽視其他方面，表現出明顯的選擇性。

　　第三是堅持性，獲得優異運動成績需要經歷一個漫長的專項運動訓練過程，為了達到既定的目標，乒乓球運動員必須將自己的運動訓練行為維持相當長的一段時間，從而表現為堅持追求的願望和態度。

（二）優秀乒乓球運動員的運動動機情況

　　對優秀乒乓球運動員的運動動機情況的研究，可為訓練中激發和保持運動員的運動動機，提高訓練積極性，保證運動員在比賽中高水準發揮技、戰術提供有益的資料。我國學者曾運用日本著名運動心理學家松田岩男等人編制的《運動動機測試表》（Taikyo Sport Motivation Inventory 即 TSMI 法）對我國乒乓球世界冠軍獲得者的運動動機水準進行過測定（劉建和，1985），內容包括：向目標挑戰；提高技術欲望；克服困難；嚮往勝利；賽前因害怕失敗而引起不安；由於緊張而引起不安；冷靜的判斷；精神的堅韌性；一切服從教練員指揮；對教練員不適應；鬥志；對

專業知識的興趣；日常生活不節制；訓練慾望；競技價值觀；計劃性；努力的因果歸因。

測試結果表明：在全部 17 項指標中，乒乓球世界冠軍獲得者中男子有 11 個方面（占 64.7％）的指標顯著高於一般運動員；女子有 14 個方面（占 82.4％）的指標顯著高於一般運動員。說明較高的運動動機水準是優秀運動員的重要心理品質，也是取得優異運動成績的必備因素之一。同時，對世界冠軍組中高峰年限較長的運動員的得分平均值與其他運動員得分平均值進行比較，男子有 14 項指標前者優於後者，女子有 16 項指標前者優於後者。從總的情況看，高峰年限較長的運動員的運動動機水準較高。

（三）動機的培養與激發

在乒乓球運動中如何培養和激發動機是擺在教師、教練員、運動員和體育管理人員面前的重要問題。運動員良好的訓練動機不是在訓練和比賽中自發形成的，必須依靠有意識的培養。

1. 要特別重視對青少年運動員訓練動機的培養

青少年運動員開始訓練階段的教育、引導和培養，對形成運動員良好的訓練動機和完美的性格有著重要作用。運動員從事乒乓球訓練，開始大多數是受興趣驅使或是對自己這方面能力的朦朧意識。他們常常把某個優秀運動員作為自己崇拜的偶像，嚮往自己也能創造優異成績。根據此階段的心理特點，在激發其動機過程中明確預定目標，有利於調節他們的積極性，使他們認識到要有所成就須付

出很大的艱辛和克服各種各樣的困難，進而逐步養成艱苦訓練習慣，提高承受各種挫折的心理能力。

隨著運動員對訓練的適應和對自己專項能力的進一步感知，教練員應十分注重他們的身心發展狀況，把長遠目標和短期的顯示目標結合起來。在訓練過程中，一方面從身體素質、基本技戰術等方面進行培養，另一方面要就動機進行培養與激發，使兩者相對均衡地發展，為長期專項訓練打下良好基礎。

2. 不斷完善培養和激發運動員訓練動機的教育體系

這個體系包括以下四個方面：

第一，幫助運動員確立適宜的訓練目標，以利運動員能較為客觀地看待自己的現有水準和比賽成績。

第二，明確訓練目的。教練員應把計畫和教案直接交給隊員，使他們對整個訓練週期、任務、手段、指標和進度等有全面的瞭解，從而有助於他們訓練動機水準的提高，促使其積極的長久的堅持訓練。

第三，以適當的強化手段對運動員進行個別幫助。教練員的評論、鼓勵或批評等是最常見的強化教學手段。一般來說，教練員的肯定和鼓勵有助於運動員的進步，而空泛的說教、挑剔、訓斥只能加劇他們的自卑感和對立情緒，不利於運動員個性的發展。教練員在實施強化手段時要注意強化的運用方法和時機，對於缺點明顯的運動員一般不要當眾指責，而應在下面多進行誠懇幫助。

第四，針對運動員的個體差異分別進行動機調整。運動員的訓練動機不盡相同，教練員應根據運動員的主導動

機和其他動機，有針對性地進行個別教育和培養，以端正他們的訓練動機。要著重加強運動員的情感、理想、信念和人生觀等方面的培養和提高。要從運動員身邊的事例抓起，重視榜樣人物的「導向」作用，防止只靠金錢等物質利益誘導的傾向。

3. 要抓好運動員賽後心理恢復

每次比賽後，運動員極度的身心緊張和興奮或失望將持續一段時間。比賽的成功與失敗，會造成運動員在賽後產生各種各樣的心理活動，這時運動員所產生的「表象」大都帶有一定的片面性。

超水準發揮或遭遇到不正常失敗，都容易促使隊員在心理上滋生過高或過低地估計自己並由此引起情緒上的極度興奮或沮喪，以至造成身體、精神較多的能量消耗。如果教練員忽略了這個問題，就會直接影響隊員今後的訓練和比賽，有的甚會從此一蹶不振或中斷運動生涯。因此，必須重視賽後運動員心理狀態的調整，逐一幫助運動員分析比賽中的成敗得失，客觀地認識自身實力，做到勝不驕、敗不餒。

4. 維持較長高峰年限運動員運動動機的培養和激發

不斷加強運動員的動機，使其始終保持在一個適宜的水準上，是維持其較長高峰年限的重要一環。「老將所感受到的運動動機的發展階段就是動機退化」。運動員在訓練過程的一定階段，特別是在取得該項運動的較好成績後，由於年齡增大、傷病增多、戀愛婚姻等等原因，常常

會出現運動動機退化的情況，而這種情況往往成為不能保持較高訓練水準，從而維持較長高峰年限的直接原因。

解決這個問題較為有效的辦法有兩種：在外部從精神與物質的結合上對運動員進行動機教育；運動員動機的自我強化。

此外，還要由啟發和榜樣作用激發起運動員高尚的間接性動機，即為集體、為國家爭光的動機。認識到爭取更多好成績既是國家體育事業的要求，也是實現自己人生價值的需要。

二、關於參賽選手的注意力

注意力是指運動員的心理活動對一定客體對象的指向與集中。

每一瞬間都有大量事物在影響著我們，指向性就是從眾多的事物中選擇出人要反映的對象。集中是指人在選擇對象的同時，對別的事物的影響加以抑制而不予理會，以保證對選擇的對象有鮮明清晰的反映。

例如，乒乓球運動員的注意要集中於對手擊球瞬間的方向和速度，這是處於高度的注意狀態，整個心理活動指向和集中於對手球拍。

注意是一種積極的心理活動。

首先注意使心理活動具有選擇意義，這就保證了心理反映的清晰，從這點去分析，注意是心理活動正確進行的保證因素。

第二，注意使心理活動具有維持功能，這種保持一直

要到完成行為動作、完成認識活動、達到目的時為止。

第三，注意對活動有調節與監督的重要作用。

中國學者曾用奈德佛研制的注意範圍類型測試方法對中國乒乓球世界冠軍獲得者進行過測試（劉建和，1985）。奈德佛將注意範圍類型分成廣闊外界注意（BET）、廣闊內在注意（BIT）、狹窄有效注意（NAR），由於項目特點的不同，要求運動員具備某種特定的注意品質。

從乒乓球運動實踐看，雖然比賽場地不大，環境比較簡單，需要注意的範圍小，但由於乒乓球比賽大都是單兵作戰，運動員只能憑藉自己的內在注意力，把大量思維和大量感覺（包括肌肉感覺、球感等）結合、組織起來。運動員往往要根據簡單環境所提供的不多的資訊（如對方的一個擊球準備動作，一閃而過的面部表情，擊球瞬間的手腕動作等）作出不同的判斷。並且，在比賽中要隨時嚴密地「監視」自己的思維、肌肉感覺、球感等微細的變化，而這些正是廣闊內在注意的特徵。

而 NAR 的特徵亦是：運動員必須把注意力集中於一個事物，避免分散。在乒乓球比賽中，因其環境比較簡單，在對客體的觀察方面，運動員只需集中精力注意對手的動態和來球情況，而不像籃、排、足球，尚需注意其他隊員的動態。因此，乒乓球運動員的注意範圍類型一般為廣闊內在注意或狹窄有效注意（不排除特殊情況）。

儘管在運動中，有時會要求運動員從一種注意類型轉移到另一種類型，但由於項目特點的制約，其總會比較穩定在一種或兩種類型上。

（一）注意力集中的重要意義

注意力集中是堅持全神貫注於一個確定目標，不為其他內外刺激的干擾而產生分心的能力。乒乓球運動中各種擊球技術動作門類繁多，戰術多變，運動員所需完成的動作又屬開放型技能，加上比賽過程中速度快、變化多以及比賽不受時間限制，往往需要較長的時間才能決定勝負等專項運動的特點，它對運動員的注意強度和注意的穩定性提出了極高的要求。

它要求運動員的注意中心高度指向和集中於技戰術的動作和戰術的配合上（雙打項目），使運動員在任何情況下都能作出正確的判斷和及時地抉擇，並表現出最合理的高品質動作。如果在瞬間萬變、瞬息即逝的緊張比賽中，運動員的注意強度降低，穩定性下降或產生注意的分散現象，哪怕就是短短的一個瞬間，也將導致動作反應遲緩，動作品質下降以及造成動作失誤或貽誤戰機。

因此，注意活動的強度大而且穩定性高是高水準乒乓球運動員必備的心理特徵之一。

注意集中是堅持全神貫注於一個確定目標，不為其他內外刺激的干擾而產生分心的能力。注意力的集中對乒乓球運動是非常重要的，運動員的注意力越集中，就越能擺脫周圍的干擾。

比賽是高強度的身體和心理活動，對運動員的身體和心理的要求也是超於常人的。運動員在比賽過程中的所有活動幾乎都有注意的參與。感知覺、記憶、思維活動等都離不開注意力的集中。也只有在注意力高度集中時，速度

和力量才能發揮出來。

心理學上把注意力集中分為暫態集中和持久集中兩種。這兩種集中對運動員充分發揮自己的水準以取得勝利均有特殊作用。

如運動員在一場比賽中，能持續地全神貫注於比賽始終，這是注意力持久集中的能力；又如接球剎那等屬於注意力時間集中的能力。無疑，隊員這兩種注意力的集中能力越強，完成技戰術的品質則越高。

（二）注意力集中的培養

注意力集中訓練就是使運動員學會全神貫注於一個目標，不受任何外來因素的影響和內心雜念所分散，始終把心理活動指向和集中當前的活動任務上。

對運動員的注意集中的訓練法，必須因人而異。一般從下述方面入手加以訓練：

1. 對所從事的活動須有強烈的興趣，特別是來自內部的動機更能使人全神貫注。

2. 日常生活中養成辦事有頭有尾、不見異思遷的習慣。

3. 在比賽和訓練中進入忘我狀態，體會集中注意力的境界。

4. 在比賽中排除各種干擾因素，特別是關於比賽結果和名次思考，用意志努力控制自己思考如何完成動作。

5. 消除擔心和害怕的心理，避免情緒波動。

三、關於乒乓球運動員心理狀態問題

（一）心理狀態在比賽中的重要性

心理狀態是特定時間內心理活動的特點。這些心理活動是與一定的心理過程及生理功能相聯繫的，是人對內外環境因素作用的反映。

在競賽中運動員的體能、技能、戰術能力以及運動員智慧，都只有在其心理能力的參與和配合下，才能得到充分的體現。由於在高度開放的現代社會中，乒乓球訓練的理論及方法的傳播非常迅速，很難保守訓練上的秘密。所以高水準運動員在技戰術方面常常表現得伯仲難分，比賽結果的毫釐之差，常常由於心理狀態的差別所致。

有些專家認為，在低水準選手的競賽中，運動員心理能力的高低，對比賽結果的影響約為 20%，而在世界級比賽高水準選手的競技中，則高達 80%。這就是說，運動員水準越高，競技越激烈，心理狀態對比賽結果的影響就越大。

在某種情況下，還會成為決定性的因素。如在 11 分制的比賽中，局短，分數少，局點出現得早，在關鍵球和關鍵場次時，心理狀態的變化就越發顯現出其重要性。因為心理狀態最集中反映著競技運動參加者當前內心活動的特點和狀態，所以心理狀態也最直接地影響著訓練和比賽的效果及成績。

心理狀態是一種整體綜合的反映，如：由動機而引起

的心理狀態，雖然經常歸屬於意志一類，但還包括認識和情感的成分。運動員賽前的心理狀態表現在他對面臨的競爭的態度，對自己能力的估計，對興奮過程的加強以及對於接受並領會資訊聯繫著的心理過程的改變，所有這些就組成了不可分割的賽前狀態。例如，心理的緊張狀態包括行動上的緊張和情緒上的緊張兩種，前者是由解決這些任務的困難性引起的，後者是由運動員對這種或那種情況的態度所決定的。

就乒乓球運動競賽而言，當運動競賽激烈進行時，運動員們可能會表現出不同的心理活動特點。

如有的運動員沉著冷靜、穩紮穩打，有的運動員激動緊張，手忙腳亂，這主要是表現在情緒方面的心理活動特點；有的運動員機智靈活運用戰術；有的運動員卻感覺遲鈍，反應遲緩，這主要表現在認識方面的心理活動特點；當比分處於不利時，運動員仍一絲不苟，堅韌頑強；有的運動員卻喪失信心，動作鬆懈，這主要表現在意志方面的心理活動特點；比賽沒有獲勝，有的運動員認真總結教訓，更加刻苦訓練，積極準備迎接新的戰鬥，有的運動員從此萎靡不振，訓練沒有興趣，比賽感到厭倦，這主要是歸因於動機方面的心理活動特點。

這些不同方面的心理活動特點，都是在特定時間內表現出特定的心理狀態。

所以在研究乒乓球比賽中運動員的心理狀態時一定要把握住具體情況具體分析的原則。必須要聯繫到某一特定的時間，或者與時間關聯的某種活動條件。一般情況下，焦慮低的、充滿活力的、集中的和積極的心理狀態與較好

的運動成績相關。

（二）競賽中心理狀態的特性

1. 時間上的短暫性和相對穩定性

即某種心理狀態出現之後只保持一個短暫的時間，但也不是出現之後立即消失，總還會穩定地保持一段時間。如：在激勵的比賽中，運動員處在激烈的比賽狀態下，這種狀態可以持續幾分鐘或幾小時，比賽後就可較快地消失。代之以放鬆狀態。

正如在 11 分制比賽中，要求運動員馬上進入到比賽狀態，並在激烈的爭奪中繼續保持這種心理狀態。

2. 空間上的情緒性和活動性

心理狀態與其他心理活動現象一樣，是人腦的機能，是客觀現實的反映。客觀環境的現象和人這個主體是分離不開的。如：有的運動員平時訓練很好，但一到人多的地方比賽就會有膽怯、害羞等過分緊張的心理活動；還有的運動員面對強手就會發揮得很出色，但面對比自己弱的選手反而沒有取勝的把握等等現象。

3. 內容上的現實性和具體性

心理狀態作為特定時間內心理活動的特點，總是針對著現實中具體的活動物件而產生的。也就是說，一個人當前的心理活動狀態具體有什麼內容，取決於客觀現實中的具體事物對個體心理上影響的程度。因此，心理狀態從內

容上說具有現實性和具體性。例如：「迷戀」「驚訝」「好奇」是三種不同的心理狀態。

對乒乓球運動的迷戀可以激發訓練和比賽時的態度；對乒乓球運動中成績和頑強的拼搏精神感到驚奇；對乒乓球運動獨特的比賽方法、評分方法等多方面的好奇心、新奇感，這些心理狀態的內容反映著個體的興趣、需要目標和決策等等，而這些方面都是現實的和具體的。

（三）比賽期應具備的良好心理狀態

1. 良好的時空感知覺

各種技術動作的失誤就要失分，且比賽中運動員都處在高度應激狀態，興奮度高、體力消耗大、球速快、方向變化多端，良好的時空知覺能力（包括：速度感、節奏感、時間感、空間感、以及清晰的肌肉用力感）可以保證運動員準確地判斷球的運行位置、力量、旋轉、落點等變化以及所要回球的方位，這就需要運動員良好的本體感覺。

2. 良好的注意力分配

在比賽中，對抗的雙方所有運動員的注意都會專注在不斷變化的「球」這一目標上，長期的訓練使運動員的注意力集中得到了較好的強化。但是在比賽的對抗中，只有良好的注意力集中能力是不夠的，還要求運動員同時具有良好的注意力分配能力，做到「一心二用」。

本質上講在注意力集中的同時還要注意對手及身邊事

物的變化，如對手的位置、距球台的遠近、身體的姿勢等等方面的變化。是注意力的快速遷移性集中。具備這一能力，運動員在雙打或團體比賽中，就可以很好的發揮隊友的作用，使比賽呈整體化，發揮全隊的綜合競技能力。

3. 克敵制勝的群體優勢心理

乒乓球運動員要具備獨立、自主的個人心理狀態，個性心理的成熟程度決定全隊的群體心理優勢。建立相互之間信任感，培養克敵制勝的群體優勢心理，從而誘發參賽的熱情和關注程度，保障競賽的成功。

4. 良好的意志品質

要有主動性、果斷性、獨立性、頑強性和自信心等意志品質，即在目標的導向下支配和調節自己的行動，克服賽場上出現的各種困難而達到完成任務目標的能力。這種品質的培養對競賽獲勝有著非常重要的作用。

5. 很強的情緒控制能力

比賽會導致運動員不同的情緒變化。競賽的規模和面臨比賽的任務、參賽雙方成員的實力對比、訓練程度和比賽經驗、參加比賽的動機性質、運動員的意志品質、個體特徵和道德修養、社會的期望等都會對運動員情緒產生影響。誰能在關鍵時刻控制好情緒，穩定地發揮自己的水準，就會把握比賽中出現的各種機會。同時，在關鍵時刻穩定的心理也會對對手產生心理壓力。

6. 很強的適應能力與反適應能力

乒乓球比賽是參賽雙方相互控制與反控制的過程。要最大限度地適應對手，同時，要使對手最大限度地不適應自己。

（四）賽中不同情況下易見心理狀態

1. 對手的強弱

如果對方實力較差，運動員極容易出現麻痹輕敵情緒，注意力不能很好的集中，技術動作比較隨便。

在順利情況下防守不夠主動積極，如果一旦遇到困難，情緒會出現不穩定狀態，甚至出現不能自我控制的程式，調節失靈，節奏紊亂。

2. 暫時有利的形勢

當處於暫時領先的情況下，乒乓球運動員的心理狀態會出現不同的變化：有的產生鬆勁情緒，滿足於暫時的勝利，洋洋自得，進攻放慢，打法保守，戰術求穩，意志鬆懈，失誤增多，坐失戰機，關鍵球處理隨便，導致敗北。有人則會乘勝追擊，直至最終勝利。

3. 暫時不利的形勢

會出現兩種反應：一是激憤。運動員的自尊心受到挑戰，不甘心失敗，會動員自己的全身力量，在極短的時間內克服心理障礙，變劣勢為優勢，繼而發展優勢。

二是情緒低落，緊張而急躁，忙亂無章法，頭腦不清醒，反攻的意志動搖，沒有自信心，教練員的意圖貫徹不了，從而導致失敗。

4. 意外事件

在比賽中意外事件時有發生，如裁判誤判、觀眾起哄、場地和燈光不適等等預想不到的事情，都會造成運動員心情煩躁、注意力分散、情緒不穩定等，使技術動作變形，戰術使用不當。

（五）調節心理狀態的常用方法

1. 表象調節

運動員可在比賽前或賽中，腦中清晰地重現自己過去獲得成功時的最佳表現，體驗當時的身體感覺和情緒狀態來重現那種積極的意念，從而間接地使植物性神經系統活躍起來，促進心跳加快，呼吸加強，使新陳代謝過程的血流量加大，使全身增力感覺和增力情緒加強，出現興奮狀態。

運動員還可以想像他通常感到放鬆與舒適的環境，讓運動員在腦子裏將自身置於這個環境之中，使身體得到放鬆，使用這種方法的關鍵在於使表像中的環境清晰，在大腦中能生動地看到想像的環境，增加情境對運動員的刺激強度。

2. 放鬆訓練

放鬆訓練是運用一定的套語進行導引，使肌肉放鬆，

心理平靜，從而調節植物性神經系統的機能，使其由強變弱，然後再運用帶有一定願望的套語進行自我動員，使其重新振奮精神，進入最佳競技狀態。運動員情緒的緊張，往往伴隨著肌肉的緊張。由放鬆肌肉，使肌體釋放的能量減少，緊張情緒就能得到調節，放鬆訓練旨在降低情緒上的緊張和興奮水準。

●調節呼吸：

採用坐姿、臥姿或立姿，使身體自然放鬆，按照每個隊員的特點確定呼吸節奏，開始是慢而深的腹式呼吸，順序是：吸氣——慢而深，默念暗示語「放慢」；屏氣——吸完氣屏氣若干秒；呼氣——儘量多呼出。每組練習做 20 次，共做 5 組。

●控制肌肉：

基本姿勢同前。按照持拍臂—非持拍臂—右腿—左腿—腰部—胸部—頸部—臉部的順序，先體會各部肌肉放鬆時的感覺，採用先收縮後放鬆肌肉的方法加深體驗。在放慢呼吸時的呼氣中，默念暗示語「放鬆」「安靜」等，直至全身處於放鬆入靜狀態。

放鬆之後，必須進行動員，使中樞神經系統重新興奮起來。動員訓練就旨在提高運動員情緒的緊張及興奮水準。

●調節呼吸：

採用深而快的腹式呼吸，呼吸時默念暗示語「加快」，每組練習做 15 次，每次 5 組。

●控制肌肉：

主動收縮身體各部分肌肉，增加肌肉的緊張度。然後

想像自己處於較寒冷或緊張激烈的比賽情景中，並默念暗示語「我現在渾身很有力量，很興奮，很想活動和比賽」等，直到感覺全身被動員起來，處於躍躍欲試的良好興奮狀態。

3. 阻斷思維

當運動員由於信念的喪失出現消極思維，引起心理緊張時，運動員利用大吼一聲，或者向自己大喊一聲「停止」，去阻斷消極驅動力的意識流，用積極的思維取而代之。教練員還可以確定一個響亮的信號供運動員作為阻斷消極思維之用。

此外，教練員還可幫助運動員確定一個用以代替消極思維的積極而切實可行的活動，用以阻斷消極思維。

4. 誘導訓練

它是由教練員、心理學專家等他人的誘導，或用錄影帶等外界刺激來完成的。如：賽前運動員興奮性不強，教練員可以放激烈的拳擊比賽的錄影來喚醒運動員的增力情緒，達到一種適宜的興奮狀態。平時還可以播放比賽時的錄音讓運動員進行訓練，以穩定其參加比賽時的情緒，使心理達到一種相對放鬆的狀態，有些教練員在訓練比賽中做裁判故意錯判、誤判或偏袒一方等，使運動員準備好應付場上的各種變化，增加心理的適應能力，以免臨場緊張失常。

此外，過分注重比賽結果也是引起緊張的主要原因，因此教練員應該引導運動員注重比賽過程，淡化比賽結

果，以平常心、放鬆的心態來對待比賽，因為只有細化過程，才能打好比賽，比賽發揮得好必然會有好的結果。

5. 處理關鍵球訓練

處理關鍵球訓練旨在克服關鍵時刻各種消極心理的影響，消除緊張情緒，心理得到放鬆，心理能量重新得到動員，從而產生適宜的興奮狀態，使運動員以良好的身心狀態投入關鍵球階段的比賽。

先使運動員做到可以回憶出自己處於最佳狀態時的表像形象和身體感覺。做到這一步後，開始正式訓練，其做法是：想像比賽進入關鍵球階段，此時出現了自己易犯的競賽心理問題，然後想像結束，用比賽時所用的毛巾做擦汗動作，擦汗時默念暗示語「我很鎮靜，身體感覺很好，盯住球，拿下這一局」等。

默念暗示語的同時，要出現自己最佳狀態時的表像形象和自我感覺。然後放下毛巾，繼續默念暗示語，想像自己精神抖擻地投入關鍵球比賽，並獲得了成功。此練習每組做 5 次，共做 5 組。

6. 生物回饋訓練

生物回饋訓練是借助於現代化儀器把機體的生理信息傳遞給運動員，使其經過反覆練習，學會調節自己的生理機能。例如，運動員在訓練或比賽中出現了情緒緊張，必然在生理方面反映出來，特別是植物性神經系統控制的機體部分會發生一系列變化，如心率加快，毛細血管擴張，血壓升高等。

使用電子儀器顯示出各種信號，告訴運動員在緊張或厭倦等情況下一些主要生理機能的反應，使運動員學會控制自己的生理反應，進而控制自己的情緒，學會放鬆與興奮的自我調節，這就是「生物回饋」的作用。

但須指出，運動員掌握這種方法，需要經過長期訓練，因為它是屬於中樞神經系統對植物性神經系統的調節和控制的過程，這決不是短期訓練所能達到的，即使有了「結果的信息」，也不見得就能隨意左右這個「結果」。因此，生物回饋訓練與放鬆訓練結合進行，才有可能取得較好的訓練效果。

7. 模擬訓練

模擬訓練是指模擬設置未來比賽中可能出現的條件進行的訓練，它可使訓練與比賽的實際盡可能接近，使運動員在近似比賽的條件下，鍛鍊和提高對未來比賽的適應能力以及情緒的控制能力，使運動員心理處於一種適宜的興奮與放鬆狀態，而不至於被臨場的意外情況搞得心煩意亂或焦慮不安。

訓練內容包括適應比賽對手特點的模擬，不同比分下比賽的模擬，裁判錯判誤判的模擬，對觀眾影響的模擬，比賽場地、環境的模擬等。

模擬訓練時應注意：為運動員參加比賽做好適應性訓練的模擬訓練，要對比賽的對手、環境、條件等各個方面進行詳細的瞭解與分析，然後，根據分析研究的結果進行針對性訓練，使訓練盡可能地與面臨比賽實際相似。再一點，比賽是千變萬化的，要儘量使運動員能應付各種變化

的情況，所以，在類比訓練時常制定出幾套辦法，以提高運動員不同情況下對情緒的控制能力。

此外，根據運動員的不同情況，還可使用表情調節、音樂調節、呼吸調節、顏色調節、宣洩調節、轉移調節、鼓勵調節等方法。

思考題

1. 如何培養和激發運動員的運動動機？

2. 論述影響注意力的因素及如何培養注意力。

3. 如何在比賽中調節運動員的心理狀態？

4. 試述乒乓球運動員訓練階段和比賽期間的心理狀態有何不同。

5. 結合實例，談談如何培養運動員的自信心。

第十章

乒乓球比賽的組織

——李　林

一、現行乒乓球比賽規則主要條款及基本演進過程

（一）主要條款

現行乒乓球規則為國際乒乓球聯合會（ITTF）於 2000 年所頒佈。主要內容如下：

1. 比賽定義
2. 合法發球
3. 合法還擊
4. 比賽次序
5. 重發球
6. 1 分
7. 一局比賽
8. 一場比賽

9. 發球，接發球和方位的次序

10. 發球，接發球次序和方位的錯誤

11. 輪換發球法

乒乓球比賽的項目一般包括團體比賽（男子團體、女子團體）和單項比賽（男子單打、女子單打、男子雙打、女子雙打和混合雙打）。

（二）基本演進過程

從乒乓球規則演進的歷史來看，總的趨勢是：「使乒乓球運動從提高和普及兩個方面都有更大的發展。」

規則對乒乓球運動的影響主要從制約和促進兩方面表現出來。制約，指為了使比賽能在公正的條件下正常進行，運動員的技術必須符合競賽規則的基本要求，才能在競賽中加以運用，否則，將會受到處罰。如：未按照乒乓球競賽規則中「合法發球」的要求進行發球，則會受到裁判的警告或判罰。促進，指競賽規則的合理修改、補充，對促進技術的發展具有較大的推動作用。

近年來的三項重大規則變化：比賽用球由直徑為 38 毫米、重量為 2.5 克的小球改為直徑為 40 毫米、重量為 2.7 克的大球，每局比賽由 21 分制改為 11 分制，身前無遮擋發球，無疑對乒乓球運動的發展產生了重大的影響。這些舉措使乒乓球比賽在高速度、高旋轉、強對抗的基礎上增加了比賽回合，提高了觀賞性，對更廣泛地普及這項運動起到了積極的推動作用。

從競賽規則的演進過程看，以下幾方面成為人們關注的焦點：

1. 發球規則的變化

發球作為乒乓球技術中惟一一項不受對方回球限制的技術，在乒乓球比賽中起著非常重要的作用。特別是隨著發球技術水準的提高以及其參與戰術重要性的加強，發球起著越來越重要的作用。因而，對發球規則的制定和修改也備受各國及國際乒聯的重視。

2. 關於球拍合法化的爭論

主線：使用新型球拍並取得優異成績→未使用者（國）的強烈反對→結果：經激烈爭論繼續使用或禁用。

兩次較大的爭論主要是針對海綿拍和兩面不同性能球拍的使用。日本運動員成功使用海綿拍對防守型打法的歐洲選手形成了巨大的衝擊。當時國際乒聯主席伊沃·蒙塔古充分肯定了海綿拍對乒乓球速度的作用，使這種有利於乒乓球發展的擊球工具得以繼續使用。

1971 年在第 31 屆世乒賽中，中國選手使用兩面不同性能的球拍，顯示了巨大的威力。歐洲乒壇各國要求國際乒聯從規則上限制這種打法。中國乒協從大局考慮，同意對此球拍進行限制。

3. 輪換發球法的產生

1937 年以前，選手以削為主的打法導致了「馬拉松」式比賽的出現。觀眾對這種用時太長的比賽普遍厭倦。國際乒聯採用輪換發球法，在時間上對每局比賽進行了限制，使比賽更加激烈，以有利於乒乓球運動的發展。

二、如何組織乒乓球競賽

（一）競賽組織工作的內容

1. 制定競賽規程

競賽規程是一次競賽「綱領性」的文件，是組織和進行比賽的指南。一般由競賽主辦單位根據競賽的目的、性質、規模、時間和場地情況制定。

競賽規程的內容有：競賽名稱、目的、舉辦日期、舉辦地點、競賽項目、競賽辦法、報名人數、報名資格、報名截止日期、報到日期、錄取名次及獎勵、採用的競賽規則、比賽用球、球台，精神文明運動員、運動隊、裁判員的評選，以及其他有關規定。

2. 接受報名

接受報名即確定抽籤和編排的對象。而報名表是競賽編排工作的重要依據。

3. 組織賽前練習

在安排練習場地時，應遵從機會均等的原則。每支參賽隊至少應有一次進入比賽場地進行練習的機會；每隊每天安排的練習時間原則上盡可能相等。

4. 組織抽籤

5. 編排

（二）比賽方法

團體賽採用循環賽的方法較多。世界錦標賽採用先分組循環，再採用同名次淘汰賽並增加附加賽，以排出參賽隊全部名次的循環賽與淘汰賽結合的兩階段競賽辦法。單項比賽主要採用單淘汰賽。現在中國國內的一些高級比賽如全運會、城運會等團體決賽階段的比賽引進佩寄制以避免消極比賽的現象。

1. 單循環賽

使參加競賽的各隊或運動員之間都相互比賽一次，稱為單循環賽。

優　點	缺點
●所有的參賽選手彼此之間都要進行比賽，因此最後的排名非常可靠	●需要進行很多場比賽
●種子編排並不特別重要	●出現許多實力懸殊的比賽
●能高效地利用多個比賽場地	
●沒有一個人被淘汰	

在單循環賽中，各隊（或運動員）均出場比賽一次，稱為「一輪」。每兩個隊員之間比賽一次，稱為一場。

單循環場數的計算公式：總場數＝$\dfrac{n(n-1)}{2}$

n 為參賽隊數或人數

單循環賽輪數的計算：

n 為偶數時　　　　　輪數＝n-1

如 8 個隊參賽比賽　　輪數＝8-1＝7

n 為奇數時　　　　　輪數＝n

如 9 個隊參加比賽　　輪數＝9

為使競賽獲得最佳效果，解決比賽秩序中機會不均等情況，確定較理想的單循環競賽秩序，有以下幾種辦法：

●逆時針輪轉法：

這是乒乓球競賽採用單循環賽時最常用的確定比賽秩序的一種方法。這種輪轉方法把 1 號位固定不動，其他號位每輪逆時針方向輪轉一個位置，即可排出下一輪全部輪次的比賽秩序，例如，8 個隊參加比賽排法如下：

第一輪	第二輪	第三輪	第四輪	第五輪	第六輪	第七輪
1—8	1—7	1—6	1—5	1—4	1—3	1—2
2—7	8—6	7—5	6—4	5—3	4—2	3—8
3—6	2—5	8—4	7—3	6—2	5—8	4—7
4—5	3—4	2—3	8—2	7—8	6—7	5—6

如參賽隊數（人數）是單數時，用「0」補成雙數進行上述輪轉，與「0」相遇的隊，該輪輪空，即該場不比賽。如：7 隊參加比賽排法如下：

「逆時針輪轉法」的特點是保證了各隊（選手）比賽

第一輪	第二輪	第三輪	第四輪	第五輪	第六輪	第七輪
1—0	1—7	1—6	1—5	1—4	1—3	1—2
2—7	0—6	7—5	6—4	5—3	4—2	3—0
3—6	2—5	0—4	7—3	6—2	5—0	4—7
4—5	3—4	2—3	0—2	7—0	6—7	5—6

進度的一致；最可能成為冠亞軍決賽的比賽安排在整個比賽秩序的最後一輪，使比賽在最後階段進入高潮。最強隊選手「1」的比賽對手實力由弱到強，最強的一個對手「2」隊選手，在最後一輪相遇，在理論上體現了對最強隊的照顧；各輪比賽強弱的搭配相當均勻。

●順時針輪轉法：

先確定最後一輪的比賽，再固定 1 號位，其他位置逐漸按「順」時針輪轉一個號位的方法，倒推出各輪的比賽秩序。

第一輪	第二輪	第三輪	第四輪	第五輪	第六輪	第七輪
1—4	1—6	1—8	1—7	1—5	1—3	1—2
2—6	4—8	6—7	8—5	7—3	5—2	3—4
3—8	2—7	4—5	6—3	8—2	7—4	5—6
5—7	3—5	2—3	4—2	6—4	8—6	7—8

「順時針輪轉法」的特點是在最後一輪安排了四場實力最接近的比賽，使比賽在最後一輪走向最高潮。但也有明顯缺陷，各輪比賽中強弱的搭配很不均勻。這種方法在

乒乓球比賽中有時也被採用。

●大輪轉、小調動：

在「逆時針輪轉法」的基礎上，根據某種需要對某個場次或輪次進行個別的「小調動」。比如：為了滿足電視傳播的要求，把需要轉播的輪次與其他輪次互相調換，也可把需轉播的場次在同一輪中的順序加以調整，以滿足特定轉播時間的要求。

2. 分組循環賽

優　點	缺點
比單循環賽所需的比賽場次要少	種子不易選擇與定位

如參賽隊數較多，但最後排名又十分重要的情況下，用單循環比賽則不能達到較理想的效果。克服其局限性可採用的分小組的辦法，使每個小組的隊數減少到可以接受的數量。

——分組不分階段的循環賽

一種是採用等級制比賽。按照技術水準區分為若干等級，進行分組循環賽。例如 40 個隊參加一次比賽，我們將這 40 個隊按技術水準的高低，分成甲、乙、丙、丁四個級別，每個級別 10 個隊，比賽只在同一級別內進行，共需 180 場比賽，如 40 個隊進行單循環比賽，則需 780 場比賽。

另一種是分區比賽，按地區進行分組，劃為若干組別進行分組循環賽。比如把 30 個隊分成 4 個賽區，每賽區

7～8個隊，各自進行循環賽。比賽分別在各個賽區進行，各賽區的比賽結束，整個分區賽亦宣告結束。7個隊的賽區，賽區總比賽場次為 7×6／2＝21 場；8個隊的賽區為 8×7／2＝28 場。四個賽場總場數為：21×2＋28×2＝98，而 30 個隊整體單循環需要場次 30×29／2＝435 場。

——分組又分階段的循環賽

用分組循環賽的方法，把比賽分為兩個階段或更多階段，可以用比較少的比賽場數完成所有階段比賽，同時產生所有參賽隊的名次。如 30 個參賽隊參加比賽，第一階段：分 8 個組進行單循環賽；第二階段：押由第一階段比賽各小組同名次的隊，重新組成 4 個組，分組循環，決出全部 30 個隊的名次。全部比賽共需 141 場，而 30 個隊單循環則需 435 場。

3. 單淘汰賽

所謂單淘汰，即是運動員（隊）按排定的秩序由相鄰的兩名參賽者進行比賽，勝者進入下一輪，負者淘汰，直到惟一的一名未被淘汰的參賽者，就成為這次競賽的冠軍。

優 點	缺 點
●組織形式容易被人理解	●每名參賽者只能保證有一次參賽機會
●適合於有大量參與者的比賽	●正確的種子編排難度較大
●比賽場次少	●不能最大限度地利用多個比賽場地
●比賽場地少	

　　乒乓球單項比賽在大多數情況下，都是採用單淘汰賽的比賽辦法。世界乒乓球錦標賽的男子單打、男子雙打、女子單打、女子雙打和混合雙打也均如此。男、女團體賽的第二階段也採用淘汰賽。以 16 人參加比賽為例，單淘汰賽的比賽秩序見下圖。

　　淘汰競賽方法的對抗性強、吸引力大和競賽效率高的基本屬性，很好地符合了體育競賽的特點和要求，但也存在合理性差、偶然性大、不完整性等嚴重的缺陷。為了使淘汰賽具有更強的生命力，必須採用相應手段去克服這些缺陷。

單淘汰賽合理性差的缺陷及其克服辦法

──設定「種子」選手

確定種子和種子序號的原則：

種子和種子序號應根據技術水準來確定，技術水準的最直接依據是運動員（隊）的比賽成績。運動員比賽成績可參照以下一些相關原則。

‧小比賽的成績服從大比賽的成績；

‧低水準比賽的成績服從高水準的成績；

‧遠期比賽的成績服從近期比賽的成績；

‧團體賽中單打場次的成績服從單打項目的成績；

‧世界比賽的種子可根據最新的世界優秀選手電腦排名表確定。

種子數目：

種子數目應根據參加比賽的隊數和人數的多少來確定。當單項比賽採用淘汰賽時，種子數目應為 2 的乘方數。

根據不同的競賽，或競賽的某些特殊要求，有時也可不設種子。

種子位置：

根據單淘汰名次產生的規律性，種子的分佈也應按其序號合理地進（抽）入不同的「區」內。

單淘汰賽機遇性強的缺陷及其相應對策

——使用「抽籤」的技術

使每個運動員有相同的機會面臨可能的機遇，保證競賽的合理性。這種以機遇對機遇的對策性措施，即為「抽籤」。

單淘汰賽的不完整性的缺陷及其彌補手段

——設置「輪空」「搶號」「附加賽」的技術

透過設置「輪空」或「搶號」，使第一輪比賽的號碼

位置數正好是 2 的某次乘方數，可克服單淘汰賽秩序的不完整性。

輪空：所謂輪空，即是某個選手在不經過與另一名選手角逐的情況下，不戰而勝，自動升一級。沒有運動員的號碼位置稱為「輪空位置」。「某選手輪空」是指某選手在該輪比賽沒有對手，他的對手位置是輪空位置，輪空位置在 2 號時，1 號選手輪空。

選擇號碼位置數：應根據參賽人（對）數，選擇最接近的，較大的 2 的乘方數作為安排競賽秩序的號碼位置數。較常用的號碼位置數有 16、32、 64、128。

輪空位置數：輪空位置數　號碼位置數 ― 運動員人（隊）數。

確定輪空位置：輪空位置應均勻地分佈在各個區內。在種子與非種子之間，種子優先輪空；在種子內部，種子序號在前的優先輪空。輪空位置號碼可查輪空位置表。

輪空位置表

2	255	130	127	66	191	194	63
34	223	162	95	98	159	226	31
18	239	146	111	82	175	210	47
50	207	178	79	114	143	242	15
10	247	138	119	74	183	202	55
42	215	170	87	106	151	234	23
26	231	154	103	90	167	218	39
58	199	186	71	122	135	250	7
6	251	134	123	70	187	198	59
38	219	166	91	102	155	230	27
22	235	150	107	86	171	214	43

54	203	182	75	118	139	246	11
14	243	142	115	78	179	206	51
46	211	174	83	110	147	238	19
30	227	158	99	94	163	222	35
62	195	190	67	126	131	354	3

查表方法：按輪空位置數目，依次（逐行由左向右）摘出小於比賽位置數的號碼，即為輪空位置號碼。例如，59 人參加比賽，應選用 64 個號碼位置，有五個輪空位置，依次從左向右摘出小於 64 的五個號碼──2、63、34、31、18 即為輪空位置號碼。

搶號：如參加比賽的人（隊）數稍大於 2 的某次方數，安排輪空則會出現過多的輪空位，在實際操作時，會感到不方便。在這種情況下，一種變通方法產生了，即「搶號」的方法。也就是在某一個號碼位置上同時安排兩名（隊）運動員，比賽的勝者即搶得該號碼位置。經一輪搶號比賽後餘下的運動員人數正好為 2 的某次方數。

選擇號碼位置數：單淘汰賽中採用搶號辦法時根據參加比賽的人（隊）數，選擇最接近的、較小的 2 的乘方數作為號碼位置數。如 67 名運動員參加比賽，應當選用 64 個號碼位置，而不採用 128 個號碼位置。

搶號數目：搶號數目＝運動員人（隊）數 － 號碼位置數。

搶號位置：「搶號」和「輪空」的區別完全是形式上的，沒有任何實質性的變化。僅是處理的技術方法有所不同。因此，搶號位置的號碼可直接從「輪空位置表」中查得，69 名運動員參加比賽，應選用 64 個號碼位置數，有 5

個搶號位置，在「輪空位置表」中從「左至右」依次摘出小於 64 的 5 個號碼——2、63、34、31、18 即為搶號位置號碼。

可利用「附加賽」技術，排出競賽所需的全部名次。比賽方法是，每一輪的勝者與勝者、負者與負者之間進行比賽，直至排出競賽所需確定的名次順序。

例如，競賽要求排出前 8 名運動員的名次順序，即另需在前 8 名運動員中安排附加賽。秩序表見下圖。

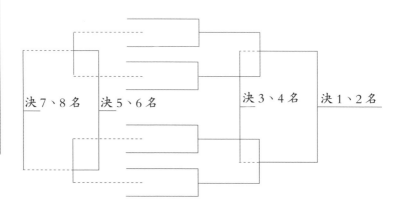

決 7、8 名　　決 5、6 名　　決 3、4 名　　決 1、2 名

4. 雙淘汰賽

運動員按編排的秩序進行比賽，失敗兩場即被淘汰，最後失敗一場為亞軍，不敗者為冠軍。這種比賽方法稱為雙淘汰賽。

雙淘汰的輪數、場數計算：

輪數＝ n＋（2 n–2）＋1＝3 n–1（ n 為指數）

場數＝（ x–1）×2（ x 為參賽人數）

優　點	缺　點
●保證每名參賽者至少參賽兩場	●某些參賽者要參加很多比賽，某些則很少
●失敗過一次的參賽者依然可能贏得冠軍	●需要多個輪次才能結束比賽
●種子編排並不十分重要	
●比賽場地要求少	
●比單淘汰制更能衡量參賽者的水準	

如 8 人參加比賽，選用 8 個號碼位置數，指數為 3

則　輪＝3×3–1＝8 輪

場＝（8–1）×2＝14 場

如下圖所示。

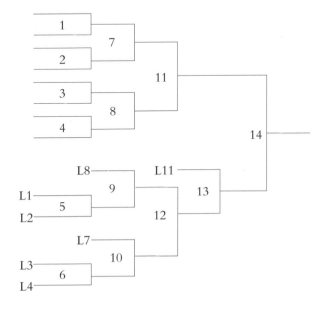

5. 混合制

一次競賽中同時利用循環制和淘汰制稱為混合制。在乒乓球競賽中主要有以下幾種形式：

——先淘汰後循環

先採用單淘汰賽的方法，將大多數或絕大多數的隊（運動員）淘汰，最後剩下少數優秀隊（運動員）再進行單循環賽。這種競賽辦法，可使少數優秀隊（運動員）得到更多的鍛鍊，或對他們進行更好地選拔。

——先循環後淘汰

整個競賽分為兩個階段：第一階段，將參加比賽的隊（運動員）分成若干小組，分組進行單循環賽；第二階段，由各個小組相應的同名次進行單淘汰賽，決出部分或全部名次。這種競賽辦法，不僅可以有效地控制整個競賽總量和各隊（運動員）比賽強度，而且能將競賽在最後階段逐步推向高潮。

——循環結合佩寄制

在先循環後淘汰的比賽中，運動員（隊）為了在淘汰賽中為選擇有利於自己的對手，可能會在某些場次出現「讓球」現象。採用這一方法可在一定程度上防止這種問題，見 377 頁圖。

（三）競賽的抽籤方法

1. 抽籤的準備工作

乒乓球抽籤的準備工作有：接受並匯總報名，研究抽

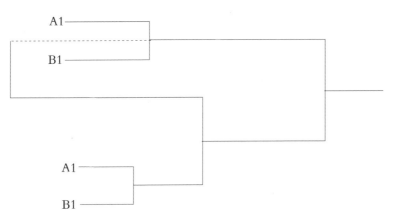

籤方案、準備抽籤用具、組織抽籤班子和抽籤實習。

　　——循環賽的抽籤方法

　　乒乓球競賽的團體比賽項目，較多採用分階段循環賽的競賽辦法，這種競賽辦法的抽籤一般採用「直接分組定位」的抽籤方法，將種子隊和非種子隊直接確定到各個組內。

　　——淘汰賽的抽籤方法

　　乒乓球競賽的單項比賽，通常採用單淘汰賽的競賽辦法，一般採用「先分區後定位」的抽籤方法，即先用抽籤將各參賽隊的運動員合理地分到各個區內。在此基礎上，再採用一次抽籤，將各個「區」內的運動員確定到具體的號碼位置上。

　　確定抽籤順序的方法一般有：

　　按參賽單位名稱的筆劃多少或字母順序排列抽籤順序；

　　採用抽籤的辦法決定抽籤順序；

　　按參賽單位的人數和種子多少排列抽籤順序；

　　按報名的先後排列抽籤順序。

　　準備抽籤用具：

含抽籤卡（包括「名籤」和「號籤」）、分區控制表、抽籤說明詞、抽籤記錄表、抽籤備用品等。

在正式抽籤前，應當進行抽籤實習。透過實習可以發現該項目的抽籤規律和在抽籤中可能發生的問題。如條件允許，應在真正場地上進行彩排。

2. 抽籤示例

示例 1　女子團體賽

報名情況：60 個隊

種子數量：15 個種子隊

競賽辦法：三階段循環賽，第一階段分成 15 個小組，每組 4 個隊進行單循環賽；第一階段獲得同名次的隊分成 3 個小組，每組 5 個隊，進行第二階段單循環賽。在第二階段比賽中獲得同名次的各 3 個隊，再進行第三階段單循環賽，決出全部名次。

第一步：抽種子

——將 1～5 號種子分別抽入第 1、4、7、10、13 組。

——將 6～10 號種子分別抽入第 2、5、8、11、14 組。

——將 11～15 號種子分別抽入第 3、6、9、12、15 組。

第二步：抽非種子

將 45 個非種子隊一批插入各個組內，每個組抽進 3 個隊。

第三步：抽比賽序號

——將種子隊定為各組的 1 號。

——抽籤決定非種子在各組的比賽序號。

抽籤分組時，號籤員應根據主抽人的說明詞，取出相

應的組簽，洗亂後擺放在桌面上（背面朝上）；主抽人將隊名簽洗亂，隨意蓋放在擺好的組簽上（背面朝上），也可以由本隊的代表放置本隊的名簽到任意的組上，然後主抽人依次揭開名簽和組簽，展示於各參賽隊並宣佈各隊所抽定的組別。至此女子團體比賽的抽籤實施結束，對抽籤結果進行仔細復核。

示例 2　有 12 個單位的 60 名選手參加乒乓球女子單打比賽，各參賽單位人數分別為：

A 隊：4 人　B 隊：6 人　C 隊：8 人　D 隊：1 人

E 隊：4 人　F 隊：7 人　G 隊：5 人　H 隊：2 人

I 隊：3 人　J 隊：8 人　K 隊：4 人　L 隊：8 人

比賽採用淘汰制，設 8 名種子：

第 1 號種子　　　A1

第 2 號種子　　　C1

第 3～4 號種子　C2、A2

第 5～8 號種子　E1、C3、K1、E2

根據各隊運動員人數的不同，可將運動員分為三種不同類型的選手，一個隊中人數為 4 的整數倍的那部分運動員，稱為「R–R」型選手，這類選手只能在某個區內。如有 8 名和 4 名運動員的隊全是「R–R」型選手；有 6 名運動員隊，其中有 4 名「R」型選手。除開「R–R」型運動員又分為兩類。一類是「R–S」型選手，被畫在 1 / 4 區的交界線上，它們對 1 / 2 區是固定的，但對 1 / 4 區是機動的，可以隨機抽入還有機動數的 1 / 4 區內。另一類是「S–S」型選手，被畫在 1 / 2 區的交界線上，他們對 1 / 2 區和 1 / 4 區是機動的，可以隨機抽入有機動數的 1 / 2 區和 1 / 4 區內。

計算各區的機動數：

1／4 區機動數的計算：畫入各個 1／4 區內的「R–R」型選手數自然為該 1／4 區的固定數。實例 60 名運動員中有 48 名「R–R」型選手，每個 1／4 區各有 12 個固定數。各個 1／4 區的位置數減該 1／4 區的輪空數和固定數，差數即為各 1／4 區的「機動數」。實例中機動數各為 3。

1／2 區機動數的計算：需特別注意 1／2 區的固定數應包括該半區中兩個 1／4 區的固定數和 1／4 區交界線上的「R–S」選手。

抽籤分區控制如表 1。

表 1 單項抽籤控制表

1/2	1/4	參賽單位及選手人數												1/4區				1/2區			
		A 4	B 6	C 8	D 1	E 4	F 7	G 5	H 2	I 3	J 8	K 4	L 8	位置數	固定數	輪空數	機動數	位置數	固定數	輪空數	機動數
1	1													16	12	1	3	32	28	2	2
	2													16	12	1	3				
2	3													16	12	1	3	32	28	2	2
	4													16	12	1	3				

單淘汰賽的抽籤分為種子運動員抽籤和非種子運動員抽籤兩部分。首先對種子運動員進行抽籤，然後進行非種子運動員抽籤。

●種子運動員抽籤

種子運動員採用分批抽籤一次定位。

確定第 1 和第 2 號種子的號碼位置。根據乒乓球競賽規則規定，第 1 號種子 A1 進入上半區頂部即 1 號位置。2 號種子 C1 進入下半區底部即 64 號位置。

確定第 3、4 號種子的號碼位置。第 3、4 號種子應用抽籤的辦法分別抽入 32、33 號位置，由於 A1 已進入 1 號位置，同單位的 A2 應抽入 A1 不在的另一個 1／2 區即進入 33 號位置。同理，C2 進入 32 號位置。

最後確定 5-8 號種子的位置。由於 C1、C2 已分別定位於第 4、第 2 個 1／4 區，C3 只能抽入 C1、C2 所不在的第 1、第 3 個 1／4 區。設 C3 隨機抽入第 3 個 1／4 區，剩下三個第 5-8 號種子中，有兩個種子是同單位的，E1、E2 他們必須分別抽入第 1 個 1／2 區和第 2 個 1／2 區，而下半部還剩一個種子位置，在第 4 個 1／4 區，E1、E2 必須有 1 人進入第 4 個 1／4 區，設 E2 抽入第 4 個 1／4 區即 49 號位置。E1 抽入上半區的第 1 或第 2 個 1／4 區。設 E1 抽入 16 號位置。最後一個 5-8 號種子 K1，方能進入第 2 個 1／4 區的 17 號位置。

●非種子運動員抽籤

非種子運動員抽籤分兩步，先抽籤「分區」，再抽籤「定位」。

──非種子運動員抽籤「分區」

非種子運動員的抽籤分區，抽「R-R」型選手時與各區的機動數無關，抽「R-S」型選手時，凡確定 1 個「R-S」型選手進入某 1／4 區，需將該 1／4 區的機動數減

第十章　乒乓球比賽的組織

1，抽「S–S」型選手時，確定 1 個「S–S」型選手進入某
1／4 區，即需將該 1／4 區以及該 1／4 區所在的 1／2 區的
機動數均減去 1。某區的機動數減為 0 時，選手不能再進
入該區。

下面逐隊進行抽籤分區。

抽 A 隊。A 隊有 4 名運動員。A1、A2 為種子運動員。
已定位於第 1 個 1／4 區和第 3 個 1／4 區。A3、A4 可隨機
抽入第 2、第 4 個 1／4 區，設 A3 進第 2 個 1／4 區，A4 進
第 4 個 1／4 區。

抽 B 隊。B 隊有 6 名運動員，均為非種子運動員。首
先將 B1、B2 抽入上、下兩個半區的任何一個 1／4 區，設
B1 進第 1 個 1／4 區，B2 進第 3 個 1／4 區，B3、B4 抽入
B1、B2 所不在的第 2、第 4 個 1／4 區，設 B3 進第 4 個 1／4
區，B4 進第 2 個 1／4 區。B5、B6 均為「R–S」型選手，應
將其分別抽入上、下兩個不同的任何一個 1／4 區內，設 B5
進入第 4 個 1／4 區，B6 進入第 1 個 1／4 區。劃去相應 1／4
區的一個機動數，第 1 個 1／4 區機動數為 2，第 4 個 1／4
區的機動數為 2。

抽 C 隊。由於 C1、C2、C3 作為種子已分別抽入第 4、
第 2、第 3 個 1／4 區，因此 C4 只能進入第 1 個 1／4 區。
C5、C6、C7、C8 一次分別抽入任意一個 1／4 區，設 C5 進
第 4 個 1／4 區，C6 進第 1 個 1／4 區，C7 進第 3 個 1／4
區，C8 進第 2 個 1／4 區。

抽 D 隊。D 隊只有一名非種子運動員。且為「S–S」型
選手。可抽入任何 1 個 1／4 區。設 D1 進入第 1 個 1／4
區，減去相應的第 1 個 1／4 區的機動數。第 1 個 1／4 區的

機動數減「1」，而第 1 個 1/2 區的機動數也要減 1，即減剩為「1」。

抽 E 隊。E 隊抽籤同理於 A 隊。設 E3 進第 2 個 1/4 區，E4 進第 3 個 1/4 區。

抽 F 隊。F 隊有 7 名運動員。均為非種子運動員。首先將 F1、F2 抽入上、下兩個半區的任何一個 1/4 區內，設 F1 進第 2 個 1/4 區，F2 進第 3 個 1/4 區。F3、F4 分別抽入第 1 個 1/4 區，第 4 個 1/4 區。F5、F6 為「R–S」型選手，可分別抽入上、下兩個半區的任何一個 1/4 區內，設 F5 進入第 1 個 1/4 區，F6 進入第 3 個 1/4 區，劃去相應 1/4 區的機動數，第 1 個 1/4 區機動數為「0」不能再進選手，第 3 個 1/4 區的機動數減為「2」，F7 為「S–S」型選手，可抽入第 2、3、4 個 1/4 區（第 1 個 1/4 區不能再進選手），但由於 F6 已抽入第三個 1/4 區，F7 只能抽入第二或第四個 1/4 區，設 F7 進入第 4 個 1/4 區，第 4 個 1/4 區的機動數減為「1」，第 2 個 1/2 區的機動數剩為「1」。

抽 G 隊。G 隊共 5 名運動員，4 名「R–R」型選手的抽籤同 E 隊。設 G1 進第 1 個 1/4 區，G2 進第 3 個 1/4 區，G3 進第 2 個 1/4 區，G4 進第 4 個 1/4 區，G5 是「S–S」型選手。從機動數上看，第 1 個 1/4 區機動數為 0，已不能進入。只有第 2、第 3、第 4 個 1/4 區能進入。但此時，G5 須控制該隊員不能抽入下半區的任何一個 1/4 區。否則，會出現卡死的情況。G5 只能進入第 2 個 1/4 區，減去相應區的機動數。第 2 個 1/4 區機動數剩為 2，上半區機動數為 0。

抽 H 隊。H 隊 2 名隊員，為「R–S」型選手。H1、H2 應分別抽入上、下半區的任何一個 1／4 區，但第 1 個 1／4 區機動數已為「0」，上半區只能進入第 2 個 1／4 區，下半區的第 4 個 1／4 區也不能進入，否則卡死，設 H2 進入第 2 個 1／4 區，H1 進入第 3 個 1／4 區。減去相應各 1／4 區的機動數。

抽 I 隊。I 隊 3 名運動員。首先抽 I1、I2 兩名「R–S」型隊員，I1、I2 應分別進入上、下半區的任何一個 1／4 區，但第 1 個 1／4 區機動數為 0，上半區只能進入第 2 個 1／4 區。設 I1 進入第 2 個 1／4 區，I2 進入第 3 個 1／4 區，最後「S–S」型選手 I3 是只能進入第 4 個 1／4 區。劃去相應各區的機動數。各 1／2 區、1／4 區的機動數均為 0，此時，已無「R–S」型選手和「S–S」型選手。

抽 J 隊。與 C 隊抽籤同理，均為「R–R」型選手，設 C1–C8 位選手分別抽入第 2 個、第 3 個、第 1 個、第 4 個、第 4 個、第 1 個、第 2 個、第 3 個 1／4 區。

抽 K 隊。與 B 隊同理，均為「R–R」型選手，設 K2 抽入第 4 個 1／4 區。K3、K4 分別抽入第 3、第 1 個 1／4 區。

抽 L 隊。與 C 隊抽籤同理，均為「R–R」選手，設 L1–L4 四位選手分別抽入第 1、第 3、第 4、第 2 個 1／4 區，C5–C8 四位選手進入第 1、第 3、第 4、第 2 個 1／4 區。

非種子運動員各分區結束，運動員分區結果見表 2。

非種子運動員在進行分區抽籤時，根據主抽人的說明詞，號籤員應取出相應的區籤，洗亂後放在桌面上（背面向上），主抽人取出非種子名籤，洗亂後隨意擺放在某區

表2　抽籤分區結果

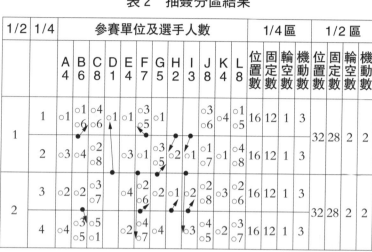

1/2	1/4	參賽單位及選手人數												1/4區				1/2區			
		A 4	B 6	C 8	D 1	E 4	F 7	G 5	H 2	I 3	J 8	K 4	L 8	位置數	固定數	輪空數	機動數	位置數	固定數	輪空數	機動數
1	1	○1	○1 ○6	○4 ○6	○1	○1	○3 ○5	○1		○3 ○6	○4	○1 ○5		16	12	1	3	32	28	2	2
	2	○3	○4	○2 ○8		○3	○1	○3 ○5	○2	○1	○1 ○7	○1	○4 ○8	16	12	1	3				
2	3	○2	○2	○3 ○7		○4	○2 ○6	○2	○1	○2	○2 ○8	○3	○2 ○6	16	12	1	3	32	28	2	2
	4	○4	○3 ○5	○5 ○1		○2	○4 ○7	○4		○3	○4 ○5	○3	○3 ○7	16	12	1	3				

籤上，然而揭開名籤和號數，並宣佈抽籤分區結果。

——非種子運動員抽籤「定位」。

透過抽籤分區，各隊非種子運動員已被劃入各個區內。現需要對各1/4區的運動員進行抽籤「定位」，即把運動員放到具體的號碼位置上。

各1/4區運動員進行抽籤定位時，應先把同單位的運動員合理分開，即分別抽入該區的不同1/8區的號碼位置，然後再將其他運動員隨機抽入剩下的號碼位置。

按區進行抽籤定位：抽第1區，第1個1/4區共15名運動員。其中種子運動員2名，非種子運動員13名。

第一步，抽出該區有兩名同單位運動員的非種子運動員名籤。即B隊B1、B6，C隊C4、C6，F隊F3、F5，J隊J3、J6，L隊L1、L5。

第二步，號籤員將第1個1/8區的位置籤洗亂後，擺

放在主抽人桌面上的右側（需拿出種子位置號碼 1 號位置籤，和本 1／8 區輪空位 2 號位置籤），再將第 2 個 1／8 區的位置籤洗亂後，擺放在主抽人桌面左側（需拿出種子位置 16 號位置籤）。

動員分在不同 1／8 區。同樣道理，對 C4、C6；F3、F5；J3、J6；L1、L5 進行抽籤。第四步，重新收起未被放置各籤的全部位置籤共三張，重新洗亂擺放在桌上，主抽人將其餘 3 名運動員的名籤（D1、G1、K4），洗亂後隨意放在各張位置籤上。隨後，揭開名籤和號籤，逐一出示，並宣佈運動員抽籤的結果。

第 1 個 1／4 區的抽籤定位結果如下：

1 號	A1（種子）	9 號	J3
2 號	輪空	10 號	D1
3 號	F3	11 號	F5
4 號	B1	12 號	L5
5 號	G1	13 號	C4
6 號	J6	14 號	K4
7 號	L1	15 號	B6
8 號	C6	16 號	E1（種子）

對第 2、3、4 個 1／4 區用同樣方法對非種子運動員進行抽籤定位，非種子運動員抽籤定位結束。

抽籤實施到此結束，對抽籤結果進行復核，校對。

（四）競賽秩序的編排方法

乒乓球比賽中，根據規則和規程的基本要求以及實際報名情況，用抽籤確定每個隊（選手）在各個項目比賽中

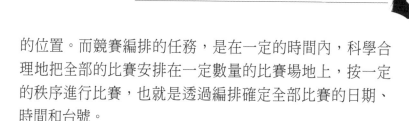

的位置。而競賽編排的任務，是在一定的時間內，科學合理地把全部的比賽安排在一定數量的比賽場地上，按一定的秩序進行比賽，也就是透過編排確定全部比賽的日期、時間和台號。

編排工作是一項十分重要的工作，編排方案影響到運動隊，場館、安保以及電視直播等。也就是說，編排方案一經確定，賽區所有人員都圍繞著這個方案工作。

1. 編排工作的基本要求

第一，保持運動隊和選手合理的比賽強度。

——編排方案應立足於任何隊、任何選手在每個項目的每次比賽中可能獲得勝利，並以這樣的原則來確定運動隊和選手的最大極限量。

——編排工作要力求降低選手在場時間和實際比賽時間的比例。

——使用多場地比賽時，應避免出現一個選手在一節比賽時間內要在兩個場地進行比賽的現象。對男女隊團體只有一名教練員的隊，還應儘量避免其男、女隊同時上場比賽，特別是不能在兩個比賽場地同時上場比賽。

——在一節比賽中，運動員在兩場比賽之間應有不少於一場比賽的時間，即不得連場。

——一般情況下，在單項比賽中七局四勝制的比賽每節不超過 3 場，每天不超過 7 場，團體比賽每天不超過 3 場，每節不超過 1 場。

第二，滿足和適應觀眾的要求。

——在一節比賽中應安排有男、女隊或男、女選手的

比賽，不要搞「清一色」。

——每一節比賽都應安排比較「精彩」的有優秀運動員參加的比賽。

——晚上和節假日的比賽應多安排一些重要和精彩的場次，以贏得上座率，提高電視收視率。

——滿足於電視轉播。

——防止發生全場「空場」的情況。

第三，合理使用場館。

一個場館一般都設置若干張球台，球台的使用一般是先多後少，根據比賽的進行情況有規律的遞減，要防止忽多忽少的現象。

——有多場館進行比賽時，應把最優秀的隊（隊員）安排在中心場館進行比賽。

第四，重視團體、單項決賽的安排。

——團體決賽和單項決賽應單獨進行。

——單項決賽的安排可參考下列兩種方式。

第一種：混雙提前進行。男單、女單，男雙、女雙四個專案一個晚上進行比賽。

第二種：混雙提前進行，女單、男雙一個晚上進行比賽，男單、女雙最後一節進行比賽。

——單項決賽只標出日期和節次，不排定具體的時間、台號，有利於電視轉播和裁判長調度。

第五，符合競賽規程的規定和節約比賽的經費開支。

——編排方案必須符合競賽規程的各項規定。

——採取多種有效措施努力節約經費開支。

第六，注意中心球台的使用。

舉行重大國際比賽，一般都有電視台對部分重要、精彩場次進行轉播，應考慮以下因素。

——轉播世界排名靠前的優秀運動之間的比賽。

——轉播有主辦國著名運動員參加的比賽。

——轉播主要贊助商要求轉播的比賽。

——對以上比賽編排時要有預見性，如臨時調動應符合規程規定。

2. 編排工作的主要內容

設計編排方案：

確定一個編排方案，涉及到競賽日程，比賽方法，參賽隊選手的人數，場地和球台的規模等。除了十分熟悉競賽規程對比賽辦法的規定以及其他有關規定外，還要盡可能準確地估計可能參加比賽的隊數和人數，設計編排方案，最重要的是做好整體設計。在多數情況下，編排方案需在抽籤前做預案。

編排競賽秩序：

——團體比賽的編排

一般情況下，一節比賽中每張球台安排男、女團體賽各一場。為了避免出現「連場」和「重場」情況，在比賽互相銜接的情況下，採取男女相對固定的比賽辦法，一般先女後男，且每節均先女後男。編排中，也可採用每張球台安排一場男子團體比賽或兩場女子團體比賽的方法。

團體賽的分組應特別注意「輪數」的變化，要盡量防止個別組的隊數比其他組的隊數多一個而成為奇數隊的組，如一個組有 7 個隊，其他組有 6 個隊，則多出 2 輪，

從而增加了編排的難度。團體賽的決賽應單獨安排一節。一場團體比賽理論時間為一個半小時。

——單項比賽的編排

在單項比賽的一節比賽中，應盡可能防止「清一色」的男子或女子比賽，或只進行雙打比賽無單打比賽。為了解決混合雙打的連場問題，可在觀眾較少的節次中突擊三輪。一場單打（7局4勝）的理論比賽時間為30分鐘。一場雙打比賽（5局3勝）的理論時間為20分鐘。

為了防止在多項目比賽時出現的連場情況，可採用男、女交叉和同專案銜接的方法。如：

 8：30　女單
 9：00　男單
 9：30　女雙
 9：50　男雙
10：10　女單
10：40　男單
11：10　女雙
11：30　男雙

同項目同輪次比賽自我銜接也不會造成「連場」。如：

 8：30　女雙（第一輪）
 8：50　女雙（第一輪）
 9：10　男單（第二輪）
 9：40　男單（第二輪）
10：10　女單（第二輪）
10：40　女單（第二輪）
11：10　男雙（第一輪）

11：30　男雙（第一輪）

編制秩序表：

——團體比賽秩序表

單循環賽是團體比賽的基本方法，單循環賽常採用座標式秩序表，格式如下：

	A	B	C	D	E	F	積分	比率	名次
A									
B	12 8：30 ③								
C	11 14：30 ②	10 14：30 ②							
D	11 8：30 ③	11 14：30 ①	10 8：30 ③						
E	10 14：30 ①	10 8：30 ②	11 8：30 ①	12 8：30 ②					
F	10 8：30 ①	11 8：30 ②	12 8：30 ①	10 14：30 ③	11 14：30 ③				

——單項比賽秩序表

單淘汰賽是單項比賽的基本方法，單淘汰賽的比賽秩序表格式如下：

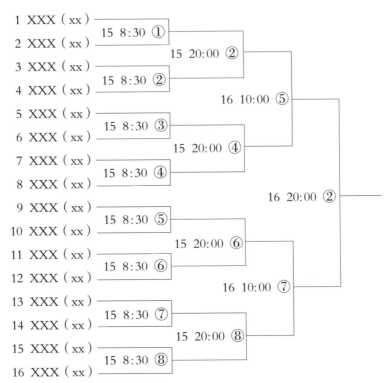

檢查編排結果：

編排工作完成以後，需要進行認真檢查。看運動隊和選手的比賽強度是否適當，是否有「連場」情況，是否有一名選手在一節時間裏在兩個場地比賽的情況，編排方案是否與競賽規程的規定完全符合一致等。

編印技術文書：

技術文書包括秩序冊和成績冊等。

競賽秩序經認真檢查後，應迅速編印出秩序冊。秩序冊一般包括：競賽規程，工作人員名單，運動隊名單，競

賽日程；比賽秩序表，以及場地平面圖。其中秩序表是最重要部分。

3. 編排工作示例

示例 1　某次比賽設男子團體、女子團體兩個項目，男子團體報名 16 個隊、女子團體報名 14 個隊。競賽辦法：比賽分兩個階段進行，第一階段分 2 個小組進行單循環；第二階段由各組的相鄰兩個名次的隊進行交叉淘汰，排出全部名次。女子團體賽中兩小組最後一名相互比賽，決出最後兩名。

比賽時間：4 月 4 日～4 月 7 日，共 4 天；比賽場館：1 個，球台 8 張。編排出競賽秩序。

——擬訂競賽日程

首先計算出男、女團體比賽的輪數和場數。

男子團體賽 16 個隊，第一階段分成 2 個小組，每組 8 個隊，進行單循環賽，每組進行 7 輪 28 場比賽，2 組共計 7 輪 56 場比賽。第二階段交叉淘汰，第一輪 8 場，第二輪 8 場，共計 2 輪 16 場，兩階段共計 9 輪 72 場。

女子團體賽 14 個隊，第一階段分成 2 個小組，每組 7 個隊，進行單循環比賽，每組進行 7 輪 21 場比賽，2 組合計 7 輪 42 場比賽。第二階段交叉淘汰，第一輪 7 場，第二輪 6 場，共計 2 輪 13 場，兩階段共計 9 輪 55 場比賽。

比賽採用每天比賽三節，一節比賽時間一張球台安排男、女團體比賽各一場的編排方案。從場數計算：比賽共進行（72+55）127 場比賽，用 8 張球台，只需 8 節即可打完；而從比賽輪數看，每節時間只能打 1 輪，9 輪比賽至

少需 9 節時間才能打完；又男、女團體應單獨安排一節比賽時間；及考慮到運動隊的比賽強度在團體賽決賽之前和兩個階段之間均安排一節休息時間。即 12 節（9+3）共 4 天時間完成比賽。競賽日程表如下：

4月4日	上午（8:30開始）男、女團體賽（第一階段）	下午（14:00開始）男、女團體賽（第一階段）	晚上（19:00開始）男、女團體賽（第一階段）
4月5日	上午（8:30開始）男、女團體賽（第一階段）	下午（14:00開始）男、女團體賽（第一階段）	晚上（19:00開始）男、女團體賽（第一階段）
4月6日	上午（8:30開始）男、女團體賽（第一階段）	休　息	晚上（19:00開始）男、女團體賽（第二階段）
4月7日	上午（8:30開始）男、女團體賽（第二階段）	休　息	晚上（19:00開始）男、女團體賽（決賽）

——安排比賽場次

首先將各階段的全部比賽場次按輪次順序排出，進行場次安排方案的設計。

		第一階段							第二階段		輪次	場次
		一	二	三	四	五	六	七	一	二		
男團	A組（8）	4	4	4	4	4	4	4	8	8	9	72
	B組（8）	4	4	4	4	4	4	4				
女團	A組（7）	3	3	3	3	3	3	3	7	6	9	55
	B組（7）	3	3	3	3	3	3	3				
		④上	④下	④晚	⑤上	⑤下	⑤晚	⑥上	⑥晚	⑦上 ⑧晚		

4月4日，上午安排男、女團體第一階段第一輪比賽。男子8場、女子6場共14場比賽，下午安排第二輪，共14場比賽，晚上安排第三輪共14場比賽。

4月5日，上午安排第四輪，共14場比賽，下午安排第五輪共14場比賽，晚上安排第六輪共14場比賽。

4月6日，上午安排第7輪，共14場比賽；下午休息，晚上安排第二階段第一輪共15場比賽。

4月7日，上午安排第二階段第二輪中男子團體7場，女子團體5場，共12場比賽，下午休息，晚上男、女團體決賽。

——編排競賽秩序

比賽第一階段採用分組單循環賽。按「逆時針輪轉法」確定各輪比賽的具體場次。根據團體賽的場次安排方案，逐節編排各場比賽的日期、時間和台號。

4月4日上午：

8：30　女子團體

女A組：A——0　　B——G①　　C——F③　　D——E⑤○

女B組：A——0　　B——G②　　C——F④　　D——E⑥

10：00　　男子團體

男甲組：A——H①　　B——G③　　C——F⑤　　D——E⑦

男乙組：A——H②　　B——G④　　C——F⑥　　D——E⑧

用同樣辦法，將第一階段的競賽秩序全部排號：

　　4月6日晚上，進行男、女團體第二階段共15場比賽，安排如下：

　　19：00　女團——I——7

　　20：30　男團——I——8

　　4月7日上午：

　　 8：30　女團——II——5

　　10：00　男團——II——7

　　4月7日晚上：

　　19：00　女團——決賽

　　20：30　男團——決賽

　　——編排比賽秩序表

　　第一階段，以男子乙組為例，將4月4日上午進行的第一輪4場比賽的日期、時間和台號填入秩序表內。

　　採用同樣的方法，將男、女團體其他組別比賽的秩序，分別填入對應秩序表中。

	A	B	C	D	E	F	G	H	積分	比率	名次
A											
B											
C											
D											
E				4 10:00 ⑧							
F			4 10:00 ⑥								
G		4 10:00 ④									
H	4 10:00 ②										

第二階段，以男子團體決 1~4 名的比賽為例，比賽秩序見下表：

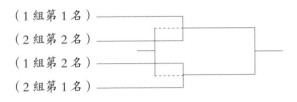

（1 組第 1 名）

（2 組第 2 名）

（1 組第 2 名）

（2 組第 1 名）

用同樣方法，編制出團體比賽第二階段的全部比賽秩序表，到此，編排工作全部完成，編排結果須仔細認真的核對和檢查。

示例 2　某次乒乓球單項比賽，報名情況為：男子單打 31 人，女子單打 30 人，男子雙打 16 對，女子雙打 16 對，混合雙打 16 對。比賽採用單淘汰賽決出冠亞軍。比賽要求從 5 月 1 日~5 月 4 日，共 4 天 9 節完成。除第一天安排 3 節，其餘 3 天每天安排上午、晚上兩節時間進行比賽。要求所有項目的決賽分別安排在三個晚上進行，球台 4 張，請編排出本次比賽的秩序。

——設計編排方案

首先把各個專案的全部比賽場次按輪次的順序列出，然後逐節進行安排，考慮方案時，應權衡利弊，通過全局，妥善處理編排工作的各種矛盾。設計方案如下：

5 月 1 日，上午安排女單、男雙第 1 輪 22 場比賽，下午安排混雙第一、二、三輪共 14 場比賽，晚上安排男單、女雙第 1 輪共 23 場比賽。

5 月 2 日，上午安排女單、男雙第二輪 12 場比賽，晚

輪數（輪）	一	二	三	四	五
女單（30）	14	8	4	2	1⑦
男雙（16）	8①	4④	2⑥	1	
女雙（16）	8	4	2	1	
男單（31）	15③	8⑤	4⑧	2	1⑨
混雙（16）	8	4②	2	1	

上安排男單、女雙第二輪，以及混雙決賽共 13 場比賽。

5 月 3 日，上午安排女單第三、第四輪和男雙半決賽共 8 場比賽，晚上安排女單、男雙決賽。

5 月 4 日，上午安排男單第三、第四輪和女雙半決賽共 8 場比賽，晚上安排男單、女雙決賽。

——編排競賽秩序

根據比賽的場次安排方案，逐節編排出各場比賽的日期、時間和台號。

5 月 1 日上午，安排了女單、男雙的第一輪比賽共 22 場。採用男、女交叉的編排方法來解決連場問題。

8：30 女單——I——4

9：00 女單——I——4

9：30 男雙——I——4

9：50 女單——I——4

10：20 男雙——I——4

10：50 女單——I——2

5 月 2 日下午，安排了混雙第一、二、三輪共 14 場比賽，採用同輪次銜接的方法編排，以避免連場。

14：00　混雙──I──4

14：20　混雙──I──4

14：40　混雙──II──2

15：00　混雙──II──2

15：20　混雙──III──1

15：40　混雙──III──1

5月1日晚上的比賽和5月1日上午的比賽採用一樣的方法進行編排。

5月2日上午安排女單、男雙第二輪共12場比賽。本輪注意球台數量的合理使用。

8：30　女單──II──2

9：00　女單──II──2

9：30　男雙──II──2

9：50　女單──II──2

10：20　女單──II──2

10：40　男雙──II──2

5月2日晚上安排女雙、男單第二輪比賽及混合雙打決賽共13場比賽。由於混雙容易連接。採用選擇2場不與混雙決賽衝突的男單比賽來避免連場。

19：00　男單──II──2

19：30　男單──II──2

20：00　女雙──II──2

20：20　男單──II──2

20：50　女雙——II——2

21：10　男單——II——2

21：40　混雙決賽

5 月 3 日，上午安排女單第三、第四輪和男雙第三輪比賽共 8 場。

　8：30　女單——III——2

　9：00　女單——III——2

　9：30　男雙——III——2

10：00　女單——IV——2

5 月 3 日，晚上安排女單、男雙決賽。

19：00　男雙決賽

19：20　女單決賽

5 月 4 日上午、晚上的比賽與 5 月 3 日的上午、晚上的比賽編排秩序一樣。

——編排比賽秩序表

按照編排結果將各個專案各輪比賽的日期、時間和台號，分別填入各個項目的比賽秩序表中。

以男子雙打比賽為例：

採用與男子雙打編制秩序表同樣的方法即可編制出男子單打、女子單打、女子雙打、混合雙打的比賽秩序表。完成編排後須進行認真的檢查核對。

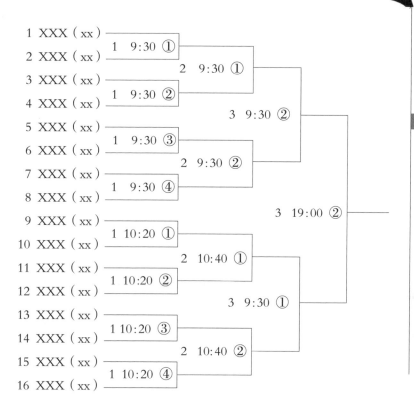

思考題

1. 擬定一份乒乓球比賽的競賽規程。

2. 計算N個隊單循環比賽名次。

3. 完成模擬團體賽和模擬單打比賽的抽籤工作。

4. 模擬編制比賽秩序冊。

附　錄

世界乒乓球運動大事記

時間	事　件
19世紀後半期	●乒乓球運動起源於英國，最初是一種宮廷遊戲。室內網球是它的前身，其名稱、器材、比賽方法都無統一規定。
1902年	●英國人庫特發明了膠皮拍，使乒乓球運動走向了速度快、有旋轉的有趣時代。
1904年	●乒乓球運動由日本傳入中國。
1926年	●國際乒乓球聯合會成立，伊沃·蒙塔古當選為第一任主席。 ●第1屆世界乒乓球錦標賽在倫敦舉行。設男子團體、男子單打、男子雙打、女子單打、混合雙打5項，以削為主的打法佔據主導地位。
1928年	●第2屆世界乒乓球錦標賽，增設女子雙打項目。 ●在斯德哥爾摩舉行的第二次國際乒聯全體大會上，討論了這項運動的名稱，正式命名為「乒乓球」。
1929年	●首次乒乓球世界排名正式公佈。共有男運動員20名、女運動員10名上榜。
1934年	●第8屆世界乒乓球錦標賽，增設女子團體項目。
1937年	●第11屆國際乒聯全體大會通過決定，將球網的高度由17.3公分降到15.25公分，將球台的寬度由146.4公分增加到152.5公分，形成了現代的乒乓球台和球網的高度，有利於進攻型打法的生存，提高了乒乓球運動的觀賞性。

時間	事　件
1940 年	●原定舉行的第 14 屆世界乒乓球錦標賽由於第二次世界大戰推遲至 1947 年在巴黎舉行。
1951 年	●奧地利人首先發明海綿拍，後被日本運動員成功使用並取得優異的成績，使乒乓球運動在速度和旋轉方面大大加強。
1952 年	●日本隊在孟買舉行的第 19 屆世界乒乓球錦標賽中，以長抽進攻型打法奪得女子團體、男子單打、男子雙打和女子雙打 4 項冠軍，衝破了歐洲運動員保持了 20 多年的防線。 ●第 1 屆全國乒乓球比賽在北京舉行。
1953 年	●中國乒乓球隊首次參加了在布加勒斯特舉行的第 20 屆世界乒乓球錦標賽。在團體比賽中，男隊被評為第一級第 10 名，女隊被評為第二級第 3 名。
1959 年	●容國團在第 25 屆世界乒乓球錦標賽中，為中國奪得第一個乒乓球世界冠軍。
1960 年	●日本運動員發明弧圈球技術。
1961 年	●第 26 屆世界乒乓球錦標賽在中國北京舉行。中國男隊奪得第一個團體冠軍，邱鍾惠為中國奪得第一個女子單打世界冠軍。
1961～1965 年	●中國隊以獨特的快速進攻打法和旋轉多變並配以反攻的積極防守打法，共獲 11 項世界冠軍。
1967 年	●羅伊‧埃文斯擔任國際乒乓球聯合會第二任主席。由於他的不懈努力，乒乓球終於進入奧運大家庭。
1967～1970 年	●文革時期，中國乒乓球隊一切訓練陷於停頓。與國際乒壇的交流完全中斷。
1971 年	●瑞典選手本格森在日本名古屋舉行的第 31 屆世界乒乓球錦標賽中，以全新的弧圈結合快攻的打法奪得男子單打世界冠軍，標誌著歐洲的復興。

時間	事　件
1971 年	●中國乒乓球隊重返國際賽場，在第 31 屆世界乒乓球錦標賽中，再奪男團、女單、女雙和混雙四塊金牌。 ●第 31 屆世界乒乓球錦標賽上，歷史借中國乒乓健兒之手，掀開了中美接觸的新篇章。
1973 年	●在薩拉熱窩舉行的第 32 屆世界乒乓球錦標賽中，瑞典男隊奪得由亞洲保持了長達 20 年的團體冠軍。
1980 年	●第 1 屆世界盃乒乓球賽在香港舉行，又稱「埃文斯杯賽」，中國運動員郭躍華獲得冠軍。世界盃乒乓球賽每年舉行一屆，設男子單打一個項目。
1981 年	●在第 36 屆世界乒乓球錦標賽上，中國乒乓球隊奪得了比賽所設的全部七項錦標，並且還包辦了五個單項比賽的決賽，這在國際乒聯五十多年的歷史中還從未有過。
1983 年	●第 37 屆國際乒聯代表大會時對擊球拍面作出如下規定：球拍的兩面不管是否用來擊球，都應一面為紅色，一面為黑色，後將「紅色」強調為「鮮紅色」，以區別兩面不同的拍面。 ●第 37 屆世界乒乓球錦標賽在日本東京舉行，男團決賽中，中國隊擊敗瑞典隊奪得冠軍。中瑞兩隊開始了長達 20 年的對抗。
1985 年	●第 38 屆世界乒乓球錦標賽上，中國隊與台灣隊同場競技。
1988 年	●乒乓球比賽首次進入奧林匹克運動會，在第 24 屆漢城奧運會中，中國運動員獲得女子單打和男子雙打兩塊金牌。

時間	事　件
1989 年	●第 40 屆世界乒乓球錦標賽中，乒壇常青樹、瑞典運動員瓦爾德內爾首奪男子單打金牌。
1991 年	●經國際乒乓球聯合會第三任主席荻村伊智朗的努力，韓國南、北雙方聯合組隊參加了第 41 屆世界乒乓球錦標賽，並在女子團體比賽中一舉奪冠。 ●第一張乒乓球電腦世界排名公佈。 ●世界乒乓球錦標賽，4 月 24 日在日本·千葉舉行。
1993 年	●韓國運動員玄靜和在第 42 屆世界乒乓球錦標賽中，擊敗眾多中國強手奪得女子單打世界冠軍。 ●世界乒乓球錦標賽，5 月 11 日在德國·哥德堡舉行。
1995 年	●中國運動員在天津舉行的第 43 屆世界乒乓球錦標賽中，再次囊括 7 項冠軍。 ●徐寅生當選國際乒乓球聯合會第五任主席。
1996 年	●亞特蘭大奧運會乒乓球比賽中，中國運動員奪得全部金牌。 ●世界盃乒乓球賽增設女子單打項目。第一屆女子世界盃乒乓球賽在香港舉行，中國運動員鄧亞萍獲得冠軍。
1999 年	●第一屆阿爾卡特中國乒乓球俱樂部超級聯賽舉行。它是國際上參賽俱樂部最多、水準最高的俱樂部比賽。 ●首屆阿爾卡特杯世界乒乓球俱樂部錦標賽在中國上海舉行，中國「八一工商銀行」俱樂部男隊獲得冠軍。 ●原定在南斯拉夫舉行的第 45 屆世界乒乓球錦標賽因故改在荷蘭艾恩德霍芬舉行單項比賽、在馬來西亞吉隆坡舉行團體比賽。

時間	事　件
2000 年	●在馬來西亞舉行的國際乒聯代表會上，一致通過把乒乓球的直徑由 38 毫米增至 40 毫米。重量由 2.5 克增加為 2.7 克，俗稱「大球」，並從本年 10 月 1 日開始執行。 ●世界女子俱樂部錦標賽是國際乒聯繼舉辦世界男子俱樂部錦標賽之後推出的又一項國際重大賽事。首屆賽事於 2000 年 5 月在中國江陰舉行。 ●馬琳在第 21 屆世界盃男單比賽中奪冠，獲得大球時代的第一個世界冠軍。
2001 年	●女子世界杯，1 月 1 日在中國·蕪湖舉行。 ●男子世界杯，1 月 1 日在義大利·庫馬耶舉行。 ●在大阪世乒賽期間的國際乒聯代表大會上，通過把原有比賽的每局 21 分制改為每局 11 分制，並在本年 9 月 1 日起執行。
2002 年	●女子世界杯，8 月 30 日在新加坡舉行。 ●男子世界杯，10 月 31 日在中國·濟南舉行。 ●國際乒乓球聯合會在克羅地亞召開代表大會。通過提議，規定從 2004 年奧運會起，來自同一國家和地區的雙打選手在奧運會的乒乓球比賽中只能處於同一半區。 ●國際乒聯將在國際正式比賽中採用無遮擋發球規則。
2003 年	●法爾勝世界杯，10 月 9 日在中國·江陰舉行。 ●女子世界杯，12 月 17 日在香港舉行。 ●從第 47 屆世界乒乓球錦標賽開始，團體比賽、單項比賽將分開舉行。奇數年舉行男女單項比賽，偶數年舉行男女團體比賽。
2004 年	●2004 年 3 月，第 47 屆世界錦標賽團體賽在卡特爾舉行，中國隊包攬兩項冠軍。

時間	事　件
2004 年	●在第 28 屆雅典奧運會上中國隊奪得女單、男雙、女雙三枚金牌，男單金牌被韓國運動員柳承敏奪得。 ●2004 年 10 月 31 日，2004 世界盃乒乓球賽在浙江蕭山舉行，中國選手馬琳在男單決賽中戰勝希臘選手格林卡，成為男子世界盃二十四年來首位奪得三次冠軍的球員。張怡寧也在決賽中戰勝隊友王楠，同樣是第三次獲得世界盃冠軍。
2005 年	●2005 年 4 月 30 日，第 48 屆世界錦標賽單項賽在上海舉行，中國隊包攬了五項單打冠軍。 ●利勃海爾男子世界杯，10 月 21 日在比利時·烈日舉行。 ●在第 48 屆世界錦標賽單項賽上，沙拉接著提議 2008 年北京奧運會乒乓球賽，將以男女團體賽代替男女雙打項目，提案上報國際奧會。 ●2005 年 12 月 15 日國際乒聯在奧地利林茨舉行的奧林匹克委員會會議上決定 2008 北京奧運會乒乓團體賽賽制。 ●恒大女子世界杯，12 月 31 日在中國·廣州舉行。
2006 年	●4 月 24 日，第 48 屆世乒賽團體賽在德國不來梅舉行，中國隊包攬了男女團體冠軍。 ●利勃海爾男子世界杯，10 月 27 日在法國·巴黎舉行。 ●10 月，在中國新疆·烏魯木齊舉行的女子世界盃上中國隊郭焱榮獲冠軍。 ●11 月，中國隊在多哈亞運會上獲得男單、女單、女雙、混雙與男女團體冠軍，男雙冠軍被中國香港隊奪得。

續表

時間	事　件
2007 年	●利勃海爾世界乒乓球錦標賽，5 月 21 日在克羅埃西亞・薩格勒布舉行。 ●利勃海爾男子世界杯，10 月 12 日在西班牙・巴塞隆那舉行。
2008 年	●世界乒乓球團體錦標賽，2 月 24 日在中國・廣州舉行。 ●女子世界杯 9 月 6 日在馬來西亞舉行。 ●男子世界杯 9 月 26 日在比利時・烈日舉行。
2009 年	●世界乒乓球單項錦標賽，4 月 28 日在日本・橫濱舉行。 ●大眾汽車女子世界杯，10 月 10 日在中國・廣州舉行。 ●利勃海爾男子世界杯，10 月 16 日在俄羅斯・莫斯科舉行。
2010 年	●利勃海爾世界乒乓球團體賽，5 月 23 日在俄羅斯・莫斯科舉行。 ●大眾汽車女子世界杯，9 月 24 日在馬來西亞・吉隆坡舉行。 ●ITTF Para Table Tennis World Championships，10 月 27 日在韓國舉行。 ●利勃海爾男子世界杯，10 月 29 日在德國・哥德堡舉行。
2011 年	●廣汽集團世界乒乓球單項錦標賽，5 月 8 日在荷蘭・鹿特丹舉行。

主要參考文獻

[1] 全國體育院校教材委員會審定．乒乓球．北京：人民體育出版社，1992

[2] 謝亞龍、王汝英等．中國優勝項目制勝規律．北京：人民體育出版社，1992

[3] 李秉德主編．教學論．北京：人民教育出版社，2000

[4] 侯文達．高等學校乒乓球教材——教學與訓練．北京：北京大學出版社，1994

[5] 體育院、系教材編審委員會．乒乓球．北京：人民體育出版社，1979

[6] 岑淮光等．怎樣打好乒乓球．北京：人民體育出版社，2001

[7] 蘇丕仁．乒乓球教學與訓練．北京：人民體育出版社，1995

[8] 溫國昌．乒乓球教學與訓練．河南：河南科學技術出版社，1986

[9] 凌群立等．教你打乒乓球．南京：江蘇科學技術出版社，1999

[10] 王道俊、王漢瀾等主編．教育學．北京：人民教育出版社，1989

[11] 全國體育院校教材委員會審定．運動訓練學．北

京：人民體育出版社，2000

[12] 邱鍾惠等．現代乒乓球技術的研究．北京：人民體育出版社，1982

[13] 郝光安等．網球、羽毛球、乒乓球技法入門．北京：北京體育大學出版社，1994

[14] 滕守剛．乒乓球高手．長沙：湖南文藝出版社，1999

[15] 趙修琴．中國乒乓球圖解技戰術全書．北京：中國物資出版社，1999

[16] 程雲峰．圖解乒乓球基礎技術．哈爾濱：黑龍江科學技術出版社，1998

[17] 林曉彥．乒乓球入門．合肥：安徽科學技術出版社，1998

[18] 蔡繼玲等．跟專家練乒乓球．北京：北京體育大學出版社，1999

[19] 成都體育學院小球教研室．成都體育學院函授教材——乒乓球．成都：1989．10

[20] 乒乓世界，2003（4）（5）（6）（8）（9）（12）．2002（5）．2001（3）（4）（5）（6）（7）（10）

[21] 程嘉炎．球類運動競賽法．北京：人民體育出版社，2003

[22] 盧峰、柳伯力．體育競賽戰術技巧指南．成都：電子科技大學出版社，1993

[23] 劉建和等．運動競賽學．成都：四川教育出版社，1990

[24] 岳海鵬．乒乓球打法與戰術．北京：人民體育出版

社，2002

[25] 王希開、王亞乒. 網球打法與戰術. 北京：人民體育出版社，2001

[26] 馮連世等主編. 優秀運動員身體機能評定方法. 北京：人民體育出版社，2003

[27] 楊世勇等編著. 體能訓練. 成都：四川科學技術出版社，2002

[28] 馬啟偉、張立為. 體育運動心理學. 杭州：浙江教育出版社，1998

[29] 全國體育學院教材委員會審定. 運動心理學. 北京：人民體育出版社，1987

[30] 全國體育院校教材委員會審定. 運動訓練學. 北京：人民體育出版社，2000

[31] 李振博、張育青. 乒乓. 成都：成都科技大學出版社，1987

[32] 王剛. 運動與心理. 成都：四川教育出版社，1993

[33] 王新勝、顧玉飛. 競技心理訓練與調控. 北京：北京體育大學出版社，2002

[34] 張力為、任未多、王大衛. 體育運動員的情緒及其控制. 北京體育科學學會運動心理專業委員會

[35] 全國體育院校成人教育協作組. 體育心理學——體育院校函授教材. 北京：人民體育出版社，1999

[36] 邱宗均. 運動心理診斷學. 北京：中國地質大學出版社，1990

[37] 田麥久. 論運動訓練計畫. 北京：北京體育大學出版社，1999

[38] 張力為、任未多. 體育運動心理研究進展. 北京：高等教育出版社，2000

[39] 邵斌、吳南菲. 大賽前高水平運動心理的成因研究. 上海體育學院學報 2003（3）

[40] 中華人民共和國國家體育運動委員會. 中國體育教練員崗位培訓教材——羽毛球. 北京：人民體育出版社，1995

[41] 全國體育院校成人教育協作組《體育心理學》教材編寫組編. 體育心理學. 北京：人民體育出版社，1999

[42] 程雲峰. 現代乒乓球縱橫論. 哈爾濱：黑龍江科學技術出版社，1997

[43] [蘇]A．B．羅季奧諾夫. 高級運動員的運動心理學. 袁晉純，李惠青譯. 武漢：武漢體育學院科研處，1980

[44] [蘇]約翰·賽爾克里斯多夫·康沃里·運動員心理訓練指南. 北京: 人民出版社，1990

[45] 祝蓓里、季瀏. 體育心理學. 北京：高等教育出版社

[46] 劉建和. 我國乒乓球世界冠軍獲得者三項心理指標的心理分析. 成都體育學院學報，1986（2）

[47] 劉建和. 優秀乒乓球運動員訓練階段、打法建立、運動動機的研究. 中國體育科技，1985（20）

[48] 老梁. 乒壇高手的氣質類型. 乒乓世界，1999（7）

[49] 周京蘭、李莉. 乒乓球競賽過程的心理分析. 哈爾濱體育學院學報，1999（2）

[50] 李浩松. 乒乓球技戰術與訓練之二——雙打. 北

京：人民體育出版社，2002

[51] 趙貽賢等．乒乓球十日通．北京：京華出版社，1998

[52] 程嘉炎．乒乓球競賽法研究．北京：人民體育出版社，1981

[53] 蔡繼玲．乒乓球裁判必讀．北京：北京體育大學出版社，1998

[54] 乒乓球國際裁判員手冊（1995）．

[55] 乒乓球競賽規則（2000）（2003）．北京：人民體育出版社

[56] 約翰・拜爾（美）．組織成功的競賽．北京：人民體育出版社，2000

運動精進叢書

1 怎樣跑得快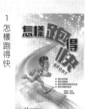
定價200元

2 怎樣投得遠
定價180元

3 怎樣跳得遠
定價180元

4 怎樣跳的高
定價180元

5 高爾夫揮桿原理
定價220元

6 網球技巧圖解
定價220元

7 排球技巧圖解
定價230元

8 沙灘排球技巧圖解
定價230元

9 撞球技巧圖解
定價230元

10 籃球技巧圖解
定價220元

11 足球技巧圖解
定價230元

12 羽毛球技巧圖解
定價220元

13 乒乓球技巧圖解
定價220元

14 曲線球與飛碟球
定價300元

15 街頭花式籃球
定價280元

16 精彩高爾夫
定價330元

17 巴西青少年足球訓練方法
定價230元

18 籃球個人技術全圖解＋VCD
定價300元

19 門球（槌球）入門與提升180問
定價230元

20 美國青少年籃球訓練方式250例
定價280元

21 單板滑雪技巧圖解＋VCD
定價350元

22 籃球教學訓練遊戲
定價280元

23 羽毛球技・戰術訓練與運用
定價280元

歡迎至本公司購買書籍

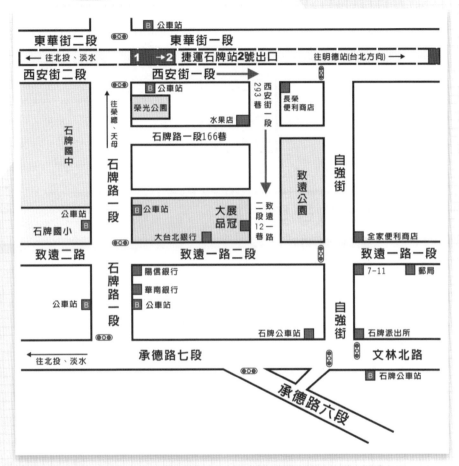

建議路線

1.搭乘捷運·公車

　　淡水線石牌站下車，由石牌捷運站２號出口出站(出站後靠右邊)，沿著捷運高架往台北方向走(往明德站方向)，其街名為西安街，約走100公尺(勿超過紅綠燈)，由西安街一段293巷進來(巷口有一公車站牌，站名為自強街口)，本公司位於致遠公園對面。搭公車者請於石牌站(石牌派出所)下車，走進自強街，遇致遠路口左轉，右手邊第一條巷子即為本社位置。

2.自行開車或騎車

　　由承德路接石牌路，看到陽信銀行右轉，此條即為致遠一路二段，在遇到自強街(紅綠燈)前的巷子(致遠公園)左轉，即可看到本公司招牌。

國家圖書館出版品預行編目資料

乒乓球教學與訓練 / 劉建和　主編
－初版－臺北市：大展，2011【民 100・09】
面；21 公分－（體育教材；6）
ISBN 978-957-468-831-9　（平裝）

1. 桌球

528.956　　　　　　　　　　　　100013346

乒乓球教學與訓練

主　　編／劉建和
審　　定／全國體育院校教材委員會
責任編輯／史　勇
發 行 人／蔡森明
出 版 者／大展出版社有限公司
社　　址／台北市北投區（石牌）致遠一路 2 段 12 巷 1 號
電　　話／(02) 28236031・28236033・28233123
傳　　真／(02) 28272069
郵政劃撥／01669551
網　　址／www.dah-jaan.com.tw
E-mail／service@dah-jaan.com.tw
登 記 證／局版臺業字第 2171 號
承 印 者／傳興印刷有限公司
裝　　訂／承安裝訂有限公司
排 版 者／弘益電腦排版有限公司
授 權 者／北京人民體育出版社
初版 1 刷／2011 年（民 100 年）9 月
初版 2 刷／2013 年（民 102 年）9 月　　　　　　　定價／380 元

●本書若有破損、缺頁敬請寄回本社更換●

大展好書　好書大展
品嘗好書　冠群可期